Das Buch

Wie gerecht ist es, dass ein Fußballer Millionen verdient, während eine Putzfrau von einem Job allein nicht leben kann? Dass wir jederzeit ein Glas Wasser trinken können, aber täglich 2.000 Kinder an Krankheiten sterben, die durch verunreinigtes Wasser übertragen werden? Die Frage der Gerechtigkeit zieht sich durch Neven Subotićs Leben … schon lange bevor ihm dies bewusst wurde.

In den Neunzigerjahren floh er mit seinen Eltern aus Jugoslawien nach Deutschland, als die Abschiebung drohte, gingen sie in die USA. Mit 17 kam er wieder, um Fußballprofi zu werden. Mit Borussia Dortmund wurde er Meister und galt als einer der besten Verteidiger der Liga. Es folgten Nächte des Rauschs, schnelle Autos, ein riesiges Haus mit Jacuzzi – aber es kamen auch Zweifel und Scham. Auf dem Höhepunkt seiner Karriere entschied er, seine Leidenschaft und sein Geld denen zu widmen, die ein Leben im anderen Extrem führen müssen: Heute ermöglicht die von ihm gegründete Stiftung Menschen in Äthiopien Zugang zu sauberem Wasser. Fast seine ganze Zeit und der Großteil seines Gehalts fließen in diese Arbeit. Das Buch erzählt von einem Sportler, den das kapitalistische System Profifußball groß machte, bevor er zum gesellschaftspolitischen Aktivisten wurde. Ein Plädoyer für mehr Bewusstsein und Gerechtigkeit in einer ungerechten Welt.

Die Autor:innen

Neven Subotić, geboren 1988, spielte als Fußballprofi u. a. bei Borussia Dortmund, dem 1. FC Köln und Union Berlin. 2012 gründete er die Stiftung, für die er seither arbeitet, regelmäßig auch vor Ort in Äthiopien. Bisher wurden dort über 350 Projekte fertiggestellt.

Sonja Hartwig, geboren 1985, ist Autorin und widmet sich in Langzeitprojekten individuell und gesellschaftlich existenziellen Themen. Sie schreibt Bücher sowie Reportagen und Porträts, die vor allem in der ZEIT veröffentlicht wurden.

NEVEN SUBOTIĆ

ALLES GEBEN

MIT SONJA HARTWIG

Warum der Weg
zu einer gerechteren
Welt bei uns selbst
anfängt

KIEPENHEUER
& WITSCH

MIX
Papier | Fördert
gute Waldnutzung
FSC® C014496
FSC
www.fsc.org

2. Auflage 2024

© 2022, 2023, Verlag Kiepenheuer & Witsch, Köln
Alle Rechte vorbehalten
Die Nutzung unserer Werke für Text- und Data-Mining
im Sinne von § 44b UrhG behalten wir uns explizit vor.
Covergestaltung: Barbara Thoben, Köln
Covermotiv: © Patrick Temme
Fotos Bildteile: 1–10 © privat 11, 12 © IMAGO / DeFodi
13 © Alexandre Simoes / BVB
14 © IMAGO / DeFodi
15–26 © Patrick Temme, Philipp Nolte
Gesetzt aus der Minion und der Myriad
Satz: Buch-Werkstatt GmbH, Bad Aibling
Druck und Bindung: GGP Media GmbH, Pößneck
ISBN 978-3-462-00523-3

»*Die wirklich wichtige Freiheit erfordert
Aufmerksamkeit und Offenheit und Disziplin
und Mühe und die Empathie, andere
Menschen wirklich ernst zu nehmen und
Opfer für sie zu bringen, wieder und wieder,
auf unendlich verschiedene Weisen, völlig
unsexy, Tag für Tag.*«

David Foster Wallace, This is Water

Inhalt

Der gerechte Spieler
Vorwort von Jürgen Klopp

Ich war Trainer in Mainz, als uns von einem Berater ein Spieler aus Amerika angeboten wurde: Er sei etwas ganz Besonderes, hatte er gesagt, und dann stellte er uns einen 17-jährigen Bub auf den Platz. Nach den ersten fünf Minuten, die er mit der Mannschaft trainierte, war mir klar: Individualtaktisch und technisch war er sehr stark, besser als alle Innenverteidiger, die wir in der Mainzer Jugend hatten, aber man sah ihm auch an, dass er vor einiger Zeit noch in Amerika im Park gekickt hatte. Das Tempo eines Profivereins war zu hoch für ihn, alles ging zu schnell. Neven war ein Riesentalent, der das Spiel nicht kannte. Ich sagte mir: Das kriegen wir hin. Es mag sein, dass wir uns bei einem Jungen mit denselben Voraussetzungen, der im Ferrari seines Millionen verdienenden Vaters vorgefahren wäre, anders entschieden hätten. Von diesem Burschen wussten wir, dass er als kleines Kind mit seinen Eltern kurz vor dem Jugoslawienkrieg nach Deutschland gekommen war und dann in Amerika gelebt hatte und dort ohne große Vereinserfahrung für die amerikanische Jugendnationalmannschaft entdeckt worden war. Diese Geschichte fand ich hoch spannend. Ich dachte mir: Der ist cool, kostet nicht viel, passt zu Mainz, das probieren wir auf jeden Fall. Den bilden wir zum Profi aus.

Nachdem wir ein Jahr in Mainz in der Zweiten Liga zusammengearbeitet hatten, hörte ich dort auf. Nach 18 Jahren als Spieler und Trainer verließ ich den 1. FSV Mainz 05. Es war ein hochemotionaler Tag für mich, an dem ich viel geweint habe. Mit meiner Mannschaft stand ich am Rathausplatz auf einer Bühne. Wenn ich mich richtig erinnere, trug Neven eine blaue Basecap falsch herum, typisch Ami, für mich sah er einfach aus wie ein Mainzelmännchen. Als wir uns drückten, fragte ich ihn, ob er bei Hoffenheim, von denen ich wusste, dass sie an ihm interessiert waren, schon unterschrieben habe. Er meinte: Nee, noch nicht. Und ich: Dann warte doch noch mal ein paar Tage. Ich spielte mit dem Gedanken, ihn mit nach Dortmund zu nehmen, war aber nicht zu hundert Prozent sicher, was man dort von mir erwarten würde und ob Neven die Qualität dafür hatte. Ich musste mir erst noch ein Bild verschaffen. In Dortmund schaute ich mir dann DVDs von potenziellen Innenverteidigern an. Es war klar, dass wir einen brauchten. Der Verein hatte aber eigentlich vor, jemand anderen zu kaufen. Nachdem ich den auf der DVD gesehen hatte, fragte ich: Was soll der kosten? Acht Millionen, hieß es. Nee, sagte ich, so viel Geld müssen wir nicht ausgeben, dann holen wir besser Neven. Was der kann, kann Neven auch, und Neven kriegen wir günstiger.

Die Mannschaft, die wir in Dortmund zusammenbastelten, war vom Alter wie eine erweiterte A-Jugend, viele erst 19, 20

Jahre alt, ein goldener Jahrgang, wie ein guter Rotwein aus Bordeaux. Ich war damals schon über 40 und stellte mich allen als Kloppo vor. So nannte mich in Mainz jeder, das war schon mein Spitzname als Spieler. Ich sagte allen, dass es fein sei, wenn sie mich mit Trainer ansprechen, besser aber wäre: Kloppo. Und vor allem: Duzt mich. Es hat lange gedauert, bis das alle konnten, Kloppo und Du sagen. Neven war der, der es durch unsere gemeinsame Zeit in Mainz von Anfang an am natürlichsten machte. Er dachte nicht nach. Bei den anderen merkte ich, dass sie immer versuchten, ein bisschen drumherum zu kommen, mich anzusprechen. Nevens Art, mit mir umzugehen, übertrug sich mit der Zeit auf die anderen und half mir, in Dortmund schneller von den Spielern verstanden zu werden. In der Mannschaft war Neven jemand, der mit allen gut klarkam, aber mit niemandem richtig eng war: Er war immer eine unabhängige Seele.

Dachten wir über die Aufstellung nach, stand Neven viele Jahre nicht zur Debatte. Es war einfach immer klar, dass er spielte. Er war eine verlässliche Größe für uns, in jedem Spiel; nie die Ursache für Probleme, aber oft die Lösung. Ich hatte immer das Gefühl, dass er eine Grundruhe in sich hatte, aus der heraus er viel mit sich selbst ausmachen konnte. Er hätte niemals wie andere bei Niederlagen die Schuhe durch die Kabine geworfen. Auf dem Platz ein Verteidiger durch und durch: einer, der es genießt, ja, der es liebt, sich dreckig zu machen, in Zweikämpfe zu gehen, dem Gegner in die Parade zu fahren, für die Mannschaft den Ball zu gewinnen. Dies war für ihn keine Aufgabe. Fußball machte ihm genau dann Spaß. Dann, wenn er einen abgekriegt hatte, wenn er dreckig vom Platz ging, wenn er gewonnen, wenn er alles gegeben hatte.

Im Spiel war er aber nie brutal, nie rücksichtslos. In dieser Haltung sind wir beide uns sehr nah: Ich möchte unbedingt gewinnen, aber nicht mit unlauteren Mitteln, damit würde ich mich nicht gut fühlen. Neven hat sein Gerechtigkeitsempfinden zu hundert Prozent in diesem Sport ausgelebt. Er ist niemand, der sich hinfallen lässt, der sich profilieren muss. Er hat nie für die Galerie gespielt, er war auf dem Platz immer ein ehrlicher Arbeiter. Ich bin überzeugt, dass aus seiner Karriere noch viel mehr hätte werden können. Es waren Verletzungen, die ihn daran hinderten, noch weiter zu kommen. In seiner Glanzzeit war er einer der besten Innenverteidiger Europas. Wenn in England heute jemand *Kinderriegel* sagt, wissen alle noch: Unter diesem Namen wurde unsere Dortmunder Abwehr mit Mats Hummels und Neven Subotić bekannt.

Über Neven und mich schrieben die Medien, dass er mein Ziehsohn sei. Ich will nicht übergriffig sein und weiß, dass alle Spieler ihren eigenen Vater haben, aber klar ist auch, dass ich als Trainer in der besonderen Rolle bin, die Jungs öfter zu sehen, als ihre eigenen Väter es tun. Ich bin in der entscheidenden Phase ihres Lebens dabei, in der sie sich suchen, und so mische ich mich auch mal ein und rate von so etwas wie einem Tattoo ab. Manch einer lässt es sich dann auch nicht stechen. Ich habe Einfluss auf die Burschen, wenn sie sich Fragen stellen wie: Wo geht's hin im Leben? Wem will ich gefallen? Wie wichtig sind Frauen?

Auch Neven suchte darauf noch Antworten, als ich ihn

kennenlernte. Seine Eltern waren weit weg in Amerika, und ich wusste, dass wir auf diesen Jungen etwas mehr achten müssen, denn er ist in Deutschland ganz auf sich allein gestellt. Er erschien mir manchmal wie ein ausgesetzter Babyhund, der einen besonderen Welpenschutz brauchte. Einmal kam er mit Rastahaaren an. Die waren so straff am Kopf, dass ich mich fragte, wie da noch eine Durchblutung stattfinden konnte. Ich sagte zu ihm: Neven, wir haben dich doch hergeholt, dass du als Spieler auffällst und nicht durch deine Frisur. Am nächsten Tag waren die Zöpfchen wieder weg. Er wollte nach außen beeindrucken, war aber innen noch unsicher, er stand vor großen Dingen und hatte wenig Korrektiv um sich herum. Als Trainer bin ich dann nicht nur Trainer, ich habe einen zusätzlichen Auftrag. Unsere Beziehung hatte für mich also definitiv etwas von der eines Vaters zu seinem Sohn.

Als Trainer so nah an einen Spieler heranzukommen, ist nicht leicht. Wenn ich im Raum bin, sind die meisten nicht sie selbst, dann wollen sie sagen, was ich hören will, vor allem, wenn sie jung sind. Bei Neven hatte ich über die gemeinsamen Jahre in Mainz und Dortmund viel Zeit, ihn kennenzulernen und immer etwas Neues zu erfahren. Aus einzelnen Strichen entstand das Bild eines Menschen, von dem ich heute behaupten kann: Er ist für mich der außergewöhnlichste Spieler, mit dem ich je zusammengearbeitet habe. Nicht fußballerisch, aber menschlich.

Profis können mit wachsendem Erfolg immer schwieriger werden. Bei Neven war es anders. Er hat viel ausprobiert, wilde Zeiten durchlebt, er hatte viele schnelle Autos und viele hübsche Frauen. Dazu gibt es eine kleine Geschichte:

Mit meiner Frau Ulla ging ich manchmal in die Clubs, in denen auch die Jungs feierten. Einmal stand Neven neben meiner Frau und sagte zu ihr: »Ich weiß nicht, wie ich Respekt vor Frauen lernen soll. Wenn ich nur einmal mit dem Finger schnippe, gehen sie sofort mit mir nach Hause. Das kann's doch nicht sein.« Es gab andere Spieler, die morgens um vier mit einer Frau links und einer Frau rechts aus dem Club marschiert sind und sich sicher keine Gedanken machten, ob die eine oder die andere nun Mutter seiner zukünftigen Kinder werden soll. Neven war nachdenklicher, er fing an, Dinge zu hinterfragen. Und dann machte es in ihm auf einmal Klick und er begann, sich zu verwandeln, von einem Fußballprofi in einen Heiligen.

Ich erinnere mich, wie ich ihn auf dem Trainingsgelände zwischen zwei Einheiten mit Büchern sitzen sah. Ich fragte: Was ist das? Und er: Es geht um Pumpenbau. Und ich: Klar, Pumpenbau. Immer wieder saß er so da, so konzentriert, als habe er ein Studium angefangen: Ingenieurswesen Pumpenbau oder so was. Ich konnte lesen, was Neven da las, aber verstanden habe ich von dem nichts.

Wir alle kennen Bilder von prominenten Menschen, die zu Botschaftern werden und sich in irgendeiner entfernten Weltgegend engagieren. Und ich bin mir sicher, dass wir alle, solange wir keine Teufel sind, auf eine Art betroffen sind, wenn wir in ein Land fliegen, in dem wir viel Armut sehen, und denken: Da wollen wir uns mal einsetzen. Bei den meisten sind es aber nur kurze Phasen, im nächsten Jahr geht es wieder woandershin in den Urlaub. Mir war klar, dass Neven jemand ist, der es ernst meint. Aber nicht, dass er so viel Durchhaltevermögen haben würde, dass aus der Aufgabe, die er sich stellte, so etwas Großes, dass daraus sein Leben werden würde. Als Spieler nahm er in jeder Sommerpause seine Zeit und sein Geld in die Hand und flog nach Afrika und ließ jedes Mal bestimmt etwas zurück – nicht nur Zeit und Geld, sondern etwas von sich selbst; etwas, das ihn antrieb. Die Stiftung, die er gründete, gibt es dieses Jahr im November zehn Jahre, und diese Tatsache zeugt von einer Nachhaltigkeit, für die ich ihn nur respektieren kann. Ich muss sagen: Das ist der Wahnsinn. Eine Erfolgsgeschichte. Und viel höher zu bewerten als alles, was er vorher gemacht hat. Aus einem ganz normalen jungen Menschen wurde jemand, der eine höhere gesellschaftliche Verantwortung spürt als jeder andere, den ich kenne.

Neven und ich haben heute kaum Kontakt, und dennoch denke ich oft an ihn: Ich frage mich dann, was er macht, wo er wohl gerade ist. Seitdem ich Dortmund verließ und nach Liverpool ging, habe ich immer verfolgt, wo er gerade spielt und ob er aufgestellt wird, und wenn nicht, ob er verletzt ist. Ich rief ihn nicht an, um diese Dinge zu erfahren, aber ich las sie nach. Als ich vor Kurzem nach langer Zeit doch wieder einmal mit ihm sprach, hatte ich das Gefühl: Ja, Neven ist angekommen. Wer kann das schon von sich sagen?

Liverpool, März 2022

Prolog: Zwei Jobs, zwei Konflikte

Die meisten wissen zwei Dinge über mich.

1. Ich bin Fußballer.
2. Ich habe 2012, als ich noch bei Borussia Dortmund spielte, eine Stiftung gegründet, die sich darum kümmert, dass Menschen in den ärmsten Regionen der Welt Zugang zu sauberem Wasser bekommen.

Dies führt in meinem Leben zu zwei Konflikten.

1. Ich habe in den vergangenen Jahren in meinem Job als Fußballer oft erlebt, dass ein Verantwortlicher im Verein auf mich zukam und sagte, dass ich mit meiner Stiftung mal den Ball etwas flacher halten und mich mehr auf das Spiel fokussieren sollte. Ich hätte verstanden, wenn man mir gesagt hätte: Du spielst schlecht, du arbeitest nicht hart genug. Darum schien es aber nicht zu gehen. Es ging allein um die Möglichkeit, dass ich schlecht spielen, unkonzentriert sein *könnte;* meine Arbeit für die Stiftung *könnte* mich vom Fußball ablenken, ein Scheitern im Konjunktiv. Wenn ich einen Fehler machte, lag die Begründung nahe: Das liegt daran, dass er sich zu sehr auf die Stiftung kon-

zentriert. Während ich die Trainingszeiten in meinen Kalender auf dem Handy eingab, sagte bei einem Verein mal jemand zu mir: Warum hast du eigentlich einen Kalender? Hast du überhaupt noch Zeit zum Training? Ein Trainer, der erfuhr, dass ich einen Tag vor einem Spiel einen geschäftlichen Frühstückstermin in einem Café hatte, wollte von mir wissen: Warst du wirklich da? Eine Frage, die offensichtlich eine Unterstellung war, als hätte ich etwas Verbotenes getan. Ich glaube nicht, dass anderen Spielern nahegelegt wurde, nicht mehr Playstation zu zocken. Manche taten es sicher bis um drei Uhr nachts. Aber von mir, der darauf achtete, immer wenigstens acht Stunden zu schlafen, um morgens auf dem Platz in Topform zu sein, verlangte man eine Rechtfertigung.

Ich wurde der sogenannte andere Fußballer. Anders, weil ich etwas tat, was man nicht von vielen Fußballern kannte. Bei einer mehrstündigen Busfahrt oder bei Pausen im Hotel hatte ich meinen Laptop dabei, auf dem ich las, lernte oder arbeitete. Und in der Öffentlichkeit redete ich nicht nur über Trainingseinheiten, sondern über den globalen Zugang zu Wasser. Mein Verhalten und meine Themen wichen von der Norm ab, daher musste ich es begründen. Hätte ich so sein sollen wie alle anderen? War Videospielen Teil meiner Berufsbezeichnung? Hatte ich das im Vertrag überlesen und diese wichtige Anforderung verweigert? Anders zu sein ist schwer, denn es macht vielen Menschen Angst.

2. Als Fußballer und als Stiftungsleiter, von dem viele abgespeichert haben: *Der tut Gutes,* bekam ich in den vergangenen Jahren viele Anfragen, Bitten um Hilfe. Eltern erzähl-

ten von ihrem Kind, das schwer krank ist und so und so viele Euro für eine dringliche Operation benötigt. Auf so eine Frage antworte ich gewöhnlich: Es tut mir echt leid, aber ich kann das nicht machen. Ich lehne ab, obwohl es um etwas Existenzielles geht, es vielleicht lebensentscheidend sein kann. Ich mache mich damit nicht beliebt, und ich weiß, dass mich viele nicht verstehen: Warum macht er das denn nicht?, fragen sie sich. Warum nicht zumindest diese eine Sache? Was kostet es ihn denn? Sie haben recht, nicht so viel, ich könnte diese eine Sache machen, ich könnte sie mir leisten. Aber wenn ich so denke, dann gäbe es immer etwas für einzelne Personen zu tun: Einer sagt, ich habe mein Bein verloren, und braucht eine Prothese. Einer hat einen Hund, der unbedingt eine Operation benötigt. Es gibt auch Anfragen, die ich bekomme, die mich finanziell gar nichts kosten würden und die ich verweigere: einen Link auf Facebook teilen. Oder der Tochter ins Krankenhaus ein Video schicken. (Solche Anfragen bekomme ich allerdings nicht als Einziger, sondern zu dem Zeitpunkt, an dem mich das erreicht, haben es schon zehn andere Fußballer gemacht und meine elfte Nachricht würde meiner Meinung nach nicht wirklich viel bewirken.)

Meine Entscheidung in diesen Sachen basiert auf einer simplen, aber doch harten und unschönen Frage, die sich jeder für sich stellen kann: Was würde ich mit einem Euro machen, den ich am Ende eines Jahres übrig habe? Worein investiere ich den? Oder zeitlich betrachtet: Was mache ich mit einer Stunde, die ich übrig habe, wofür investiere ich die?

Es gibt Millionen von Sachen auf der Welt, für die man sich engagieren kann, und zweifelsohne sind viele von ihnen nicht falsch. Meine Antwort auf die Ein-Euro-Frage ist, dass ich nicht primär dazu beitragen möchte, dass Probleme, die einzelne Menschen in einem der reichsten Länder der Welt betreffen, gelöst werden. Ich möchte dazu beitragen, das bestehende Ungleichgewicht der Welt zu verringern. Mir geht es darum, über Jahre oder Jahrzehnte das Leben von mehreren Menschen zu verändern – dies habe ich mit der Gründung meiner Stiftung als meinen Weg definiert. Von diesem weiche ich nicht ab – auch wenn das immer wieder herausfordernd ist. Es ist nicht einfach, einem Menschen, der vor dir steht und um 10 000 Euro für eine Operation bittet, Nein zu sagen. Es ist leichter, Nein zu den Menschen zu sagen, die viele Tausend Kilometer von dir entfernt wohnen und aus einer Dreckpfütze trinken müssen. Statt aber einem Menschen das Geld für eine Operation zu geben, gebe ich das Geld lieber dafür, dass das Leben von 250 Menschen nachhaltig verbessert wird.

Ich habe keine Kinder. Aber ich kann mir vorstellen, dass es für Eltern das Schlimmste sein muss, wenn das eigene Kind an Krebs erkrankt und sie wütend werden, weil sie denken: Der muss doch nur einmal Klick machen, warum hilft er mir nicht? Es ist eine schwere Rechnung, aber am Ende des Tages kann ich mit dem Ergebnis der Kompromisslosigkeit am besten leben. Ich bin überzeugt, dass ich den größten Beitrag leiste, wenn ich mich auf eine Sache konzentriere, dass ich nur dann die größtmögliche Wirkung entfalte. Das ist der Grund, warum ich mich entschlossen habe, alles für meine Stiftung zu geben. Mein Geld, meine Zeit, meine Gedanken. Ich habe mich entschieden, meine Fußballkarriere zu beenden. Das gibt mir noch mehr Möglichkeiten, Wissen und Erfahrungen zu sammeln und es an andere Organisationen in diesem gemeinnützigen, globalen Sektor weiterzugeben, damit wir zusammen eine effektive Arbeit leisten und etwas bewegen. Dieser einen Aufgabe – dazu beizutragen, die Welt gerechter zu machen – will ich mich gänzlich hingeben.

Der Entschluss dafür war nicht auf einmal da, es war ein langer Weg dahin. Wie ich stolperte, umherirrte, auf Abwege geriet und letztlich meine Richtung fand – davon erzähle ich in diesem Buch.

1   Beginnt das Leben gerecht?

Als ich sieben war, stand ich vor einem Bulli, beladen mit Medikamenten, Windeln, Mehl, Nudeln und Schokolade. Medikamente, Windeln, Mehl und Nudeln interessierten mich nicht, ich sah nur einen Bulli vollgestapelt mit Schokolade. Wie kann das sein, fragte ich mich. Schokolade darf keine Grenze überqueren, bei Schokolade geht es allein darum, dass sie bleibt. Noch während ich mir meiner Gedanken bewusst wurde, hatten die anderen sie längst gehört: Schokolade, warum schickt ihr die ganze Schokolade weg? Beim besten Willen, ich konnte das nicht verstehen. Ich musste die Schokolade bei mir behalten, für sie kämpfen, sie befreien. In Sekundenschnelle wurde ich zum Schokoladenanwalt. Anscheinend erwies ich mich in diesem kurzfristig ergriffenen Job nicht schlecht, die anderen streckten mir eine Packung entgegen, ich schaute sie an und begriff: Es war dunkle Milchschokolade! Nein, so hatte ich mir das nicht gedacht. Ich will weiße, schrie ich: Ich mag nur weiße! Eine Hand griff nach meiner, und genauso schnell wie die Schokolade gekommen war, wurde sie mir wieder genommen, der Bulli fuhr ab und nahm die ganze Schokolade mit. Wo auch immer er anhalten würde, die Menschen dort würden bald in Schokolade baden können. Ich sah dem Bulli nach und verstand gar nichts. Wie konnte ich so schnell verloren haben? Wie konnten andere so viel bekommen und ich nichts? Warum war die Welt so ungerecht? Ich sehe mich förmlich da stehen: Ein zeternder Junge stemmt die Hände in die Hüften. So vollgepumpt mit Ärger, wie er ist, so wenig Wissen hat er darüber, was da wirklich vor sich geht.

Als wir in dieses Land gekommen waren, wohnten wir in einem Dachgeschoss, es war ein Raum, in dem sonst Sachen lagerten, ohne Dusche. In meiner Erinnerung sehe ich viel Holz an den Wänden. Vielleicht war das Holz aber auch eine Etage unter uns, im Vereinsheim. Im Garten standen eine Grillbude und Biertische, natürlich war das nicht unser Garten, sondern der des Vereinsheims. Und an den Biertischen standen nicht wir, sondern die, die zuvor auf dem Platz gekickt hatten. Mein Vater begann auch zu spielen. Er war sehr gut. Er erzählt, dass er da, wo er herkam, vielleicht bald in die Nationalmannschaft aufgenommen worden wäre, aber da war nun Krieg, also kickte er für den TSV Schömberg im Schwarzwald, Kreisliga. Er soll auf dem Platz ein Windhund gewesen sein, während sich die anderen im Vergleich mit ihm wie lahme Esel fühlten. Was für die anderen ein Hobby war, war für ihn die Herausforderung: Er wollte der Beste sein, nicht in Konkurrenz zu anderen, sondern in Konkurrenz zu sich selbst – der Beste, der er sein konnte, er wollte alles aus sich herausholen. Für den Verein gewann er die Spiele, und die Männer gaben ihm Jobs. Das war der Deal. Eigentlich hatte mein Vater, genau wie meine Mutter, keine Arbeitserlaubnis, aber auf einmal konnten ihn alle gebrauchen: Er wurde Bauarbeiter, Fliesenleger, Gärtner, Schneeschipper. Da er kein Auto hatte, joggte er auch schon mal zehn Kilometer an einen Ort, um eine Aufgabe erledigen zu können. Wenn er nichts zu tun hatte, ging er von Tür zu Tür, klopfte und fragte: Haben Sie Arbeit? Ich könnte etwas tun, und meine Frau könnte putzen.

Aus dem Vereinsheim zogen wir zu Frau Stumpf. Sie wohnte in einem Mehrfamilienhaus mit zwei Eingängen, drei Stockwerken und zwölf Wohnungen. Bald nachdem mein Vater sie gefragt hatte, ob sie einen Job für ihn habe, hatte sie ihn gefragt, ob er für seine Familie denn eine Wohnung habe. Als sie hörte, dass das Vereinsheim für uns keine Bleibe auf Dauer war, bot sie uns an, zu ihr zu kommen. Ihr könnt einziehen, hatte sie gesagt, ich bin alleine. Sie räumte für meine Eltern ihr Schlafzimmer und zog auf die Couch, wir Kinder bekamen das Gästezimmer. Meine Mutter, die sich schämte, nichts bezahlen oder zurückgeben zu können, wollte zumindest alles richtig machen. Sie nahm die Ordnungsstrukturen, die sie bei Frau Stumpf beobachtete, in sich auf und wandte sie genauso an. Ich erinnere mich, wie wir einmal alle am Tisch saßen und meine Mutter nach einem Muster aß, sie arbeitete sich auf dem Teller vor, von links nach rechts. Meine Mutter erklärte uns: Frau Stumpf habe auch so gegessen, daher müsse man das so machen. Wir anderen aßen einfach weiter, wie die Schweine.

Einmal hatten wir Freunde zu Besuch, meine Schwester und ich spielten mit ihnen im Wohnzimmer, dann schickte man uns raus. Wir rannten los, ich war der Letzte, aber vielleicht wusste das der Vorletzte nicht, er schloss die Glastür und ich wollte hindurchgehen, als gäbe es die Tür nicht. Ich sehe noch, wie das Rot in den Abfluss läuft, meine Hände im Waschbecken, über die das Blut wie durch Adern rinnt, als gäbe es vorgefertigte Bahnen in einem sorgfältig geknüpften Netz.

Vor einigen Jahren traf ich Frau Stumpf wieder. Ich fragte sie, warum sie so viel für uns getan hatte. Sie war noch immer dieselbe ordnungsliebende Person, die wir kennengelernt hatten. Frau Stumpf sagte mir: Keiner soll so leben, wie ihr gelebt habt. Und dann erzählte sie mir einen Teil ihrer Geschichte, wie sie aus Schlesien geflüchtet war.

Auch als wir noch einmal umzogen, mussten meine Eltern der Familie, bei der wir nun wohnten, keine Miete bezahlen, sie bezahlten mit ihrer Arbeit. Aus dieser Zeit habe ich zwei Fotos. Auf dem einen bin ich ganz alleine auf einem großen Schrank zu sehen. Ich war herumgelaufen und hatte nicht hören wollen, dann hatte man mich ganz oben darauf gesetzt. Ich sehe nicht unzufrieden aus auf diesem Bild, eher, als gefiele es mir, da zu sein, wo ich alleine nicht herunterkommen würde. Auf einem anderen Foto stehen meine Schwester und ich in Schneeanzügen, und in den Händen halten wir kleine farbige Actionfiguren, aus unseren Gesichtern springt das Glück. Wir konnten es nicht glauben, war das wirklich uns widerfahren? Wir waren gewohnt, mit uns zu spielen, mit unseren Körpern und unseren Gedanken. Nicht mit Figuren.

Ich habe diese Szene im Kopf: Alle Kinder spielen mit ihrem Jojo, und ich stehe rum, schaue zu, finde es total cool und habe keins. Mit dem Taschengeld, das ich erhielt, sparte ich, und endlich konnte ich mir auch eines kaufen. Nun hatte ich ein Jojo, es war schwarz. Ich spielte damit, und es machte mir auch Spaß, aber ich war allein, die anderen hatten es schon wieder weggelegt. Inzwischen fuhren sie Inlineskates und trugen Buffaloschuhe – zwei Dinge, die ich nie erlangte.

Mir war damals nicht bewusst, aus welchem Land meine Eltern gekommen waren oder warum, sie erzählten nie darüber. Das Land, das ich bewohnte, hatte sein Zentrum in der Brunnenstraße 28. So lautete unsere Adresse. Von dort sind es zweihundert Meter zum Bach. Wie viele Stunden ich da wohl verbrachte, um einen Staudamm zu bauen? Nur damit er kurze Zeit später brach. Ging ich vom Bach weiter, kam ich zum Kindergarten, was heißt ging, ich sehe mich diesen Weg springen, tanzen, das war wunderschön, als würde ich in einem Film leben, in dem immer wieder die gleichen Höhepunkte aufeinander folgten. Wenn es warm wurde, hüpften wir auf Heuballen. Im Winter spielten wir auf einem Teich: Wer kann das Eis durchbrechen? Neben dem Teich war ein Gebäude mit viel Glas und vielen Besprechungszimmern, in dem meine Mutter putzte – ein Berufsförderungswerk, ausgerechnet.

Ich kenne noch den Weg zur Schillereiche, das ist ein Park, auf einem Berg gelegen, da waren zwei Tore und man konnte ein bisschen kicken, ganz in der Nähe von dem Haus, in dem Nora wohnte. Nora. Sie war meine Freundin. Ich weiß gar nicht, ob wir uns mal küssten, aber nach der Schule brachte ich sie immer nach Hause. Ihre Familie hatte drei Etagen, und obendrauf war eine Kuppel, in der das Arbeitszimmer des Vaters war. Drinnen, im Bad, war ein Bidet, von dem ich keine Ahnung hatte, wofür das gut sein sollte. Ich fragte Noras Bruder, und er sagte: Kannste reinpinkeln.

Natürlich lebten nicht alle so wie Nora. Weil ich in der Schule keinen Religionsunterricht hatte, verbrachte ich die Zeit allein mit zwei anderen Jungs nebenan in einem leeren Klassenzimmer. Der eine hieß Egzon und war Kurde, der andere Ridvan, ein Afghane. Wir hauten einen Tennisball gegen die Wand oder kickten mit einem Fußball. Die beiden wohnten in einem riesigen Gebäude, fünf Stockwerke schätze ich, zweihundert Meter lang, und du sahst nie jemanden, der da rausschaute. Kaum einer traute sich rein. Man hatte Angst vor diesem Koloss, den man A1 und A2 nannte, Asylantenheim. Später wurde das Gebäude abgerissen, an der Stelle entstanden ein Supermarkt und Einfamilienhäuser.

Mein bester Freund in der Schule kam wie ich aus Jugoslawien, aus einer bosnisch-muslimischen Familie. Ich habe immer mit ihm gespielt, ich war bei ihm und er bei uns, aber unsere Eltern haben sich nie besucht. Erst dachte ich: Ist ja mein Freund, warum sollten die sich sehen? Meine Eltern tranken aber mit anderen Eltern Kaffee, die auch aus Jugoslawien kamen, daher begann ich mich zu wundern. Er sprach dieselbe Sprache, sie waren Ausländer wie wir, aber unsere Familien hatten keine Nähe. Weder meine noch seine Eltern äußerten sich dazu, und so dachte ich nicht weiter nach und befand: Das wird so ein Erwachsenending sein.

Ein Junge kam zu mir und fragte: Bist du Serbe oder Jugo? Ich sagte: Keine Ahnung. Das war nicht gelogen, ich kannte die Antwort nicht, und noch weniger wusste ich, dass er genauso gut hätte fragen können, ob ich Badener oder Deutscher sei. Er meinte dann: Sag Jugo. Und ich: Ja, okay, ich bin Jugo. Ich sprach Deutsch, und der erste Ort, an den ich mich erinnern konnte, war Deutschland. Ich wusste von nichts anderem. Ich fühlte mich wohl in dieser Welt, in der ich lebte. Ich ging in den Kindergarten und in die Schule wie jeder andere auch, ich war einer von vielen. Ich konnte mir nicht vorstellen, dass die Welt jemals anders sein würde. Wenn ich rausging, hatte ich immer jemanden zum Spielen, und zu Hause dachte ich nicht, dass meine Eltern auf mich warteten, denn sie waren immer mit Arbeiten beschäftigt. Manchmal stand meine Mutter um fünf Uhr morgens auf, kam um sieben wieder und weckte uns, kochte Mittag, und nachmittags waren wir wieder allein. Ich erinnere mich, wie einmal – wir waren sicher noch keine fünf Jahre alt – nur meine Schwester und ich zu Hause waren und der Fernseher zu brennen anfing. Wir sind eine Etage hochgerannt, dort wohnte eine ältere Frau, die einen Feuerlöscher brachte. In meinen Kinderaugen war es ein mächtiges Feuer. In meiner Hilflosigkeit stand ich davor, hielt ein Glas Wasser in der Hand und dachte, damit könne ich es löschen. Die Frau blickte mich verstört an und fragte, was ich mit dem Wasser wolle. Ich antwortete: »Trinken.«

In Pforzheim kaufte ich meine erste CD. Sie war von DJ Bobo oder von Nana: I am lonely, lonely, lonely.

Wir machten einen Ausflug ins Rheinland und besuchten dort Bekannte. Ich hörte jemanden sagen, dass das nicht erlaubt sei, wir dürften das Bundesland nicht verlassen. Es war das erste Mal, dass ich dachte: Ist das nicht komisch? Nora und ihre Familie fuhren immer in den Urlaub. Für uns war das Rheinland die einzige Reise in zehn Jahren.

Manchmal bekam ich Backpfeifen von meinem Vater und auch mal was auf den Arsch. Er sagte dann: Hol einen Stock. Ich lief los und suchte einen Ast. Ich stellte das nie infrage. Er hatte die Methoden übernommen, mit denen er erzogen worden war, und sie auf die freundliche Art getrimmt. Seine Äste hatte er nicht aussuchen dürfen. Die waren dicker.

Einmal musste er ein Dorf weiter in einem Garten einen Weg zur Terrasse bauen. Ich half ihm, schleppte Pflastersteine, während er die Steine aneinanderlegte und aus den Steinen ein Weg wuchs. Er machte das mit Stolz und Perfektion, vielleicht war es Pflichtschuldigkeit oder die Sehnsucht, etwas mit dieser Arbeit zu gewinnen. Wenn andere ihm rieten: Mach es so, das spart Zeit, dein Auftraggeber wird es nicht merken, mach mal Pause, ärgerte er sich. Niemals hätte er bei dem, was er tat, geschummelt. Er bekam die Aufgabe, am Bahnhof Schnee zu schippen, und man glaubte ihm nicht, dass er den ganzen Schnee allein in der Zeit geschippt hatte. Um keinen Ärger zu kriegen, nannte er drei Menschen, die ihm geholfen hätten. Er gab ihnen von seinem Gehalt Geld, damit sie, wenn sie gefragt würden, sagen: Ja, ich habe geholfen. Er war immer akkurat, immer fleißig, strikt mit sich und strikt mit uns. Ich wuchs mit der Frage auf: Warum sollte der neben dir mehr machen als du? Arbeite doppelt so viel. Das war die Formel, nach der mein Vater lebte.

Die Dinge, die wir gemeinsam machten, waren: 1. Arbeiten. 2. Fußballspielen.

Seit ich denken kann, spielte er Fußball, und ohne darüber nachzudenken, spielte auch ich immer. Als ich im Kindergarten war und in der Schule: vor dem Unterricht, in der Pause, nach dem Unterricht und noch mal abends, vorm Schlafengehen. Beim Spielen waren wir Kinder alle gleich, aber manchmal, wenn wir aufhörten, merkte ich, dass wir in andere Welten gingen. Die anderen gingen in ein Haus, die Eltern hatten nur eine einzige Arbeit, nicht so viele wie meine Eltern. Sie machten mit ihren Kindern Ausflüge, in den Freizeitpark oder in den Zoo, und zu Weihnachten und zu Geburtstagen verteilten sie viele Geschenke. Ich weiß nicht, ob sich der Junge, der ich war, damals Gedanken machte. Ich kenne die Kategorien nicht, in denen er dachte, ob er das, was er an Ungleichheiten zu dem Leben der anderen wahrnahm, als normal und gegeben verstand, *so ist es nun mal* – oder ob in dieser Zeit etwas in ihm ausgesät wurde, ob ein Protest zu keimen begann?

Ich erinnere mich an Holger und Steffen, meine Nachbarn. Sie hatten immer die neuesten Fußballschuhe, obwohl sie gar nicht gut kicken konnten. Einmal durfte ich sie mir leihen. Ich freute mich so sehr, nahm sie mit zum Turnier, und bei dem Turnier schoss ich von der Eckfahne aus direkt ins Tor. Das kann doch nicht wahr sein, dachte ich, wenn du mit diesen Schuhen schießt, dann gelingt dir sogar diese Kunst. Die Schuhe waren für mich wie Schummeln.

Meine Mutter sagt über mich: Als Kind sei ich zum Fußballtraining immer vor der Zeit erschienen, ich war ehrlich und diszipliniert.

Ich hatte eine Milchallergie, und als meine Mutter mir eine kleine Tasse mit Milch und ein bisschen Kakaopulver geben wollte, erwiderte ich: Nein, Mama, das darf ich nicht.

An einem Wochenende kaufte meine Mutter meiner Schwester und mir Schuhe. Sie sagte uns, dass wir es nicht unserem Vater verraten sollten, er würde nur meckern: Warum braucht ihr Schuhe? Ihr braucht diese Schuhe nicht. Wir kamen zu Hause an, meine Mutter schloss auf, und ich sagte zu ihr: Ich werde es ihm sagen. Ich konnte nicht lügen.

Es gibt aber auch diese Geschichte über mich, die meine Mutter gerne erzählt: Ich kam nach der Schule nicht nach Hause, denn ein Junge hatte mich eingeladen, und ich war mit zu ihm gegangen. Ich aß bei ihm Mittag, und danach gab es noch Kuchen. Nach mehreren Stunden erst muss ich heimgegangen sein, und meine Mutter reagierte wütend: Wo hatte ich mich so lange herumgetrieben? Ich erfand eine Geschichte und sagte, im Park seien große Kinder gewesen, die hätten mich nicht durchgelassen, ich hätte mich verstecken müssen. Meine Mutter entgegnete: Dann suchen wir sie. Wie sahen die aus? Ich redete mich raus, nein, inzwischen seien sie schon weg, sagte ich, das würde nichts bringen. Ich traute mich nicht, ihr zu sagen, dass ich bei jemandem essen war, ich dachte, das sei falsch, bei jemandem zu essen, wenn sie in der Küche gestanden und gekocht hatte. Ich glaube, es war Scham. Erst viele Jahre später konnte ich ihr verraten, wo ich tatsächlich gewesen war.

Einmal war ich als Kind mit meiner Familie essen. Ich weiß noch, wo das war: Wir fuhren durch den Wald, das Ortseingangsschild, Bad Liebenzell, auf der linken Seite ein Haus mit drei Treppenstufen, ein Portugiese. Wir saßen um einen Tisch, gaben Bestellungen auf, eine Bedienung kam und brachte Fisch, der auf Platten serviert wurde, die beheizt waren. Ich verstand, dass die dafür da waren, dass alles seine Wärme behielt. Ich war beeindruckt, so etwas hatte ich noch nie gesehen.

Nachdem ich in den vergangenen Jahren Tausende Male essen war, denke ich, dass dies nichts Besonderes ist, aber manchmal muss man die Dinge abstrahieren, um sie zu verstehen. Man muss sie einordnen, auf einem Zeitstrahl, und dieser Strahl meiner Kindheit lief stets gerade, es gab keinen Ausbruch, keine Stelle, die so bedeutend war, um eine Markierung zu bekommen. Der Restaurantbesuch aber ist einer der wenigen Momente, in dem wir als Familie etwas machten, was andere Familien auch machten. Ich bin mir sicher, meine Eltern und meine Schwester würden auf die Frage: Was habt ihr Besonderes in Deutschland getan?, sofort diesen Restaurantbesuch erwähnen. Vielleicht gibt es gar keinen anderen Moment, in dem wir uns etwas gönnten, in dem wir, Menschen ohne Status, eine Sache mit Status taten.

Als ich zehn war, hieß es auf einmal: Wir müssen dieses Land verlassen. Ich verstand nichts. Ich war in der vierten Klasse und wollte zum Gymnasium gehen, mein Vater hatte davon gesprochen, dass ich bald ein eigenes Zimmer bekomme, wir hatten sogar mal in einem Rohbau gestanden, von dem wir hofften, dass er unser Zuhause werden könnte, in einem Ort namens Igelsloch. Nun wusste die ganze Klasse, dass ich bald nicht mehr da sein würde. Ich brachte Nora von der Schule nach Hause, und kurz darauf war sie bei mir. Zum ersten Mal in der ganzen Zeit, in der wir uns kannten, stand sie bei uns vor der Tür. Sie gab mir einen Brief. Darin stand: Bitte sag deinen Eltern, du willst nicht gehen.

Uns blieben drei Monate, um Deutschland zu verlassen. Meine Klasse schenkte mir zum Abschied ein T-Shirt, vorne war ein Foto mit allen drauf, und hinten hatten alle unterschrieben. Das T-Shirt hatte eine Marke: S. Oliver. Ich strich über den Stoff und war beeindruckt, ich dachte, noch nie so einen hochwertigen Stoff berührt zu haben. Ich trug das Shirt viele Jahre. Auch an dem Tag, an dem wir gingen. Es war der 16. Juni 1999. Der erste spürbar einschneidende Tag meines Lebens.

Ich wollte nicht gehen. Ich hatte bis zu diesem Zeitpunkt nichts gehört von einem Aufenthaltsstatus oder einer Duldung, von der Unsicherheit, die diese Wörter in sich tragen. Ich wusste nichts von den Behördengängen, die meine Eltern alle sechs oder alle drei Monate machten, dass sie darum bangten, keine Verlängerung zu bekommen. Ich wusste nicht, dass meine Eltern ihr Land verlassen hatten, als mein Vater bemerkte, dass sich in der Kleinstadt, in der wir wohnten, Gruppen formierten und ihm das bedrohlich erschien. Ich wusste nicht, dass dieses Land nach dem Tod des Staatspräsidenten Tito auseinanderbrach, es nur noch um die Zugehörigkeit zu einer Ethnie ging, ein Land, in dem die eisern zusammengehaltene Einheit in viele Teile zerstückelt wurde, in dem viele verfolgt, vertrieben und ermordet wurden. Ich wusste nicht, dass meine Eltern und die meines besten Freundes keinen Kaffee miteinander tranken, weil sich deren Eltern und Geschwister als Feinde gegenüberstanden, ich wusste nicht, dass sie uns miteinander spielen ließen, weil sie den Krieg nicht zwischen uns Kinder kommen lassen wollten.

Meine Eltern hatten nie etwas gesagt, weder von der Gefährdung in dem einen Land noch von der Gefahr im anderen. Vielleicht hat der Junge, der ich war, gewusst, dass es Grenzen gibt zwischen Gruppen, vielleicht hätte er sagen können, dass da, wo wir herkommen, Krieg ist, ohne zu verstehen, was für ein Konzept dahintersteht, worum es dabei geht, wer gegen wen ist und wie das vor sich geht, gegeneinander zu sein. Die wirklichen Dimensionen des Krieges verstand ich erst Jahre später, als ich in meiner eigenen Wohnung eine BBC-Dokumentation sah: Ich erinnere mich, wie auf dem Bildschirm in Anzügen gekleidete Machthaber über Kriegsführung reden, und dazwischen mischten sich dann die gefühlt tausendmal gesehenen Bilder, fliegende Granaten, aufeinander schießende Menschen. Ich begann zu verstehen, wie beides zusammenhängt: Die einen diskutieren, und es hat den Anschein, als ob sie über etwas Belangloses debattieren, zum Beispiel darüber, ob sich jemand in einer Warteschlange vorgedrängelt hat. Dabei ist das Thema ein anderes und die Entscheidung, die sie treffen, eine folgenschwere. Sie entscheiden über Hass, und zwar nicht nur an einem Ort oder in einer Zeit. Hass überdauert sich, bleibt nicht an einem Ort oder in einer Zeit. Sie entscheiden über Leben; darüber, wie lange sie einander noch hassen und töten werden.

Ich wusste nicht, dass mein Vater so hart arbeitete, damit er Hilfsgüter in seine Heimat schicken konnte, in der seine

Eltern, seine Geschwister, seine Familie noch lebten. Ich wusste nicht, dass die Schokolade für Kinder bestimmt war, die ihren Geschmack lange nicht hatten schmecken können.

Als mir meine Mutter vor einigen Jahren erzählte, wie ich vor dem Bulli stand und die Schokolade gefordert hatte, mussten wir lachen. Eigentlich wollten wir verstummen, uns verkriechen, ins Versteck verziehen. Das Lachen war ein Ventil für die Scham, die meine Mutter in diesem Moment empfunden hatte, als ihr Sohn brüllte: Wie kann es angehen, dass wir so viel Schokolade wegschicken? Und es war ein Ventil für die Scham, die ich noch heute empfinde.

Als kleiner Junge war mir das Wissen um andere Kinder in einem anderen Land verborgen. Was wäre gewesen, wenn sie vor mir gestanden hätten und mich gefragt hätten, ob sie die Schokolade bekommen könnten? Hätte ich verzichtet? Hätte ich gegeben?

Es sind Fragen, die sich in mir unaufhörlich wiederholten, die lauter wurden, je älter ich wurde.

Was wäre, wenn jemand, der fern von uns lebt und nichts zu essen hat, auf einmal vor uns steht und um Essen bittet? Würden wir verzichten? Würden wir geben?

In letzter Zeit, mehr als zwei Jahrzehnte nach meinem vergeblichen Einsatz für die Schokolade, bin ich zweimal im Jahr nach Äthiopien gereist, und das größte Gefühl, das ich empfinde, wenn ich dort bin, ist Scham. Allein dadurch, dass ich bin, wie ich bin.

Ich sehe einen Tisch, an dem zwei Menschen sitzen. Der eine sitzt auf einem bequemen Stuhl und hat einen Teller vor sich, auf dem sich alles übereinanderstapelt. Es ist so viel, dass es schon herunterfällt, so viel, dass er nichts sehen kann außer dem, was er hat, es versperrt ihm die Sicht. Wie soll er das jemals verdrücken, das ganze Sushi und Entrecôte? Der andere sitzt in der Hocke und hat keinen Teller, er sucht auf dem Boden, zwischen den Tischbeinen, nach einem Krümel. Das ist kein Traum, den ich hatte, das ist die Realität, in der wir leben, auch wenn sich diese zwei Menschen niemals sehen können. Sie sind zu weit voneinander entfernt, noch weiter entfernt, als ich damals von den Kindern war, die die Schokolade bekamen. Der Mensch auf dem Stuhl und der Mensch auf dem Boden sehen sich nicht. Was würde der eine sonst sagen über die Unzufriedenheit, die der andere ausdrückt, weil es nicht reichen könnte, was er auf dem Teller hat, weil ihm jemand etwas wegnehmen könnte?

Wenn ich mir diesen Tisch anschaue, geht es mir wie dem Jungen damals, der dem Bulli nachsieht und nichts versteht. Wie können einige so viel bekommen und andere nichts? Warum ist die Welt so ungerecht?

Ich habe keine Erinnerungen an Jugoslawien, das Land, in dem ich geboren bin. Als ich das erste Mal dort hinfuhr, hieß es nicht mehr Jugoslawien, wir lebten schon in den USA und machten in Europa Urlaub. 2002 war das, meine Eltern kamen nach zwölf Jahren zum ersten Mal nach Hause. Es gab diesen Moment, in dem wir in dem Dorf ankamen: Nur ein paar Hundert Menschen leben dort, und gefühlt strömten sie alle auf uns zu, um uns herzlich zu begrüßen und in Empfang zu nehmen. Ich fragte meine Mutter: Ist das unsere ganze Familie? Sie sagte, dass viele hier mit uns verwandt seien, aber keiner zu unserer engen Familie gehöre. Allein die Eltern meines Vaters hatten insgesamt achtzehn Geschwister, die wiederum alle Kinder hatten. Dadurch dass alle so eng zusammen waren, hatte ich schnell ein Gefühl von Zuhause. Danach sah ich meine Tanten und Onkel und meine Großeltern. Zum ersten Mal, seitdem wir Deutschland verlassen hatten.

Ich mochte die Urlaube, die wir in Bosnien machten. Ich hatte keine gemeinsame Geschichte mit diesen Menschen, ich war der Ausländer, aber innerhalb von fünf Minuten entstand in mir das Gefühl eines Zuhauses; ich war Teil einer Gesellschaft, die mir diffus vorkam, in der jeder jeden kannte; wir verbrachten viel Zeit an einem Fluss und sprangen von einem Baum ins Wasser, ohne dass ein Lifeguard zuschaute, wie ich es aus den Staaten kannte; oder wir hingen einfach in großen Gruppen zusammen ab und waren in einer Bar. In den Bosnienurlauben erlebte ich viele Freiheiten, die meine Eltern mir und meiner Schwester in Amerika nicht erlaubten.

Was wäre aus mir geworden, wären wir in Jugoslawien geblieben und hätten dort den Krieg erlebt?

Wie wäre es in Deutschland gewesen, hätten wir im Asylantenheim gewohnt?

Mein Vater sagte in den vergangenen Jahren einmal diesen Satz, der sich in mir festsetzte: Wir hatten so viel Glück, dass wir so aussahen wie sie, die Deutschen.

Was wäre gewesen, hätte uns niemand geholfen?

Wir hatten so viel Glück, dass uns eine Familie namens Egle jeden Sonntag zum Kuchenessen und Kaffeetrinken einlud, dass sie mit uns Zeit verbrachte, und nicht auf die Weise, als wären wir ein Sozialprojekt, sondern als sei das, was wir in Gemeinschaft machten, eine ganz gewöhnliche, wertschätzende Begegnung unter Menschen.

Was wäre aus mir geworden, hätten wir in Deutschland bleiben können?

Meine Mutter sagte einmal: Du spieltest beim TSV Schwarzenberg, hättest die Berufsschule gemacht, einen Job bei Daimler angefangen, so wie fast jeder andere im Dorf, das Leben wäre gut.

In ein Freundebuch damals schrieb ich, Berufswunsch: Berufsfußballer. Ganz technisch.

Bin ich dadurch, dass wir weiterziehen mussten, zu dem geworden, der ich bin?

Was trieb mich?

Ich habe angefangen, über diese Fragen nachzudenken. Ich bin das nicht gewohnt. Warum wurde ich, wie ich wurde? Warum bin ich, wie ich bin? Ich bin es nicht gewohnt, über meine Gefühle zu reden. Wenn meine Mutter mich am Telefon fragt, wie es mir geht, sage ich: gut. Das war's. Sie sagt, sie würde sich das anders wünschen, dass ich mich mehr öffne, aber wir haben das nie gemacht. Meine Eltern hatten dazu keine Zeit. Sie waren immerzu damit beschäftigt, in einem anderen Land anzukommen, eine Bleibe zu finden,

Essen zu verdienen, uns Bildung zu ermöglichen, eine Zukunft. Ich habe nicht gesehen, dass sie sich einmal ausgeruht haben.

Meine Mutter muss heute kein Geld mehr mit Putzen verdienen. Sie, die aus ihrer Familie die Erste war, die zur Schule gegangen war, hat es in Amerika geschafft, das Studium nachzuholen, einen Abschluss gemacht und arbeitet heute als Projektmanagerin für Bauvorhaben. Es gibt ein Bild von ihr, von 2015, da steht sie inmitten ihrer Kollegen, die meisten Männer, vor einem Neubau in der Bronx, an dem sie gearbeitet hat, alle tragen Schutzhelme und gelbe Warnwesten. Meine Mutter hat die Hände selbstbewusst in die Taschen gesteckt, ihr Mund zeigt ein Lächeln, ihre Augen hat sie hinter Sonnenbrillengläsern versteckt, alles an ihrer Haltung symbolisiert Standhaftigkeit, Stabilität, einen unerschöpflichen Willen. Und es gibt ein Foto, zehn Jahre zuvor, 2005, auf dem posiert sie vor einer amerikanischen Flagge und hält ihr Diplom in den Händen: Sie trägt, wie in Amerika üblich, einen Talar, der blau glänzt, und einen blau glänzenden Doktorhut. Es ist ein zaghafter Stolz, der in ihrem Gesicht liegt, vielleicht eine Ungläubigkeit. Ich erinnere mich, dass dieser Moment für unsere Familie feierlich war: In Deutschland war der Abschluss, den sie in Jugoslawien gemacht hatte, nicht anerkannt worden, nun waren wir auf einmal wieder eine Familie, in der jemand einen Abschluss hatte, in der es für andere sichtbar war. Dennoch wurde mir erst später mit aller Wucht bewusst, was dieser Moment bedeutete: welche Wendung er in ihre Geschichte brachte.

Es gibt vieles von meinen Eltern, das vergangen ist, das ich nicht weiß. Vielleicht habe ich auch gedacht, dass sie nicht über das, was war, sprechen wollen. Ich habe von ihnen gelernt, nicht zurückzuschauen, sondern immer nach vorn. In Gedanken höre ich, wie mein Vater auf Was-wäre-wenn-Fragen reagieren würde, er würde sagen: Vergangenheit? Ach, scheiß drauf.

Wenn ich mich mit einem Satz beschreiben soll, dann sage ich: Ich bin ein Arbeiter. So wie meine Eltern.

2 Wo beginnt die Ungerechtigkeit der Leben?

Was ich über das Leben meines Vaters weiß, bevor ich auf der Welt war: Er wurde groß in einem Haus auf einem Berg, doch statt Haus würde ich eher sagen, es war eine Hütte, umgeben von Wiesen, Bäumen und Bergen. Die Umgebung böte ausreichend Platz, um einen Palast zu bauen, aber dafür fehlte es an Materialien und vor allem an Geld. Er war der Älteste. Mit seinen Eltern und seinen zwei Brüdern schlief er in einem Zimmer. Er war der Sohn von Bauern und half, das Land zu beackern, er war Ziegenhirte. Er lief zwanzig Kilometer, um zum Fußballtraining zu kommen. Zwanzig Kilometer eine steile Strecke zu Fuß hin, Fußballtraining, zwanzig Kilometer zu Fuß zurück. Sein Vater, so hat es mir mein Vater erzählt, soll Meister im Schach gewesen sein. Aber ich weiß nicht, was für ein Meister. Vom Bezirk? Vom Land? In den Ländern des ehemaligen Jugoslawien, das habe ich oft erlebt, sind die besten Geschichten die, die ohne Umriss bleiben, bei denen ich den Kontext nicht kenne: Wenn du sagst, er war Meister, besteht die Möglichkeit, dass er nur Meister der Stadt oder des Dorfes war. Ich weiß es nicht, Hauptsache, er war

Meister. Das ist das Gerippe der Geschichte, mehr kann ich nicht erzählen, der Geschichte fehlt das Fleisch. Wenn es aber stimmen würde, dass mein Opa Schachmeister des Landes war, stelle ich mir vor, dass mein Vater diesen Erfolg übertrumpfen wollte. Nicht um zu zeigen, dass er besser und klüger ist, sondern um zu zeigen, dass auch er bereit ist, diesen Willen aufzubringen und alles zu geben. Er war, soweit ich weiß, in der Schule immer einer der Besten. Er hat, wie ich, als Kind in jeder freien Minute Fußball gespielt, er war sehr talentiert, er hatte die Chance, in die Nationalmannschaft aufgenommen zu werden. Und er hat es in Banja Luka als angesehener Beamter zum Koordinator für den Zugverkehr gebracht.

Mein Vater ist niemand, der viel erzählt. Welche Worte ich aber oft von ihm gehört habe: Als ich das damals machen musste ... Oder: Bei mir war es härter. Oder: Ich habe am härtesten gearbeitet. Ich denke, er sagt es nicht, um sich abzuheben von anderen, um sich in den Himmel zu preisen, er sagt es, um zu verdeutlichen, dass er die bewusste Entscheidung getroffen hat, Kraft und Zeit zu investieren, um etwas zu erreichen. Er spielte Fußball, machte Leichtathletik und Karate, bei Turnieren stellte er Rekorde auf. Von diesen Erfolgen zeigte er mir einmal Urkunden und Medaillen. Sie liegen noch im alten Haus in Kulasi, das meine Eltern gebaut haben und das sie verließen, als sie nach Deutschland kamen.

Zehn Jahre muss es her sein, da waren er und ich gemeinsam dort. Es war der schönste Moment, den wir miteinander erlebt haben. Einer, in dem er von sich erzählen konnte, ohne Trauer oder Trotz, und in dem ich ihm zuhören konnte, auch ohne Trauer oder Trotz, in dem ich spüren konnte, wer er war. Er, der Mensch, der in Jugoslawien gelebt hat, nach Deutschland aufgebrochen war, sich ein Leben aufbauen musste aus dem Nichts und wieder aufbrach, nach Amerika, sich ein zweites Mal ein Leben aufbauen musste, ein zweites Mal aus dem Nichts. Er zeigte mir Bilder von sich als Jugendlicher: sein dünner, athletischer Körper, ähnlich wie meiner. Ich sah das Bild und dachte, dieser Junge muss es doch zu was bringen, er wird es leicht haben, einen Beruf zu kriegen und durchs Leben zu gehen.

Mein Vater war, als wir in dem Haus in Kulasi zusammensaßen, aus den USA zurück nach Bosnien gegangen, weil er versuchen wollte, dort neu anzufangen. Letztlich sollte dies scheitern, denn er fand dort nicht das, was er gesucht hatte, es war unwiderruflich weg, er konnte sich dort nicht mehr so einfügen; er war und blieb der, der gegangen war. Er hatte es aber probieren wollen, weil er gesagt hatte, dass er in Amerika nicht glücklich geworden war, und vielleicht hatte ich noch nie darüber nachgedacht, über ihn und sein Glück. Ich hatte ihn erlebt als Macher und Malocher, der immerzu schuftet und in die Zukunft schaut und auf das Ziel, das er sich gesetzt hat: Er hat erst ein Land verlassen und als es dann dran war, das zweite. Ich hatte mit ihm ein Leben erfahren, das dem eines ewigen Trainingslagers glich.

Vielleicht habe ich mich in diesem Moment in Bosnien zu fragen begonnen: Wie viele Brüche verträgt ein Mensch?

Ich hatte bislang nicht über seine eigene Geschichte nachgedacht, nicht über seine Erinnerungen, seinen Alltag als

Koordinator für Züge und seinen Traum, Fußballer zu werden, nicht über seinen Schmerz darüber, dass all das auf einmal weggebrochen war, dass von einem Tag auf den anderen Gewissheiten ins Wanken gekommen waren und zu Erinnerungen wurden, dass Hoffnungen nur noch eine leere Hülle hatten. In dem Moment, als ich die Bilder und die Urkunden sah, dachte ich gar nicht daran, dass ich zu diesem Menschen in einer Beziehung stand, dass mich mit ihm etwas verbindet, ich mit ihm verwandt bin, dass er mein Vater ist. Ich sah die Bilder und die Urkunden wie eine Beweisgrundlage dafür, dass ein Mensch *gewesen war;* dass dieser Mensch nicht mehr sein konnte, wer er war; dass etwas von ihm gestorben war, und nun konnten wir es anschauen, das Vergangene, als wären wir in diesem Haus in einem Museum. Eine Urkunde, ein Foto aus dem Zeitalter – wir konnten es berühren, anfassen, greifen: das Vergangene, das nicht wiederzuholende Leben.

Hat meinen Vater jemals jemand gefragt, wie sein Leben war, als er fünfzehn war?

Wer sollte ihn das fragen?

Wem sollte er das erzählen?

Ich weiß nicht, warum er damals zu erzählen begann, aber in diesem Moment tat er es. Wir beide in diesem Haus, das wie ein Provisorium wirkt. Von drei Etagen ist nur die zweite bewohnbar, es ist die einzige, in der es einen Boden gibt, Türen, Möbel; eine Küche, ein Wohnzimmer, ein Schlafzimmer und noch ein Schlafzimmer, aber weil dieses nie als solches genutzt wurde, ist es ein Lagerraum. Es kommt mir vor, als lagere das ganze vergangene Leben meiner Eltern, das sie bei ihren Aufbrüchen nicht mitnehmen konnten, das sie hinter sich lassen, als vergangen deklarieren mussten, in diesem vielleicht zehn, fünfzehn Quadratmeter großen Raum.

Als wir Deutschland verlassen mussten, zogen wir nach Salt Lake City. Dort lebten Verwandte meines Vaters, Cousins zweiten Grades. Auch das ist eine bezeichnende Geschichte für Bosnien: Für mich kann diese Bezeichnung, Cousin zweiten Grades, alles heißen; jeder scheint des anderen Cousins zweiten Grades zu sein. Und manchmal ist es tatsächlich wahr, weil wir eine große Familie haben, die ich nicht ganz überschaue. Dieser Cousin zweiten Grades jedenfalls war mit seiner Familie gut in Amerika angekommen. Sie wohnten in einem schönen Appartement, in dem Wohnkomplex gab es einen Pool, und sie hatten ein großes Auto. Wir wohnten in einer schlechteren Anlage in einem nicht ganz so guten Viertel, und ich erinnere, dass meine Eltern wegen der Kriminalität in der Umgebung Angst um uns hatten. In der Mitte unseres Wohnkomplexes waren ein Billardtisch, eine Tischtennisplatte, ein Basketballkorb und auch ein Pool. Nachdem wir angekommen waren, im Juni, noch zwei Monate bis die Schule begann, verbrachte ich viel Zeit draußen, zwischen all diesen Spielmöglichkeiten. Es fühlte sich an wie Urlaub. Zum ersten Mal waren wir auf eine Reise gegangen, und dort, wo wir angekommen waren, war die Stadt umgeben von Bergen, die Straßen waren breiter, als wir es kannten, die Autos größer, die Häuser dreimal so wuchtig wie das von Noras Familie, und es gab so viele Menschen. Schömberg im Schwarzwald hatte einige Tausend Einwohner; Salt Lake City 1,5 Millionen. Während ich mich wie im Urlaub fühlte, hatte mein Vater, so habe ich vor einiger Zeit erfahren, wohl schon oft gesagt: Wir gehen nach Hause, zurück nach Jugoslawien.

Hatte er das Gefühl, einen schweren Stein auf den Berg gerollt zu haben? In Deutschland hatte er viel geschafft: seine Familie durchgebracht, Geld verdient, er hatte sich im Dorf vernetzt, er war ein angesehener Mann geworden, obwohl er dann das Land verlassen musste; und nun, auf einmal, war der Stein, den er mühsam hinaufgeschoben hatte, wieder hinabgerollt, und er stand vor einem neuen Berg und musste wieder mit dem ganzen Gewicht rauf? War er, anders als es von Sisyphos in der griechischen Mythologie berichtet wird, nicht glücklich mit diesem Ergebnis, das nur für kurze Zeit ein Erfolg war und eine Endlosschleife mit sich zog? Fühlte er das Nichts, vor dem er wieder stand, die Steigung, die er wieder nehmen musste, die Kraft, die er benötigen würde: wieder Jobs suchen, wieder Kontakte knüpfen, wieder eine neue Sprache? Es sind nur Fragen, die ich stelle, nur Spekulationen. Ich glaube, dass ich darauf keine wahrhaftige Antwort bekommen werde. Manchmal bekomme ich kleine Erklärungen, Szenen aus der Vergangenheit. Zuletzt erfuhr ich von ihm, dass er in den ersten Monaten in Amerika in einer halb professionellen Liga Fußball spielte, was für ihn eine Chance gewesen sein muss, es doch noch auf eine Art zu irgendetwas in diesem Sport zu bringen. Bei einem Training wurde er dann aber von einem Ami absichtlich verletzt. Er trug eine schwere Verletzung an der Schulter und an den Zähnen davon, und der, der ihm diese zugefügt hatte, soll es schlicht kommentiert haben mit: Welcome to America. Da der Fußball für meinen Vater heilig ist, da er durch ihn immer den Zugang zu den Menschen bekommen hat, da er eine Hoffnung in ihm hegte, muss sich dieses Ereignis für ihn angefühlt haben, als wenn einem Pfarrer seine Kirche zerstört wird. Nach der Verletzung spielte er nie mehr auf so einem Niveau wie zuvor. Brach er deswegen mit den Menschen?

Was ich sicher weiß, ist, dass sich mein Vater wieder ranmachte, wieder die Füße voreinander setzte, dass er, selbst wenn er kein Glück gespürt haben mag, eine neue Aufgabe hatte, einen Plan. Dass er wieder an ein Ziel musste, dass er alle Kraft aufwand, um von Neuem loszugehen.

Meine Eltern gingen zu einer Sprachschule, und ich erinnere mich daran, dass sie einmal vom Unterricht nach Hause kamen und ein neues Wort mitbrachten: Kulturschock. Meine Mutter erklärte uns die Bedeutung mithilfe von zwei Beispielen. Das erste war die amerikanisch gängige Begrüßung: *How are you?*, die nicht mehr bedeutet als *Hi*, weil niemand auf diese Frage eine Antwort erwartet. Wird in Bosnien hingegen jemand gefragt, wie es ihm geht, ist dies eine Einladung für ein gemütliches Gespräch mit Sliwowitz, Pflaumenschnaps. Das zweite Beispiel war die unterschiedliche Musik, die es in Ländern gibt. Amerika, sagte sie, sei bekannt für Rock 'n' Roll – laute, schrille Musik, von der andere Menschen einen Schock bekommen könnten. Ich war zehn und hatte keine Ahnung. Für mich war alles neu und das meiste spannend. Aber was von dem, in das sie auf einmal hineingeworfen waren, wurde für meine Eltern zum wirklichen Schock?

Meine Mutter verdiente Geld mit putzen und mein Vater fuhr in einem Lastwagen quer durchs Land und sah uns, seine Familie, selten. Wie muss er sich gefühlt haben, als er lange Zeit allein in einem Truck unterwegs war?

Neben der Arbeit zählte für ihn der Sport. Vor allem in der Beziehung zu seinen Kindern kannte er nichts anderes als das: Der Sport war unsere Beziehung. Meine Schwester hatte schon in Deutschland angefangen, Tennis zu spielen, in den USA suchte er für sie sofort einen Trainer. Für mich suchte er einen Fußballverein, für den ich bis ans andere Ende der Stadt fahren musste. Ich kam gut an, denn in Amerika spielen sie ja nicht viel Fußball, da gibt es nicht viele wie mich, die in ihrer Kindheit nichts anderes getan hatten, wenn sie nicht in der Schule gewesen waren. Ich fand dadurch schnell eine Aufgabe und durfte mit zu einem Turnier nach San Diego. Auf dem Weg blieben wir eine Nacht in Las Vegas; ein surreales Erlebnis, ich fühlte mich wie in Disneyland. Das war jetzt mein neues Leben?

Wir freundeten uns mit Saidja an, dem Trainer meiner Schwester. Er und seine Freundin Maya zeigten uns eine Welt, die wir nicht gekannt hatten, die wir mit meinen Eltern niemals entdeckt hätten. Die beiden waren noch jung und damals an der Uni. Uns Jugendliche nahmen sie mit in ein Restaurant: Von außen war alles unspektakulär, großer Parkplatz vor großem Zweckbau, aber dann machten wir die Tür auf, und dieses Restaurant war kein einfaches Restaurant; nicht so wie das, das ich aus dem Schwarzwald gekannte hatte, in dem wir uns einmal als Familie das Essen gegönnt hatten. Wir standen auf einmal in einer riesigen Halle, in die ein Regenwald gebaut war, und das Zentrum war ein spektakulärer Wasserfall, von dem jemand zehn Meter tief sprang, als wäre er Tarzan.

Ich dachte nicht daran, dass diese Welt eine erschaffene ist, dass sie etwas vorgibt zu sein, dass sie nicht so existiert. Für mich war es in diesem Moment die Welt, in die ich geschleudert worden war, in der ich mit großen Augen staunte, was alles um mich herum passierte. Irgendwann müssen wir zu unserem Tisch gegangen sein; der Weg war rechts und links von Palmen gesäumt. Ich habe aber keine Erinnerung daran, was wir aßen; das Essen zählte in diesem Moment nicht, ich war gänzlich eingenommen von meinem ersten Aufprall in der Welt der Künstlichkeit, des Entertainments.

Saidja, der Trainer, war für uns jemand, der uns mit Respekt begegnete. Es war egal, woher wir kamen; wir waren nicht anders für ihn, nicht von irgendeinem *außen;* das hat ihn nicht interessiert; und dennoch erscheint es mir in der Reflexion so, als habe er uns, ohne dass er darüber nachdachte oder darin eine Wohltat sah, nach *innen* geholt. Ähnlich wie es auch die Familien getan hatten, die uns im Schwarzwald begegnet waren und uns bei sich wohnen ließen, obwohl wir nicht viel zu bieten hatten: Sie machten etwas auf, sie hatten einen Schlüssel, den wir, die wir aus der Fremde kamen, nicht haben konnten. Wie viel Glück hatten wir, dass wir, obwohl wir nicht viele Menschen kannten, immer auf die trafen, die uns das Gefühl gaben, willkommen zu sein?

In der Schule trugen viele die Strümpfe hochgezogen bis zu den Knien. Ich wollte es ihnen nachmachen. Als wir einkaufen gingen, bettelte ich um genau solche Strümpfe und überredete meine Eltern: Das ist cool, sagte ich, das machen die hier so. Ich wollte sein wie die.

Wir spielten Kickball: Das ist wie Baseball, nur ohne Schläger und mit einem großen Ball, den du mit dem Fuß bewegst, wenn du dran bist. Den Ball musst du so weit wie möglich kicken. Weil ich Fußball konnte, war ich auch darin gut: Was, dachte ich, gibt es Einfacheres auf der Welt, als so einen Ball zu kicken? Ansonsten spielte ich vielleicht ein bisschen im Park, aber das war selten, und es fehlten die, die mitmachten. Anders als im Schwarzwald, wo ich durch Fußball immer dazugehört hatte, in der Betrachtung anderer cool war, wie selbstverständlich Teil einer Gruppe, einer Gemeinschaft, war ich in Salt Lake City der Typ, der auf Distanz war, immer eher in der Beobachterrolle. Ich schaute erst mal: Was spielen die, wie reden die, was hören die für Musik? Ich hörte nicht mehr DJ Bobo, ich lernte Rap kennen, Tupac und Punkrock, The Offspring, ihr fünftes Album: Americana.

Ich hatte keinen besten Freund in Salt Lake City, aber mit zwei Brüdern war ich etwas enger. Sie kamen aus Kuba. Wir waren zehn, sie hatten Marihuana und rauchten. Mit ihnen sehe ich mich in dieser Beziehung: Sie brauchten jemanden, der nicht so war wie sie, der mit ihnen abhing, sie beobachtete und ihnen bestätigte, dass sie cool sind. Das war eine Rolle, die ich gut ausfüllen konnte. Und ich brauchte lediglich jemanden, mit dem ich zusammen sein konnte. So halfen wir uns gegenseitig. Die zwei hatten noch mehrere Brüder, einer hatte mal eine Waffe, einer war für uns wie der Drug Lord, wie aus einem amerikanischen Getto. Es war, als wäre ich in einem Film gelandet.

Nach einer Weile zogen wir um, in ein etwas besseres Viertel, verglichen mit dem, aus dem wir kamen. Ich erinnere aber, wie einmal Helikopter über uns flogen und in den Straßen Sondereinheiten mit Gewehren herumliefen; wen sie suchten, wussten wir nicht. In diesem Wohnkomplex gab es eine Clique, in der alle etwas älter waren als meine

Schwester und ich. Wieder waren wir die Neuen: die, die ankamen; die von außen. Das Schöne, nachdem wir umgezogen waren: Dort waren mehr Migranten, und viele von denen spielten auch Fußball. Einige Südamerikaner waren dabei, viele aus afrikanischen Ländern und auch mein Vater spielte mit. Das Besondere war, dass sich keiner bei seinem Namen nannte, alle nannten sich bei dem Land, aus dem sie kamen. Wir trafen uns zweimal die Woche und drei Spieler hatten den gleichen Namen, wir riefen nur: Angola! Oder: Sambia! Ich war Deutschland, glaube ich. Dass wir uns so nannten, habe ich in diesem Moment nicht als eine Art Bewertung wahrgenommen; wir wollten einfach alle kicken, und mit diesen Bezeichnungen war es am einfachsten.

Mein Vater ist jemand, der sich immer messen wollte. An einem Tag im Sommer war ich mit ihm draußen, wir spielten Basketball, und wer machte die meisten Körbe? Er. Dann Tischtennis. Auch darin war er viel besser als ich. Dann kam ein Junge dazu, vielleicht vierzehn, und der zog meinen Vater gründlich ab. Mein Vater hatte keine Chance, ihn zu schlagen, er verlor die Lust und gab auf. Wenn ich an diesen Tag denke, sehe ich, wofür mein Vater lebte: für den Wettkampf, er wollte ihn unbedingt haben; und der Wettkampf, den er am meisten liebte, war der körperliche. Dabei habe ich ihn nie als unfair erlebt. Sosehr er sich schindete und quälte, so vertrat er doch immer die Auffassung: Ist der andere besser, ist er besser. Geschummelt wird nicht; ist einer besser, trainiere härter.

Einmal, Jahre später, gab es ein Fußballturnier, das von der serbisch-orthodoxen Kirche organisiert wurde und bei dem auch mein Vater mitmachte. Wir spielten auf einem Acker, auf dem einfach zwei Tore aufgestellt waren. Das Finale stand noch aus, als es schon dämmerte. Es war mein Vater, der auf die Idee kam, die Autos an den Platz zu stellen und die Scheinwerfer einzuschalten, sodass das Spiel beendet werden konnte. Er hat den unbedingten Willen, ans Ziel zu kommen; zu siegen; ein Unentschieden existiert für ihn nicht.

Eineinhalb Jahre wohnten wir in Salt Lake City. Dann wollte mein Vater weg, das nächste Ziel, das er sich ausgeguckt hatte, hieß: Bradenton, Florida. Meine Schwester hatte großen Erfolg im Tennis gehabt, sie hatte nach nur zwei Jahren, in denen sie spielte, wie aus dem Nichts in ihrer Altersklasse die Utah Open gewonnen. Fortan begann vor allem sie das Leben mit meinem Vater als ewiges Trainingslager zu spüren. Sie, seine Tochter, wurde zu seiner Schülerin, vielleicht muss ich sogar sagen, zu seinem Material, zu seiner Chance. Mit ihr wollte er ganz oben auf den Berg. Mehr als ihr Vater war er nun ihr Trainer. Alles lag auf ihr, dem Kind.

Wer im Tennis etwas werden will, geht nach Florida, an die Akademie von Nick Bollettieri. Er half vielen Stars auf dem Weg nach oben: Andre Agassi, Venus und Serena Williams, Maria Sharapova, Monica Seles, Boris Becker, Anna Kournikova. Mein Vater hoffte als Nächstes auf seine Tochter, alles drehte sich nun um sie. Er war selbst ihr Trainer und besorgte andere, die Unmengen an Geld kosteten. Für mich war klar: Meine Schwester war die Auserwählte, sie wird der Star. Ich selbst hatte zwar den Traum, Fußballer zu werden, aber ich dachte, dies sei unerreichbar. Es war unklar: Wie sollte ich dahin kommen? Es gab keinen Weg: Den musst du gehen, so gelangst du ans Ziel. Vor allem nicht in Amerika, wo Fußball wenig zählt, wo es keine Struktur gibt, wo du nicht aufsteigen kannst, um in einer besseren Liga zu spielen; wo du Geld haben musst, um zu Turnieren in andere Staaten zu reisen. Ich kickte lediglich ein bisschen mit anderen im Park oder in den lokalen Amateurligen. Bei keinem Wettkampf konnte ich mich gegen Bessere beweisen. Und sowieso: Ich bin Verteidiger, war es schon damals; ich dachte nicht, dass ich besser bin als andere, wie sollte ich das messen? Fußball entscheidet sich anders als Tennis in der Mannschaft, und meine Heldentat ist es, den Ball wegzuhauen, damit es kein Tor gibt; ich dribbele nicht durch zehn Leute durch und schieße ein Tor. Wäre das der Fall gewesen, hätte ich mich vielleicht als Bester der Welt bezeichnen können. Ich liebte das Spiel, wie ich es noch heute liebe; wie mein Vater liebe ich den Wettkampf, wie er finde ich, dass die schwersten Spiele die besten sind. Ich liebe, dass dieser Sport eine Instanz ist, in der vieles, was sonst Bedeutung hat, nicht wichtig ist. Es zählt nicht, woher du kommst, wer du bist; es gibt einen Ball, der zwischen allen umhergeht, von allen getreten wird, es gibt ein Aus, es gibt zwei Tore und dazwischen gleich viele Spieler. Klare Linien und Gesetze, einen Rahmen und Regeln. Wenn ich jemanden umrenne, ist es ein Foul; unfaires Verhalten, ob gewollt oder ungewollt, wird bestraft; das reguliert der Schiedsrichter; und selbst wenn es den nicht gibt, besteht auf dem Platz oft die Einsicht, dass etwas unfair ist, auch wenn davon die gegnerische Mannschaft profitiert. Diese Klarheit hat für mich etwas Wunderschönes.

Ich trainierte hart und viel, weil ich dachte, so machen das die Profis auch. Ich wollte immer das Spiel gewinnen, weil Spiele dafür da sind, gewonnen zu werden, aber ich glaubte nicht daran, mit Fußball wirklich etwas erreichen zu können.

Wenn ich beobachtete, wie die Tage meiner Schwester aussahen, wie viel sie trainieren musste, wie unser Vater, wenn sie nach Hause kamen, weiter ihr Trainer war und nicht zu ihrem Vater wurde, wie sich alles, was auf dem Platz passiert war, zu Hause fortführte, denn der, der dich eben noch angeschrien hat, tröstet dich nicht auf einmal; wenn ich hörte, wie er sie wegen ihrer Fehler beschimpfte und seine Wut an ihr ausließ; wenn ich sah, unter welchem Druck sie stand, war ich froh, dass es sie getroffen hatte und nicht mich. Ich konnte mich entwickeln, ohne dass ich ständig unter seiner Aufsicht war. Manchmal, wenn ich mit ihr zusammensaß, sagte sie, wie sehr sie sich wünschte, dass er sie nicht trainieren würde.

Mein Vater war ein Getriebener, er wurde zu einem militanten Tennisvater, von denen es in Florida eine ganze Armee gibt: Menschen, die von überall aus der Welt kommen, einige haben ihr Haus verkauft, ihr Auto und ihre Firma, ihre Jobs aufgegeben, ihr ganzes Leben, sie setzen alles auf den Erfolg ihres Kindes und versuchen die anderen, die das auch tun, zu überbieten. Fast alle dort aber werden scheitern, nur ein Bruchteil der Bewerber, der Besessenen, wird es an die Weltspitze schaffen. Es ist ein linkes, ekliges Spiel; alles auf eine Zahl, wie am Roulettetisch.

Wir wohnten fünfhundert Meter von der Akademie entfernt. Ich habe gesehen, wie Väter am Rand standen und

»Aus« riefen, selbst wenn es nicht Aus war; wie diese Väter am Rand mehr das Spiel spielten als ihre Kinder, die tatsächlich auf dem Platz standen. Die Kinder, das sagte selbst mein Vater einmal, waren keine Akteure; sie waren eher Maschinen, die für die Befehlshaber am Rand etwas ausführten, deren Anweisungen folgten. Ich habe gesehen, wie Tennis Familien zerstört hat, wie Paare sich zerstritten; und was aus den Kindern wurde, die dazu verdammt waren, Stars zu werden: von einem starb der Vater, danach wurde er drogenabhängig; eine andere wurde Jahre später Pornodarstellerin, nachdem sich ihre Eltern hatten scheiden lassen, und die, deren Familie in Europa alles verkauft hatte, verließen irgendwann desillusioniert Amerika und gingen dahin zurück, wo sie hergekommen waren, wo sie mit allem Schluss gemacht hatten. Ich habe erlebt, wie Tennis sich zwischen uns als Familie zwängte, wie es meinen Vater veränderte, wie gefangen er in diesem System war und uns auf eine Art mit gefangen nahm. Er sagte selbst immer: Ich mache das alles nur für euch. Dabei war er es, der die Ziele festlegte und dann so tat, als wäre dies unser Traum. Ich empfand es so: Er war zugleich Trainer, Förderer, Sponsor, Kommandant, General, Diktator.

Am Anfang schaute ich mir noch an, wie meine Schwester spielte; nach einer Weile aber ließ ich es. Ich weigerte mich mitzugehen, denn schon das Zuschauen machte mir keinen Spaß; ich würde sogar sagen: Es tat mir weh. Meine Schwester hatte sicherlich auch keinen Spaß.

Letztlich schaffte sie es, aus dieser Zeit etwas Gutes zu machen, sie bekam durchs Tennisspielen ein Stipendium an der Universität und zog nach New York. Vielleicht wollte sie weit weg von dieser Akademie und auch von meinem Vater als Trainer. Sie verließ den Profisport und arbeitet heute in einem großen Unternehmen.

Als ich vor einiger Zeit mit meiner Mutter über die Jahre in Florida sprach, war sie, die uns immer mit Liebe beschenkte, ohne dass wir etwas erreichen mussten, den Tränen nahe und sagte: Es tut mir leid, ich war machtlos, ich habe euch zu wenig beschützt.

Die Liebe meines Vaters war anders als ihre. Seine Liebe war eine harte, eine, die ein Ziel hatte; die uns vorbereiten sollte auf das Leben, wie er es verstand. Sein Fokus lag auf meiner Schwester, sie sollte die Trophäe sein, die er oben auf dem Berg, den er in Amerika wieder erklimmen wollte, in die Höhe recken konnte. Wenn er nicht arbeiten musste, trainierte er mit ihr, und wenn er nicht sie trainierte, dann trainierte er, so unermüdlich er war, auch mich.

Eine Zeit lang waren wir zwei Kumpels, die zusammen rausgingen und Fußball spielten: Der größere hat's drauf und bringt dem kleineren was bei. Es war eine vergleichsweise lockere Atmosphäre, vor allem dann, wenn wir mit anderen spielten. Es gab aber auch die Zeit, in der es anstrengend war, in der er wohl dachte, der Junge hat Potenzial, und er ist dazu berufen, es ihm zu zeigen, wer sonst. Seine Art des Zeigens ist eine laute, bestimmende, zurechtweisende: Wenn du es nicht kannst – und irgendetwas ist immer zu finden, das du nicht kannst: Du hast das Tor nicht getroffen oder du dribbelst und haust ein Hütchen um, weil du den Fuß falsch gehalten hast –, dann macht er vor, wie es geht. Und brüllt: So musst du es machen. Ist es so schwer? Das kann doch nicht so schwer sein! Aus dieser Rolle kam er schlecht raus. Er war der, der die Regeln machte und sie durchsetzte, auch zu Hause, alles musste seinem Plan folgen.

Einmal hatte er den Tick, wahrscheinlich hatte er das irgendwo aufgeschnappt, dass meine Schwester und ich eine Gallone, das sind fast 3,8 Liter Wasser, am Tag trinken müssen; er kontrollierte das mit einer Akribie, und immer wenn er uns sah, sagte er: Trink einen Schluck. Einmal nahm ich die Flasche und trank betont langsam, schob die Lippen vor den Flaschenhals, dafür gab es eine Ohrfeige. So war seine Logik: Ich erziehe dich zu deinem Besten, und wenn du dem nicht folgst, wirst du es spüren, brachial gesagt: Es gibt auf die Fresse, bis man folgt.

Ich war geprägt von der Arbeitsethik, die mein Vater und meine Mutter verkörperten, mit der sie nach Deutschland und nach Amerika gekommen waren: nicht aufgeben, nach vorne schauen, diszipliniert und fleißig weitermachen. Wenn mein Vater sagte, putz den Boden, dachte ich, fuck, das ist nicht herausfordernd, das ist nicht wichtig, das ist sinnlos; aber ich gehorchte und begann zu putzen. Während eines Trainings, bei dem er unzufrieden mit meiner Leistung war, wollte er mich bestrafen: Du läufst jetzt 50 Runden, sagte er. Eine Runde hatte 300 Meter, es waren also 15 Kilometer. Ich lief los, Runde für Runde, nach Runde zehn muss sich mein Vater gedacht haben, gut, jetzt hat er seine Lektion gelernt und sagte: Du kannst aufhören. Ich sagte, nein, ich laufe weiter. Ich hatte angefangen, und nun wollte ich es zu Ende bringen. Wenn du etwas machst, dann mach es ordentlich, so lebten es mir meine Eltern vor. Ich lief weiter, mein Vater ging nach Hause, so lange wollte er nicht warten. Es wurde dunkel, und ich unterschlug keine einzige Runde, ich lief und lief, so lange, bis ich die fünfzigste erreicht hatte.

Später, als ich verstanden hatte, dass einige seiner Anforderungen sinnlos waren, dass ich so eine Beziehung, die er und meine Schwester hatten, niemals haben wollte, drückte ich ihm gegenüber auch meine Unlust aus. Dann wagte ich es, dagegen zu schießen – mit Absicht. Oder er sagte: Sprinte dahin und dahin. Und ich lief zwar, aber superlangsam, denn es erschien mir sinnlos. Ich wollte ja nicht laufen, sondern Fußball spielen.

Am Beginn der Floridazeit, zwölf oder dreizehn muss ich da gewesen sein, gab es einen Moment, in dem wir beide dachten, ich könne unverhofft den Durchbruch schaffen. Sommerurlaub: Wir flogen nach Europa und wollten die Familie besuchen. Auf dem Weg machten wir einen Stopp in den Niederlanden. In Rotterdam lebte inzwischen Saidja, der frühere Tennistrainer meiner Schwester, und in Zwolle lebten Verwandte meiner Mutter, Cousins zweiten Grades, das Übliche.

Es war langweilig für mich: ruhige Reihenhausgegend, viel Backstein, aber in der Nähe war eine grüne Fläche, Park wäre zu viel gesagt, und auf der spielten Kinder. Ich fragte, ob ich mitmachen könne. Wir kickten einige Tage zusammen, und irgendwann meinten sie zu mir: Am Wochenende gehen wir zum FC Zwolle. Und ich: Wie, zu den Profis? Sie: Ja. Ich: Kann ich mit? Wann trefft ihr euch? Als ich nach Hause kam, erzählte ich meinem Vater davon: Die gehen nach Zwolle! Ich packte meine Tasche: Kickschuhe, Duschgel, ich dachte, das wird meine Chance. Mein Vater begleitete mich. Wir kamen an – und kein Mensch vom FC Zwolle war da. Es war Sonntag und der Platz war offen. Die Jungs wollten einfach dahin gehen, um auf einem richtigen Feld kicken zu können, und nicht auf ihrer mickrigen grünen Fläche. Von den Profis war keiner zu sehen; ich aber war bereit gewesen.

Wir fuhren von Zwolle nach Rotterdam, zu Saidja. Wir, mein Vater und ich, haben die Tage dort sehr genossen: Vom fußballarmen Amerika waren wir ins fußballhungrige Europa gekommen, das war unser wirkliches Disneyland. Überall kleine Fußballplätze, auf denen wir drei gegen drei, vier gegen vier, fünf gegen fünf kickten. Wettbewerb am laufenden Band. Für meinen Vater muss es der beste Urlaub seines Lebens gewesen sein. Von Rotterdam machten wir einen Ausflug nach Amsterdam, um das Stadion von Ajax Amsterdam zu sehen, dachte ich. Wir standen dort und begannen, es zu umrunden, kamen zum Jugendzentrum des Vereins. Wir warteten davor. Ich war genervt: Was machen wir hier? Das hier war nicht Zwolle; wir würden da niemals reinkommen; das hier war die Stätte der Weltklasse, aber die Weltklasse lag eben hinter zugesperrten Toren. In meiner Erinnerung sehe ich Menschen aus dem Stadion rauskommen, und mein Vater beginnt ein Gespräch mit ihnen, ich spüre meine Scham, weil wir hier nicht hingehören, was will er von denen? Ich weiß nicht mal, in welcher Sprache er mit ihnen gesprochen hat. Englisch, Deutsch? Beides konnte er in Bruchstücken; im Grunde kann er alle und keine Sprachen. Genau das ist mein Vater: Am Ende lässt sich nicht rekonstruieren, wie genau es ihm gelang, mit welcher Taktik, welchen Worten, welcher Gestik, was genau er machte, um ans Ziel zu kommen, aber er schaffte es. Sagte er: Wir sind aus Amerika? Wir machen Urlaub in Rotterdam und dachten, wir schauen mal bei Ajax Amsterdam vorbei, ob da ein Probetraining geht? Mit welcher Gewissheit, mit welchem Willen gelang es meinem Vater, diesen absurden Moment herbeizuführen; etwas, was gewöhnlich nicht passiert?

Du fährst nicht einfach zum Stadion und fragst: Kann ich mal zeigen, wie ich dribbeln kann? Du fährst ja auch nicht zum Sternekoch, klopfst an und sagst: Ich würde gerne auch ein paar Möhren schnippeln; das kann ich gut.

Weil wir dort gestanden hatten, hatte er jemanden gefragt, ob ich in der Jugendmannschaft ein Probetraining absolvieren könne. Und die Antwort, die wir bekamen, war: Kommt morgen wieder.

Der nächste Tag, das Training: Ich brauchte gefühlt ewig, um mir ein Leibchen zu nehmen, es auf die richtige Seite und über meinen Kopf zu ziehen. Bin ich doof? Kann ich nicht mal ein Leibchen anziehen? Wie soll ich hier mithalten? Ich war ja niemand in den USA, ich hatte nur auf billigem Mannschaftsniveau und im Park gekickt; und auf einmal stand ich in diesem Stadion von Ajax Amsterdam, damals eine der besten Jugendabteilungen von Europa, wenn nicht gar der Welt.

Am Ende waren die anderen es, die die Möhren immer noch besser schnippeln konnten als ich; die, die die Technik nur noch aufführen mussten, als wäre sie ein Tanz; keiner von ihnen, so schien es mir, machte einen Fehltritt. Meine Möhrenstücke, die ich bei Ajax Amsterdam zeigte, waren auch nicht schlecht, sagten sie; aber es reichte nicht. Für die Profis war ich nicht gut genug – mit dieser Begründung ging ich zurück nach Amerika. Mein Vater sagt heute, es hätte geklappt, sie hätten mich genommen, das Problem sei allein der Visa-Status gewesen. Welche Wahrheit stimmt, werde ich wohl nie erfahren.

Wenn ich nicht Fußball spielte, sollte ich zu Hause in meinem Zimmer sein, dort spielte ich immer am Computer. Ich durfte sonst nichts. Mit vierzehn, fünfzehn allein ins Kino zu gehen, war verboten. Ich hatte einen Freund, den ich manchmal besuchte, ihn konnte ich zu Fuß erreichen. Mein Leben nach der Schule bestand entweder aus Fußball oder aus Computer. Und aus noch einer Sache, die wir als Familie wieder gemeinsam machten: arbeiten.

Mit meinem Vater schleppte ich einen Sommer lang Klaviere, vom Laden zum Kunden. Wir packten das Klavier auf einen Rollwagen, zurrten es darauf fest und schoben es. Ich sah, wie die anderen Mitarbeiter es machten, und im Vergleich mein Vater: Wieder war er derjenige, der sich über alles Gedanken machte. Wo andere drüber hinwegsahen, perfektionierte er jede Kleinigkeit, bevor er begann: Er nahm eine Decke, noch eine, polsterte jede erdenkliche Ecke, jedes Risiko aus, er behandelte die Klaviere, als wären sie aus Glas und als müsste er für jeden Kratzer zahlen. So ist er noch immer. Würde er eine Fliese schneiden, würde er alles dafür tun, den Rest der Fliese, den Umriss, zu verwenden, etwas aus ihm zu machen. Einen Schaden, einen Fehler kann er nicht in Kauf nehmen.

Mit meiner Mutter putzte ich manchmal in Häusern von sehr wohlhabenden Leuten. Sie war in der Ausführung wie er: immer akribisch, immer sorgfältig; ganz egal, ob in den Häusern Zimmer waren, von denen die Bewohner wahrscheinlich nicht mal wussten.

Über mehrere Jahre putzen wir einmal die Woche als Familie, meine Eltern, meine Schwester und ich. Auch das geht auf eine Idee meines Vaters zurück und ist einer seiner absurden Einfälle, die aufgingen. Es gab zwei Schulen in der Umgebung der Tennisakademie, auf die auch all die gingen, die bei der Akademie waren. Wir hatten nicht das Geld dafür; meine Eltern hätten sich eine Privatschule niemals leisten können. Aber wenn mein Vater ein Ziel hat, dann setzt er alles daran, es zu erreichen. Er sprach also mit der Direktorin, und wie auch immer er es deichselte, am Ende war der Deal: Meine Schwester und ich dürfen die Schule besuchen, dafür putzen wir die Schule. Jede Woche gingen wir zu viert in das Gebäude oder auch mal nur ich mit meiner Mutter, wenn mein Vater und meine Schwester auf dem Tennisplatz waren. Mit mir kam immer die Angst mit, dass uns ein Schüler, eine Schülerin sieht, dass uns jemand auslacht. Wir putzten die Toiletten, die Flure, die Fliesen, all die Ecken und Kanten. Meine Eltern dachten nicht daran, dass es am nächsten Tag wieder dreckig sein würde, dass vielleicht niemand darauf achten würde, wie sauber alles gewesen war, dass sie auch nur einmal kurz mit dem Staubsauger hätten durchgehen können; nein, sie machten es mit solch einer Sorgfalt, dass es jede Qualitätskontrolle übertroffen hätte. Zu uns sagten sie: Wenn du es nicht richtig machst, dann gehe ich noch mal drüber. Dies führte dazu, dass ich es unbedingt zu ihrer Zufriedenheit erfüllen wollte. Ich hätte mich so sehr geschämt, wenn sie mehr hätten tun müssen, nur weil ich nicht gut war, nicht ordentlich, weil ich mich nicht angestrengt, nicht alles gegeben hatte.

Auf diese Schule gingen neben den Teilnehmern der Tennisakademie auch die Spieler der Nationalmannschaft der unter 17-Jährigen, der amerikanische Fußballnachwuchs. War es ein Zufall? Oder war es, wie ich mich später fragte, der Masterplan meines Vaters gewesen; hatte er bewusst gerade diese Schule ausgesucht?

An einem Nachmittag war ich mit meinem Vater kicken im GT Bray Park. Wir übten Freistöße, er flankte, ich köpfte rein; noch mal und noch mal, und dann mit getauschten Rollen, ich flankte, er köpfte rein. Neben uns trainierte eine Amateurmannschaft, elf gegen elf. Ich kannte die Jungs, ich hatte vor einiger Zeit schon mal mit ihnen gespielt, obwohl sie zwei Jahre älter waren als ich. Mein Vater meinte zu mir, ich solle mal zum Trainer gehen und fragen, ob ich mit denen trainieren kann. Das war natürlich wieder eine ungewöhnliche Sache: Jemanden, während er die Jungs trainierte, zu stören und um Erlaubnis zu bitten, aber ich folgte seiner Anweisung und sagte dem Trainer, der am Rand stand, dass ich viele von den Leuten kenne, und fragte, ob ich mitmachen könne. Er fragte: Wie alt bist du denn?

Ich weiß die Chronologie der Ereignisse nicht mehr, die genaue Abfolge verschwimmt in meinem Kopf, denn was danach passierte, spülte alle Einzelheiten weg. Ging ich sofort aufs Feld, kickte mit ihnen? Oder redeten wir an diesem Nachmittag nur? Hatte er gesehen, wie ich mit meinem Vater trainiert hatte? Und an welche Stelle gehört dieser Satz, den Keith, der Trainer, dann auf einmal unverhofft zu mir sagte: Ich mache diesen Amateurjob hier nur nebenbei; ich bin Co-Trainer der Jugendnationalmannschaft. Du solltest mal zum Probetraining kommen.

Als wir nach Hause kamen und mein Vater meiner Mutter davon erzählte, dass ich eingeladen worden sei, dachte sie, er würde halluzinieren.

Ich ging an einem der nächsten Tage zum Probetraining, mit den billigsten Kickschuhen der Welt, zehn oder zwanzig Dollar werden sie gekostet haben. Mein Vater hatte sie, wie immer, zwei Nummern zu groß gekauft, weil er gemeint hatte: Da wächst du noch rein. Aber bis heute bin ich in diese Schuhe, die er mir vor fünfzehn Jahren gekauft hat, nicht reingewachsen. Ich hatte so lange mit ihnen gespielt, bis die Schuhe sich auflösten. Wenn es regnete, stand ich statt auf einer Sohle auf nasser Pappe. Als ich auf den Platz kam, schauten mich die Jungs der Mannschaft irritiert an. Sie kannten mich ja von der Schule, auf die wir zusammen gingen; aber dort war ich ein Niemand, keiner der geförderten Sportler, ich hatte keine coole Clique, ich war der, der die Toiletten putzte, was, so hoffte ich, niemand wusste. Und auf einmal war ich da, lief mit meinen gammeligen Schuhen und meinen gammeligen Klamotten über den Rasen: Ey Neven, was machst du denn hier? Ich sagte: Probetraining. Es war für alle eine vollkommen unverständliche Situation. Die Jungs, die hier waren, vierzig waren es, hatten mehrere Runden eines Auswahlprozesses überstanden. Sie hatten sich in dem Kreis, aus dem sie kamen, in ihrem Staat und in der Region, zu der mehrere Staaten zusammengefasst sind, qualifiziert und waren immer eine Ebene weitergekommen; es war ein langer Weg, der hinter ihnen lag; und tatsächlich hatte auch ich diesen einmal begonnen, dann aber abbrechen müssen, weil die Fahrt auf die nächste Auswahlebene zu weit gewesen war; ich hätte dort mehrere Tage bleiben müssen, und das hätte zu viel Geld gekostet. Keith, der Co-Trainer, kam zu mir und sagte: Ey, sorry, heute passt's doch nicht. Unter den Augen aller lief ich wieder vom Platz. Hatte ich mich jemals mehr geschämt als in diesem Moment? Was hatte ich mir vorgemacht?

Mehrere Wochen musste ich warten, bis ich wieder eingeladen wurde und mittrainieren durfte. Die Jungs hatten es echt drauf: Krafttraining, taktisches Training, all das kannte ich von meinem Vater nicht. Wir hatten gedribbelt, uns zugepasst, aufs Tor geschossen, das hier war ein anderer Standard. Ich fühlte mich als der Schlechteste. Dann muss es diese Situation gegeben haben, an die ich mich selbst nicht erinnern kann; der Trainer hat sie mir Wochen später so geschildert: Ich warf den Ball in die Luft, und du gingst hoch und hast vor allen den Ball gewonnen. Daher habe ich dich genommen.

Ich habe keine Ahnung, wie ich den Ball annahm, ob das so stimmt.

Aber auf einmal war ich in der Mannschaft der vierzig besten amerikanischen Nachwuchsspieler. Ich war 40 plus eins. Es war wie im Märchen oder die Verwirklichung des viel beschworenen amerikanischen Traums: an Glück nicht zu überbieten.

Ich war das Plus einer Gruppe, im Sinne von: das Anhängsel, oder: der Außenseiter. Die anderen würden sicher sagen: Ich war der *loner*. Ein ruhiger Typ; keiner, der die anderen um sich versammelte und Witze riss. Die Witze, die sie rissen, verstand ich nicht, weil sie sich unter ihnen entwickelt hatten, als ich nicht dabei gewesen war. Ich wusste nicht, wie das ging: Kontakte knüpfen, mitmachen, ich hatte darin kein Training; niemanden, von dem ich lernte, wie das ging. Ich schlief nicht mit den anderen Jungs in ihren *Dorms,* ich wohnte weiter zu Hause, aber ich durfte mit ihnen trainieren: Morgens 7 oder 7.30 Uhr Fitnessstudio, dann nach Hause, duschen, die bei sich, ich bei uns zu Hause; die fuhren mit dem Bus in die Schule; ich wurde von meiner Schwester mit dem Auto gebracht; nach der Schule fuhren die anderen in ihre *Dorms,* ich nach Hause, zog mich um, dann zum Training.

Ich habe einen Aufsatz gefunden, den ich in der Highschool geschrieben habe, es muss irgendwann in diesen Jahren gewesen sein. Es geht darum, warum jeder Mensch und vor allem jeder Jugendliche anders und ein Individuum ist; warum es niemanden ein zweites Mal gibt, warum ich zu Recht noch niemanden traf, der wie Neven Subotić ist. Ich schrieb: Es gibt viele, die versuchen rauszufinden, wer sie sind, um dann das Beste aus den Talenten und Fähigkeiten zu machen, die einem mitgegeben sind. Einige Dinge passieren einfach so, egal ob du ein Kind, ein Teenager oder ein Erwachsener bist. Sobald du das verstanden hast, macht es das Leben einfacher. Das Wichtigste ist: es passieren zu lassen.

Ich war kein Stammspieler. Mal saß ich auf der Bank, mal durfte ich auf den Platz. Ich war dabei und doch nicht dabei; der *loner,* so ging ich zum Training und auch durchs Leben. Vielleicht hatte ich auch mal das Gefühl, es nicht verdient zu haben, eine Schuld in mir zu tragen, denn die anderen hatten viel Geld und Zeit investiert, um dahinzukommen; und ich hatte alle Qualifikationsebenen übersprungen; hatte mich, nur weil ich im Park gewesen war, einfach eingeschlichen. Durch meine Familiengeschichte war ich es anders gewohnt: Ich war gewohnt, der härteste Arbeiter zu sein, mich unterzuordnen; ich wusste, wie es ist, die weiteste, schwerste Strecke zu haben, und noch immer ist es so, dass ich die auch gehen will, denn auf der glaube ich mich auszukennen, auf der kann ich über mich hinauswachsen. Ich war es nicht gewohnt, gefühlt der Sohn des Präsidenten zu sein; ein Anruf, und schon bist du drin. Ich musste beweisen, dass ich dort hingehörte.

Durch den Fußball begann ich, das Land zu sehen. Wir waren überall in Amerika bei Trainingscamps und bei Testspielen; wir waren in Europa, um uns mit Mannschaften in unserem Alter zu messen. In Amsterdam spielten wir in dem Stadion, in dem ich mich schon einmal über mich geärgert hatte, als ich daran scheiterte, das Leibchen anzuziehen. Dort lernte ich Steve kennen. Er ist Engländer, ein eloquenter Redner, strahlt eine alte Schule aus und sieht aus wie Winston Churchill. Im Auftrag der amerikanischen Jugendnationalmannschaft hatte er einen Teil der Reise in Europa organisiert: Testspiele vereinbart, sich um Unterkünfte und den Transport gekümmert. Auf der Reise nahm er mich einmal zur Seite und sagte: Du bist gut, würdest du nach Europa kommen? Für mich war das eine Frage, die keiner Antwort bedurfte; eine Frage, auf die ich keine Antwort benötigte, so abwegig schien sie mir; aber natürlich sagte ich Ja und dachte: als ob das klappen würde. Er steckte mir seine Karte zu und sagte: Dann sollten wir in Kontakt bleiben.

Das wichtigste Ereignis, auf das wir als Jugendnational-mannschaft hinarbeiteten, war die Weltmeisterschaft in Peru 2005. Das letzte Spiel der Weltmeisterschaft ist schnell erzählt: Ich war von Anfang an aufgestellt, bekam eine rote Karte, wir schieden aus, und in mir saß nur Wut. Der Trainer kam zu mir und sagte, ich solle mir keinen Kopf machen; das hier sei eine Reise gewesen, die wir zusammen angetreten hätten, aber nun sei sie, egal mit welchem Ergebnis, vorbei; es gehe weiter, für jeden in andere Richtungen, jeder müsse für sich selbst entscheiden. Und dann stellte auch er diese Frage: Würdest du nach Europa gehen?

Ich sagte: Ja natürlich, gleich morgen am besten. Aber es war wie schon beim ersten Mal ein Ja, das man jemandem gibt, der fragt: Willst du beim Lotto den Jackpot gewinnen?

Immer würde ich Ja sagen, aber nicht für möglich halten, dass es tatsächlich dazu kommt.

Einige aus der Jugendnationalmannschaft spielten nach der Weltmeisterschaft professionell weiter; die meisten, wie ich, gingen an die Uni. Da wir die Highschool durch ein spezielles Programm für Sportler schneller abschließen konnten als üblich, waren wir sehr jung, sechzehn oder, wie ich, siebzehn Jahre alt. Ich zog nach Tampa, eineinhalb Stunden entfernt von zu Hause. Das erste Mal lebte ich entfernt von meinen Eltern. Ich erinnere mich an einen Onlinekurs in Jazz, den ich belegte, obwohl ich null Ahnung von Musik hatte, von Jazz erst recht nicht; und wenn ich es richtig behalten habe, bekam ich sogar Punkte dafür, dass ich den Campus kennenlernte und wusste, wo die Bücherei ist. In die Kurse ging ich mit Badelatschen, so hatte ich es im Film gesehen.

Ich hing mit Peter ab, der Tennis spielte und den ich schon aus Bradenton durch meine Schwester kannte. Wenn wir mit der Jugendnationalmannschaft Sommerpause gehabt hatten, hatte ich mit ihm gekickt. Wir waren über den Zaun des Geländes geklettert, hatten uns zwei Tore aufgestellt und darauf geschossen; wir waren in den Wald drumherum gegangen und hatten Bälle gesucht, die meine Mannschaft während des Trainings darüber geschossen hatte und um die sich niemand mehr scherte. Wir aber hatten nie solche guten Bälle gehabt. Wir nannten es *Ball hunting*, weil wir pubertierenden, unwissenden Jungs einen Pornofilm gesehen hatten: *Milf hunter*.

Mit Peter hatte ich auch einmal in einem Park in Saint Petersburg gekickt, es war ein Spiel, bei dem viele Bosnier und Serben mitgemacht hatten; sozusagen Vertreter derer, die sich in der Heimat meiner Eltern als Kriegsparteien gegenüberstanden. Es war ein spannungsgeladenes Spiel, wie ich es selten erlebt habe. Einige Spieler, so kam es mir vor, spielten nicht Fußball, sondern eine Form von Krieg: Sie versuchten sich zu treten, einander umzuhauen, absichtlich zu verletzen. Die Klarheit der Regeln schien aufgehoben. Es ging weder um Geld noch um Punkte, es sollte ein Spiel der Freundschaft sein, aber der Hass und die Wut, die der Krieg gebracht hatte, waren auf diesem Platz, mehrere Tausende Kilometer vom eigentlichen Schauplatz entfernt, zu spüren. Ein Spieler war nachher so niedergeschmettert, dass ich ihn ansah und dachte, der hat nicht für sich gespielt, der hat gerade wirklich das Gefühl, er hätte einen Krieg verloren.

Peter ist zwei Jahre älter als ich. Sein Vater war auch aus Jugoslawien gekommen, sie hatten in New York gelebt und waren, auch wegen der Tennisakademie, nach Florida gegangen. Während der Unizeit war Peter derjenige, der sagte: Komm, wir machen mal was; wir gehen raus. Viele Sachen habe ich mit ihm zum ersten Mal gemacht: Wir waren bowlen, zusammen bei seiner Freundin, im Casino und im Club. Wir tranken Alkohol, obwohl uns das Gesetz dies noch nicht erlaubte. Peter war jemand, der mir zeigte: So geht auch Leben. Einfach mal etwas ausprobieren, etwas wagen. Diese Variante hatte ich bislang nicht gekannt. Während der Unizeit machte ich auch das, was ich bisher nur aus Filmen kannte: Ich war auf Partys. Alkohol trinken, mit anderen abhängen, zusehen, wie sich jemand blamiert. Mit 17 war das mein erstes Mal.

Steve, den ich bei der Fußballreise in den Niederlanden kennengelernt hatte und der zum ersten Mal die rhetorische Frage gestellt hatte, ob ich nach Europa wolle, kam nach Amerika. Gemeinsam mit meinen Eltern gingen wir essen, und er, der mein Berater werden wollte, erzählte davon, wie er sich das vorstellte. Meine Eltern willigten ein. Und so flog ich einige Monate später, im Sommer 2006, zu ihm nach Manchester. Es gab keine Gewissheit, keine Garantie, was mich dort erwarten würde. Die Abmachung war, ich wohne bei ihm, bin verfügbar, und er bemüht sich darum, für mich einen Verein zu finden. Wahrscheinlich stellte er mich so vor: junges Talent, siebzehn Jahre alt, spielte bei der Weltmeisterschaft in Peru, hat eine Ausbildung der amerikanischen Jugendnationalmannschaft durchlaufen. Ich bekam nicht mit, was er sagte, das war sein Job.

Bald darauf fuhren wir nach Mainz. Dort hatten sie gesagt, ich solle mal vorbeikommen. Trainer der ersten

Mannschaft war Jürgen Klopp, von dem ich damals kaum etwas wusste. Einige Zeit später sollten Zeitungen schreiben, ich sei so etwas wie sein Ziehsohn. Es war ein Label, mit dem wir nichts zu tun hatten, aber vielleicht stimmt es sogar, dass Klopp für mich manchmal etwas von einem Vater hatte: auf ganz andere Weise, als es bei meinem eigenen gewesen war.

Mein Vater war mein Vorbild gewesen, als wir nach Deutschland gekommen waren: Ich schaute zu ihm auf, wie er kickte. Noch immer schaue ich zu ihm auf; wie er den Krieg hat kommen sehen; wie er die Ungerechtigkeit annahm, sich nie beschwerte; wie er aufbrach, arbeitete, ankam. Wie er dies innerhalb eines Jahrzehnts zweimal schaffte. Wie er auf alle zuging, sie ansprach, sich anbot, einlud und, bei allen Herausforderungen, auch die Bedürfnisse seiner Familie und seiner Freunde in der Heimat stillte, deren Erwartungen nicht weniger wurden. Immer sendete er ihnen viel von dem Geld, das er verdiente.

Wer wäre ich ohne ihn?

Hätte ich damals in Schömberg angefangen zu kicken?

Wäre ich Basketballer geworden, hätte er Basketball gespielt?

Ganz sicher weiß ich, dass ich ohne ihn nicht gelernt hätte, den Stein auf einen Berg zu rollen, so steil und schwer es auch sein mag; ich habe gelernt, da, wo ich hinmöchte, hinzukommen, was immer es auch dafür bedarf.

Dass mein Vater, als wir klein waren, mit uns gespielt hat, hätte ich nicht für möglich gehalten, aber vor einiger Zeit sagte mir meine Mutter, dass er, waren wir auf dem Spielplatz, das dritte Kind war: Er war der einzige Erwachsene, der mit uns gespielt hat. Und nach dem Spielen soll er gesagt haben, essen müsse er nicht, er gehe besser sofort los, zum Arbeiten.

Hatte er überhaupt Zeit, das, was in seiner Heimat passierte, zu verarbeiten?

Was wäre passiert, hätte er Deutschland nicht verlassen müssen?

Was haben die Brüche in seinem Leben mit ihm gemacht?

Versuchte er, wegen der Brüche immer die Kontrolle zu behalten; versuchte er den fehlenden Halt, den er in den fremden Ländern hatte, durch sportlichen Erfolg auszugleichen, durch Fleiß, Ehrgeiz, Disziplin? Durch die Karrieren seiner Kinder, weil die eigene Karriere, die hätte wahr werden können, abgebrochen werden musste? Wie aufregend muss es für ihn gewesen sein, dass plötzlich sein Traum, projiziert auf die Tochter, den Sohn, Realität werden konnte?

Ich könnte ihm all diese Fragen stellen, wir telefonieren gelegentlich, aber die Gespräche sind sehr funktional. Er interessiert sich meist für mich in der Rolle des Fußballers, und ob ich ausreichend trinke und schlafe; über die wirklichen Fragen des Lebens weiß ich nicht wirklich mit ihm zu reden.

Vielleicht ist dies ein Anfang.

Vor allem, wenn ich auf die Zeit in Amerika schaue, hatte ich statt eines Vaters einen Trainer; und diese Zeit ist nicht zurückzuholen; in ihr wird mir immer mein Vater fehlen, und darüber spüre ich Wut und Enttäuschung.

Diese Fragen aber richten sich nicht an meinen Vater: Warum wurde meine Familie auf Reset gestellt, warum musste sie immer wieder neu beginnen? Für eine Ungerechtigkeit, die wann begann? Bei der Abschiebung? Beim Krieg? Bei der Furcht um das Leben?

Wo geht es los? Wo müssen wir anfangen zu urteilen, wenn wir uns fragen: Was ist gerecht und was ungerecht?

3 The Game

Als ich in den USA lebte und neben dem Fußball nichts anderes tat, als Computer zu spielen,
erschuf ich mir eine fremde Welt. Ich spielte
Sims. Darin kreierst du einen Avatar, für dessen
Glück du verantwortlich bist. Das gesamte Spiel
dreht sich darum: dass die menschliche Kunst-
figur in dem Spiel nicht unglücklich wird. Die
Figur muss unbedingt glücklich bleiben, und
dafür tust du alles. Deine Figur geht morgens
zur Arbeit, und am Abend kommt sie wieder,
und du musst dafür sorgen, dass sie genug isst,
genug schläft und ausgeruht ist. Deine Figur
kann aufsteigen und Karriere machen; du baust
ihr ein Haus, du lädst Freunde ein, für die Stimmung und für den Spaß, und wenn der Kühlschrank kaputtgeht, wäre es gut, wenn du genug
Geld hast, um ihn zu reparieren; denn auch ein
Kühlschrank ist wichtig für das Glück. Wenn
du genug Geld angehäuft hast, kannst du am
Design deines Hauses basteln. Du kannst das
Spiel nicht gewinnen; soweit ich weiß, gibt es
kein Ende, kein Ziel, es geht immer weiter. Du
treibst es also zur Absurdität. Ich baute meiner
Figur vom Schlafzimmer zur Küche einen Pool,
sodass sie diesen Weg nicht gehen musste, sondern schwimmen konnte. Ich kaufte Kunst und

hängte sie an die Wand, denn auch dann geht das Level der *happiness* deiner Figur hoch, und das war das Einzige, was mich interessierte – *happiness.* Die Kunst, die ich an die Wände hängte, war mir egal und der Figur gewiss auch.

In Amerika war es nur ein Spiel, mit dem ich mich beschäftigte, weil ich nicht wusste, wie ich mir meine Zeit vertreiben sollte. Ich konnte noch nicht wissen, dass ich wenige Jahre später in Deutschland selbst zu einer Figur wurde, die viel von einer künstlich erschaffenen hat; eine Figur, die den Routinen folgte, weil sie dachte, sie seien Garantien für Glück; eine Figur, die auf nichts verzichten musste, die so oft essen ging, wie sie wollte; die alles beschaffen konnte, Autos und ein großes Haus; eine Figur, die, egal wie oft sie der Bank Geld entnahm, immer genug davon hatte, als kostete nichts irgendetwas; die Figur dachte: Es bis zur Absurdität zu treiben, steigert das Glück. Können Figuren denken?

Als ich mich beim Bundesligisten Mainz vorstellte, lebte ich mit meinem Berater Steve in einem Hotel zweihundert Meter vom Stadion entfernt, tagsüber trainierte ich mit den Profis. Jürgen Klopp, den alle Kloppo nannten, wollte mich prüfen und sagte zu mir: Ich will mal schauen, wie schnell du laufen kannst. Er rief den schnellsten Spieler, den er hatte, zu sich, Du-Ri Cha. Ich kannte Du-Ri Cha gut – von meinem Computermonitor. Beim Videospiel FIFA hatte ich ihn, obwohl er Abwehrspieler ist, immer als Stürmer aufgestellt, weil er so gut und schnell war; nun ging es aber darum, dass ich selbst in einer Mannschaft mit ihm sein sollte, und ich musste mich mit ihm messen. Ich lachte, als Kloppo seinen Namen sagte. Kloppo erwiderte: Gib einfach dein Bestes. Ich wusste, dass ich keine Chance hatte. Niemand aus der Mannschaft hätte ihn geschlagen. Erst recht nicht der Siebzehnjährige, zu dessen Stärken nicht Schnelligkeit zählte. Wir sollten vom Tor zur Mittellinie rennen. Nachdem ich drei Meter geschafft hatte, hatte er schon sechs; nach meinen vier war er auf zwölf, nach zehn habe ich gesehen, dass er sich gar nicht mehr anstrengte. Ohnehin kam es mir vor, als hätte er gar nicht Vollgas gegeben, er war nur ein bisschen ausgelaufen.

Bald darauf hatten wir ein Testspiel, elf gegen elf. Der Innenverteidiger neben mir verletzte sich, musste vom Platz, und Kloppo signalisierte vom Rand: Jungs, spielt weiter; ein Mann weniger, macht nichts, einfach weiter. Und zu mir: Neven, rück raus, mach beide Seiten dicht. Ich dachte: Will der mich verarschen? Auf der Bank sitzen Leute, die könnten spielen, warum holt er keinen rein? Ich habe gekämpft, wie ein Dummer, motiviert durch die Herausforderung, obwohl ich wusste, dass ich nur verlieren konnte.

Wenig später bekam ich einen Vertrag. Ich wurde in die zweite Mannschaft aufgenommen, die U23. Drei Monate trainierte ich mit den Amateuren. Dann wurde bei den Profis einer der Innenverteidiger rausgeschmissen, sein Pech wurde mein Glück, ich durfte auf die vierte Position nachrücken. Von nun an trainierte ich jeden Tag mit den Profis, und am Wochenende spielte ich bei den Amateuren.

Am Ende der Saison war klar: Mainz würde aus der Bundesliga absteigen, wenn sie beim Spiel gegen Bayern München nicht 7:0 gewinnen würden. Das Pech wurde wieder zu meinem Glück. Da wir für alle abgestiegen waren, stellte Kloppo mich auf. Wir verloren 5:1, und ich hatte das Gefühl, keine einzige Spielsituation für mich entschieden zu haben. Sobald ich am Ball war, war der Ball immer schon woanders. Dennoch fühlte ich mich als Gewinner. Ich hatte mein erstes Bundesligaspiel gegen Weltstars in München gespielt.

Am Ende des Spiels wurden Statistikzettel verteilt, auf denen die Bestleistungen verzeichnet waren: Tore, Torvorlagen, Torschüsse, die beste Passquote, gewonnene Kopfballduelle, die längste Laufdistanz. Hinter jeder Kategorie standen Namen von Bayernspielern, nur hinter »gewonnene Zweikämpfe« nicht, da stand: Neven Subotić. Ich konnte es nicht glauben, aber die Zahlen bewiesen es: Ich hatte gegen Bayern einen guten Job gemacht.

Wir waren nun zwar in der Zweiten Liga, aber das Glück blieb auf meiner Seite. Ein Innenverteidiger wechselte, dann verletzte sich Bo Svensson an der Achillesferse und fiel mehrere Monate aus, erneut ließ mich das Pech der anderen aufrücken. Im zweiten Jahr in Mainz wurde ich zum Stammspieler.

Die erste Zeit in Mainz bei den Amateuren wohnte ich etwas außerhalb in einer Dachgeschosswohnung, 17 Quadratmeter, fuhr mit dem Bus zum Training, und wenn ich nach Hause kam, blieb ich zu Hause und zockte Videospiele. So wie ich es jahrelang in den USA einstudiert hatte. Die anderen dachten: Der kommt aus Amerika, war dort an einer Uni, hat bestimmt krass was erlebt, grenzenlos gefeiert, viele Freundinnen gehabt. Sie merkten dann schnell, dass ich von nichts eine Ahnung hatte. Umso mehr spürte ich den Druck, die Rolle der amerikanischen Figur anzunehmen: Ich begann, feiern zu gehen, viel zu trinken, zu rauchen und mit anderen Mannschaftskollegen und deren Freunden Videospiele zu zocken. Verglichen mit dem limitierten Dasein, das ich vorher gekannt hatte, war das für mich ein neues Leben. Ich war durch den Fußball wieder jemand unter vielen; einer, der mitmachte, Kollegen hatte, der Teil eines Ganzen war. Ich war niemand mehr, dem der Vater sagte: Du darfst nicht. Ich war kein Plus eins mehr wie in der Jugendnationalmannschaft. Meine Woche bestand nun aus Fußballtraining, Fußballspielen, Feiern und mit anderen Videospiele zocken. Allein schon mit Kumpels von Kumpels abzuhängen, war etwas, das ich nicht gekannt hatte – in der Relation zum alten bedeutete mein neues Leben schnell Entgrenzung.

Mit dem ersten Geld, das ich verdiente, ging ich in den Mediamarkt und kaufte mir eine Playstation, weil ich bislang keine haben durfte. Sie kostete 300 Euro, dazu holte ich mir einen Flachbildfernseher, auch 300 Euro. Es fühlte sich an, als hätte ich mir richtig was geleistet.

Den ersten Urlaub machte ich mit einem Mannschaftskollegen in Side, Türkei. Wie viel kostet das, fragte ich ihn. 300 Euro, meinte er. Für was? – Flug, Transport, Halbpension, für alles. Von Halbpension hatte ich nie gehört. Wir waren bislang ja in den Ferien immer nur die Familie besuchen gewesen, Urlaubmachen kannte ich nicht.

In der Türkei kaufte ich mir ein gefälschtes T-Shirt von Ed Hardy, auf elf Euro hatte ich mich mit dem Händler geeinigt. Die echten T-Shirts von Ed Hardy kannte ich aus einem Geschäft in der Mainzer Altstadt, in meiner Erinnerung kosteten sie siebzig Euro. Ich lief an dem Laden öfter vorbei und hatte lange vor, mir dort etwas zu kaufen, erlaubte es mir aber eine ganze Weile nicht. Ich koppelte es an einen Erfolg und machte ein Tor zur Bedingung: Wenn du dein erstes Tor schießt, dann. Es sollte ein Shirt sein in Cremefarben, mit Totenkopf, Größe L. Ich hätte einfach reinmarschieren können und zuschlagen, aber ich nahm mir vor, den nächsten Erfolg, den ich haben würde, zu materialisieren: Ich würde nicht nur ein Tor haben, sondern ein neues T-Shirt, das ich dann besitze. Am Ende, als ich es mir verdient hatte, trug ich das Shirt kaum, es war ja hell, und ich befürchtete, dass Schmutz drankommen könnte.

Von der Wohnung außerhalb zog ich erst in eine größere direkt am Stadion, 45 Quadratmeter, ein Schlafzimmer, Wohnzimmer, Blick auf den Arbeitsplatz, Edeka und Aldi waren direkt nebenan. Weil ich in der ersten Mannschaft spielte, war ich nun manchmal im Fernsehen zu sehen, und das Gefühl, ein bisschen berühmt zu sein, hatte Folgen für die Entwicklung der Figur, die ich war. Wieder zog ich um, Altstadt, 80 Quadratmeter, mit einem Zimmer für meinen Berater Steve.

Warum machte ich das? Dachte ich, ich steigere mit dem Umzug das Glück? Mein Monatsgehalt war auf 10 000 Euro gestiegen und Steve sagte: Du kannst dir eine bessere Wohnung gönnen. Ich hatte keine Möbel für die Wohnung. In einem Raum stand lediglich ein Tisch, an dem wir, als ich meine Wohnung für Hauspartys zur Verfügung zu stellen begann, Beer Pong spielten: Pappbecher mit Bier werden auf den Tisch gestellt, und alle versuchen, aus drei Meter Entfernung den Tischtennisball hineinzuwerfen. Trifft ein Spieler, muss der Gegner trinken.

Bobo, ein Freund aus Schömberg, den ich noch aus meiner Kindheit kannte, kam mich nun öfter besuchen, und wir verbrachten viel Zeit zusammen. Er ist ein Geek, wusste sich schon immer in alles Technische reinzudenken, baut und tüftelt viel. Zusammen mit ihm zimmerte ich eine drei Meter lange Leinwand. Wir recherchierten, welcher Beamer sich am besten eignete, fuhren extra nach Wiesbaden, um einen zu kaufen, besorgten noch eine Soundanlage und installierten alles so, dass wir unser Playstationspiel auf die Wand übertragen konnten.

Wenn ich nun feiern wollte, konnte ich zu Fuß gehen, 300 Meter entfernt war der Star Club. Auch um die Ecke: der schicke Italiener, bei dem ich mit meinem Berater ein und aus ging.

Die Männer, die in meiner Mannschaft waren, fuhren keinen Golf oder Fiat Punto. Spätestens, wenn ich auf dem Parkplatz stand, sah ich, wie groß deren Autos waren: Einer hatte einen Audi S5, hellblau war er, wie der Himmel an einem strahlenden Sommertag, der Wagen war die perverse Sexbombe auf dem Parkplatz. Ein anderer aus der Mannschaft kam mit Lamborghinis. Die Gleichung schien einfach: Männer im Profifußball haben größere Wohnungen und fahren größere Autos. Hauptsache, Vergrößerung, Zuwachs, Gewinn.

Es kamen Frauen auf mich zu, die immer hübscher wurden, die mir das Gefühl gaben: Ich bin begehrenswert. Und die Figur hinterfragte nichts von alldem, was in Gang gesetzt worden war, ihr *level of happiness* schien zu steigen.

2008 verließ Kloppo Mainz, und auch ich wollte wechseln, Aufstieg, in die Erste Liga. Es gab einen Verein, mit dem Gespräche liefen, als Kloppo mir während seiner Abschiedsfeier sagte: Neven, bevor du irgendwohin gehst, ruf mich an. Der Trainer ist nicht in der Position, Spieler zu holen. Dafür gibt es den Sportdirektor, er sucht und wählt neue Spieler, und der Trainer muss mit der Auswahl arbeiten. Als bekannt wurde, dass Kloppo nach Dortmund gehen würde, wo er ein neuer Trainer sein würde, der aus der Zweiten Liga kommt, war der Satz, den er zu mir gesagt hatte, für mich nur noch eine Nettigkeit. Eine Anerkennung vielleicht, aber eine, die ohne Folge für mich bleiben würde: Was sollte er schon machen?

Ich fuhr in den Sommerurlaub nach New York. Dort lebten meine Schwester und meine Eltern inzwischen. Als ich gelandet war, schaute ich auf mein Handy. Nachricht von Steve: Please call me now. Ich rief an: What's up? Steve: Die wollen dich. Kloppo hat sich durchgesetzt. Du kannst nach Dortmund. Willst du?

Mein Wechsel von Mainz nach Dortmund sollte die Borussia meines Wissens rund drei Millionen Euro kosten. Ich habe mit den Summen nichts zu tun, die Verhandlungen darüber laufen allein zwischen den Vereinen. Aber als ich diese Zahl hörte, erschrak ich. Mit was sollte ich sie in ein Verhältnis setzen?

Ich war in New York und wusste nicht, wie ich mit dem, was passiert war, umgehen soll, was ich jetzt tun sollte. Irgendetwas müsste man doch machen, wenn so ein Angebot kommt. Dieses Glück müsste man doch ausdrücken, in eine Form gießen, zelebrieren; aber wie sollte ich es feiern?

Ich ging mit meiner Schwester auf die Fifth Avenue und sagte: Ich will dir was kaufen. Es war klar, dass ich nach Dortmund ging, und zudem würde bald noch eine Sonderzahlung von 100 000 Euro kommen, das Geld würde dann auf meinem Konto sein, und ich hatte keinen Plan, was ich damit machen wollte.

Komm, ich hol dir was, sagte ich zu meiner Schwester. Ich überzeugte sie, zu Louis Vuitton zu gehen. Wir hatten nie über dieses Label gesprochen, hatten uns nie etwas im Schaufenster angeschaut. Da war kein Wunsch, keine Begierde gewesen, etwas von Louis Vuitton haben zu wollen. Wir hatten keine Beziehung zu dieser Marke gehabt, aber nun standen wir in diesem Geschäft, und ich sagte zu ihr: Such dir eine Tasche aus. Meine Schwester sagte: Ich brauche keine Tasche. In meiner Erinnerung versucht sie sich permanent zu wehren, und ich dulde ihre Argumente nicht, ich zeige nur auf die Taschen: Da sind doch zehn, nimm doch einfach irgendeine. Sie nahm dann die kleinste. Ich: Nein, nimm nicht die kleinste. Sie griff zur zweitkleinsten, und ich marschierte zur Kasse und kaufte ihr die. Für mich stellte ich ein Paar Schuhe auf den Tresen, schwarze Sneaker für 500 Euro, die ich später kaum tragen sollte. Aber erst mal, in diesem Moment auf der Fifth Avenue, hatte ich für den Erfolg eine Form gefunden, eine materielle, eine Tasche und ein Paar Schuhe. Der Kauf machte uns nicht mal Spaß. Es war eher wie etwas, was jetzt unsere Aufgabe geworden war, eine Pflicht; als ob das jetzt von mir erwartet würde, ich das nun zusammen mit meiner Schwester hinter mich bringen müsste.

So schaue ich heute darauf. Die Figur aber, die ich war, hatte nun mal viel Geld, und das konnte jetzt gezeigt und von anderen gesehen werden: Reiche Leute kaufen teure Sachen und zeigen, was sie sich leisten können. Ich hörte viel Rap in dieser Zeit, 50 Cent, Eminem, Lil Wayne, Ludacris, und identifizierte mich mit ihrer Selbstdarstellung: Jeans, Hoodie, aber dazwischen triumphiert ein fetter Gucci-Gürtel als Demonstration ihrer Kohle, ihres Aufstiegs. Das Leben, das auf mich in Dortmund wartete, erschien mir wie in einem Rapvideo zu sein. Die auf drei Minuten komprimierte Darstellung sprengt jedes Maß, feiert einen permanenten Überfluss an Geld, Autos, Frauen. Würde so mein Alltag sein?

In Dortmund war ich sofort Stammspieler und schoss als Verteidiger in den ersten vier Spielen drei Tore. Mit meinem Berater schaute ich mir Häuser an. In einem war eine Halle mit Couch und Kino, wo sich der Vorbesitzer Opern reingezogen hatte. Nächstes Anwesen: wir fuhren eine Einfahrt hoch, das Tor öffnete sich, Vorplatz, Garage, 220 Quadratmeter Wohnfläche, 1000 Quadratmeter Garten. Es sollte nur für mich sein. Mein Berater sagte: Mach, der Verkäufer ist ein Freund von mir, dem kannst du vertrauen, du hast doch das Geld. Heute weiß ich, dass der Preis völlig überteuert war. Das Haus war möbliert und sah aus, als würdest du eine Seite in einem Designheft aufschlagen. Eine Bücherei, ein Wintergarten, eine Küche, schön anzusehen, aber keine Arbeitsfläche. Und an den Wänden hing Kunst, die mir egal war und von der ich keine Ahnung hatte, genau wie im Sims-Spiel. Die Kunst hing einfach dort. Ich dachte nicht nach und kaufte das Haus, 750 000 Euro.

Nach nur einigen Monaten hatte ich es abbezahlt, während meine Eltern gewohnt waren, von Gehaltszahlung zu Gehaltszahlung zu leben. Ich brauchte in diesem Haus an sich nur zwei Zimmer, das Schlafzimmer und das Wohnzimmer, in dem ich zockte. Mein Tagesablauf hatte sich kaum verändert: aufwachen, essen, zocken, Training, essen, zocken, schlafen, von vorne. Ich beschäftigte manchmal einen Gärtner für einen Garten, den ich kaum benutzte; an das Ende des Gartens kam ich nur, wenn ich selbst den Rasen mähte, das dauerte drei Stunden. Später empfahl mir Steve zur Erholung einen Jacuzzi, und ich ließ ihn in den Garten bauen, am Ende kostete mich das 100 000 Euro.

Weiter ging es mit Autos. Mein Berater fragte: Welches willst du? Ich war 19 und hatte davon gehört, dass ein Spieler zwei Audis hatte, einen S5 und einen Q7. Das hatte mir imponiert. Als wir beim Händler waren, sagte ich: Ich möchte einen S5 und einen Q7. Als wäre ich ein kleines Kind, das gefragt wurde, welche Eissorten es möchte, und ich sagte: Stracciatella und Erdbeere bitte.

Es kam mir so vor, als ob niemand, der mir etwas anbot, mehr wissen wollte, welche Preiskategorie ich suche. Zog ein Spieler aus seinem Penthouse, konnte ein anderer einziehen. Was für den vorherigen gut gewesen war, schien für den nächsten seiner Art bestimmt zu sein. Alle in meinem Umfeld rechneten so: Du hast viel, du kannst viel ausgeben. Ich hörte nie von der Idee, dass man das Geld sparen könnte oder etwas anderes damit machen. Nur: Du hast es, kauf was. Die Sonderzahlungen wurden höher, und ich bekam zu meinem Gehalt, das mehrere Zehntausend Euro im Monat betrug, mehrere Hunderttausend Euro an Prämien.

Als ich in Dortmund das erste Mal Urlaub hatte, lud ich Bobo ein, den Techniker, mit dem ich schon viel in Mainz rumgehangen hatte und der zu meinem besten Freund geworden war. Gemeinsam wollten wir verreisen.

Seine Familie kommt auch aus Bosnien, nur wenige Kilometer von meinen Eltern entfernt. Dort kannten sie sich aber nicht, wir hatten es zufällig herausgefunden, als wir alle im Schwarzwald wohnten. Bobos Familie war auch keine, die mit Geld um sich werfen konnte; wir waren beide sparsam und genügsam aufgewachsen; waren es gewohnt zu arbeiten, um etwas zu erreichen.

Bobos Eltern fuhren uns von Schömberg im Schwarzwald zum Flughafen nach Frankfurt, von dort ging es nach Dubai. Auf der Fahrt fragte ich Bobo: Sollen wir uns einen Ferrari oder einen R8 mieten? Bobo entschied sich für den Ferrari. Ich klärte das schnell über Whatsapp ab, mit einem Kontakt, den ich von einem Mannschaftskollegen hatte, der kurze Zeit vor uns in Dubai gewesen war. Ein paar Tage später sollte der Ferrari zum Hotel gebracht werden.

Vom Flughafen fuhren wir mit dem Taxi ins Hotel, aus dem Fenster sah ich ein Restaurant der amerikanischen Kette Applebee's. Ich konnte es nicht glauben, dass es die hier gab, und sagte zu Bobo: Da müssen wir am Abend hin. Ich wollte unbedingt die Chicken Wings essen, die ich aus Amerika kannte. Wir bezogen das Atlantis, einen imposanten Palast auf einer künstlich erschaffenenen Palmeninsel, die wir durch einen sechsspurigen Unterwassertunnel erreichten; zu dem Hotel gehört ein riesiger Aquapark mit Wasserrutschen und Lagunen. Wir waren einquartiert in einer Suite dieses luxuriösen Kolosses, in dem es sicher eine herausragende Küche gab, aber wir gingen am ersten und danach fast jeden Abend zu Applebee's, um billiges amerikanisches Dinner zu essen. Nachdem der Ferrari geliefert worden war, starteten wir eine Tour und fuhren auf die Schnellstraße. Allerdings waren überall Blitzer, und wir konnten nichts mit den vielen PS anfangen – bis wir einen Parkplatz entdecken, der leer war. Nun fuhren wir mit vollem Tempo und versuchten zu driften. Danach ging es weiter zu *McDonald's*.

Wenn ich an diese Momente denke, komme ich mir wieder selbst vor wie eine Figur aus einem Videospiel. Es ist wie bei Grand Theft Auto oder Need for Speed, wo du dir die schnellsten Autos holst, die du dann tunest, um mit ihnen durch die Gegend zu fahren. Wir hatten nur keine Konsole vor uns. Wir waren in echt auf Spritztour und lebten unsere Version der Videospiele, die wir eigentlich zu zocken gewohnt waren.

Ich hatte nichts in mir, mit dem ich das, was ich tat, hätte messen können, mich orientieren, irgendwie eine Verortung finden, da war keine Skala. Es war, als hätte ich ein Auto ohne Tacho, ohne Uhr, ohne Tankanzeige, ohne irgendein Messinstrument, ohne Navi, ohne Kompass. Ich saß nur drin und drückte das Gas durch.

Mit 19 war ich nach Dortmund gekommen und wurde gemeinsam mit Mats Hummels, der auch 19 war, von den Medien Kinderriegel genannt. Bei unserer Position war es ungewöhnlich, so junge Spieler aufzustellen, ich selbst hatte nicht damit gerechnet, dass ich spielen würde. Verliert ein Stürmer den Ball, gibt es kein Tor, aber der Gegner muss noch achtzig Meter über den Platz laufen und hat dabei zehn Gegenspieler vor sich; verlieren wir als Verteidiger den Ball, hat man schnell ein Tor kassiert: Es ist eine Position, auf der die meisten Mannschaften auf viel Erfahrung setzen. Die Verteidiger, die Mats und ich ablösten, waren in ihren späten Dreißigern. Wir beide waren das jüngste Innenverteidigerduo in der Bundesliga, und man beäugte uns mit Skepsis. Im ersten Spiel machte ich ein Tor, im zweiten auch eins; in der ersten Saison kam ich auf insgesamt sechs. Die *Frankfurter Rundschau* schrieb »Kinderriegel zum Zähneausbeißen«. Das war der Beginn eines Hypes. Zwei Jahre später besagte die Statistik, wir seien das beste Abwehrduo der Liga, nur 22 Gegentore hatten wir in einer Saison kassiert.

Den Erfolg, den ich im Sport hatte, wollte ich auf mein übriges Leben übertragen, und da das Geld ja wie aus einem aufgedrehten Wasserhahn floss, glaubte ich, dieses Gefühl eines ganzheitlichen Glücks kaufen zu können. Ich wohnte nicht mehr allein in meinem großen Haus. Mein Berater Steve hatte ein Zimmer, und ich lud Peter ein, den ich aus Amerika kannte. Sein Vater war gestorben, und er suchte einen Platz, um wieder Fuß zu fassen. Einige Zeit lebte er bei mir. Und dann kam noch Bobo aus dem Schwarzwald, wir waren wie Brüder geworden, und er bezog eines der ungenutzten Zimmer. Ich gab ihm sogar einen kleinen Job: Er sortierte meine Unterlagen und Briefe, die ich nur aufgemacht und auf einen Haufen geschmissen hatte. Er brachte alle Büroangelegenheiten in Ordnung, behielt Verträge und Zahlungen im Auge, tätigte Überweisungen, machte Besorgungen und kümmerte sich um die Autos. Denn all das, was ich inzwischen besaß, benötigte ja Zeit, ganz egal, ob ich es nutzte oder nicht.

Im Alltag machten wir zusammen dieselben Sachen, die ich auch allein gemacht hatte: Playstation zocken und essen gehen. Einmal waren wir in einer Halle Paintball spielen, und auf dem Heimweg dachten wir, wir haben doch einen riesigen Garten, warum sollten wir den nicht dafür nutzen? Wir fuhren in die Stadt und kauften drei Paintballgewehre, jagten uns damit über die Wiese und versteckten uns hinter den Bäumen. Wir kauften ein Luftgewehr, bauten eine

Zielscheibe auf und traten gegeneinander an. Da Bobo viel von Technik und Handwerk verstand und ich viel von ihm lernte, reparierten wir zusammen auch viel am Haus. Als der Teich zu stinken begann, besorgten wir einen Bagger und gruben ihn um. Es gibt ein Foto davon: Ich sitze mit von Dreck bespritzter Arbeitshose auf dem blauen Bagger und halte eine mit Erde beladene Schaufel in der Luft. Wir beschlossen, einen Schuhschrank zu bauen, weil alle Schuhe auf dem Boden durcheinanderlagen, und überlegten uns, wie wir ihn konzipieren sollten, fuhren in den Baumarkt, besorgten Regalbretter und schraubten sie dann an die Wand. Und wir beschäftigten uns viel mit Autos, hingen in der Werkstatt von JP Kraemer, einem Kumpel, rum, der PS-starke Autos umbaute. Wir standen inmitten von Lamborghinis und Ferraris, bestaunten die dicken Felgen und lernten, wie man die Wagen tunte. Ich kaufte mir ein drittes Auto, einen Mini. Danach ein Motorrad, an dem ich anfing, selbst rumzuschrauben, und die Verkleidung auswechselte: Es war nun schwarz und hatte orangefarbene Felgen. Was als Nächstes? Ein Cadillac Escalade wäre was. Den kannte ich noch aus Amerika: Im Cadillac saßen die Rapper.

Wenn nun in diesem Rausch des Habenwollens etwas Vernunft dabei war, dann die, dass wir nicht einfach in einen Laden gingen. Stattdessen suchten wir im Internet nach einem gebrauchten. Wir recherchierten lange, drei Monate vielleicht. Während dieser Zeit war ich sogar in Amerika bei Autohändlern und informierte mich, wie viel es kosten würde, einen Cadillac zu verschiffen. Dann aber fanden wir nahe Karlsruhe einen Verkäufer. Ich überwies Bobo das Geld und er holte den Cadillac ab. Innen waren drei edle Sitzreihen und eingebaute Fernseher, an denen wir die Playstation anschließen konnten. Wir machten mit dem Auto längere Touren. Im Winter fuhren wir nach Kopenhagen und Stockholm, wobei wir Letzteres meiner Erinnerung nach nur ansteuerten, weil es dort TGI Fridays gibt, wieder eine amerikanische Fast-Food-Kette, zu der diesmal Bobo unbedingt wollte. So hatte die Reise für uns zumindest ein Ziel; an einen anderen Grund für Stockholm erinnere ich mich nicht. TGI Fridays hatte aber geschlossen, und wir brauchten eine Alternative, um Chicken Wings zu essen, und landeten dann im Hard Rock Café. Kurze Zeit später verkaufte ich den S5 und den Q7 und legte mir stattdessen einen A3 und einen Mercedes CLS zu, die ich selbst nie fuhr, sie waren für Steve und seine Assistenten. So konnte jeder, der bei mir wohnte, ein eigenes Auto fahren. Und für mich, fragte ich mich, was wollte ich als Nächstes? Noch ein schnelleres Auto. Mit Bobo beriet ich mich, welcher Sportwagen infrage kommt. Viele meiner Kollegen fuhren einen Lamborghini oder einen Ferrari; ich hatte aber gelesen, dass ein Nissan GTR noch schneller ist und auch viel günstiger. Wir fanden einen gebrauchten, der 10 000 Euro billiger war als in neu, obwohl er nur 2000 Kilometer gefahren worden war. Er war silbern, und wir ließen die Felgen rot lackieren. Später wurde er mattgrau, wie ein Fighterjet.

Ich dachte nicht nach über das, was als Nächstes kommen sollte. Für Fragen dieser Art war ich taub. Das, was ich tat, hatte keinen Widerhaken. Ich wusste nicht, welche Schritte ich machen könnte im Sinne von: sich entwickeln statt nur anzuhäufen; selbst wenn ich bestimmt nicht der mit dem größten Haus und den meisten Autos unter meinen Mannschaftskollegen war. Alles, was ich lebte, war wie ein Spiel, und ich war wie auf einer Wettstrecke: Schnellstes Auto? Ja, will ich haben! Die Figur in dem Spiel griff nach allem, was glänzte. *Ich saß drin und drückte das Gas durch.*

Wenn jemand aus der Mannschaft feiern gehen wollte, fragte er oft mich, wo was geht. Wollte ich der sein, der am extremsten feiert? Ja. Bobo und ich waren so gut wie jedes Wochenende aus, und unsere Regel war: Wir sind die Letzten, die nach Hause gehen; wir sind diejenigen, die den Laden zumachen. Um ausgehen zu können, war wichtig, dass wir gewannen; sonst durfte ich nicht. Bobo fuhr zum Zuschauen mit zwei Kumpels ins Stadion, und bei einem Sieg war festgeschrieben, wie der Tag weiterlaufen würde, Motto: Nach dem Spiel ist vor der Party. Ich kam nach Hause, wir zockten Playstation bis zehn, vorschlafen bis elf, vortrinken bis zwölf, wir riefen die Türsteher der *Nightrooms* an, Ali und Olli, sagten, dass wir bald kommen würden, und dann bestellten wir bis spätestens eins ein Taxi. Manchmal gingen wir noch zu *Sausalitos,* einen Jumbo Cocktail trinken, und gegen zwei betraten wir den Klub. Als Erstes orderten wir eine Flasche Wodka. Später, als wir den Klub wechselten und ins *Rush Hour* gingen, stiegen wir auf eine Flasche Whiskey um. Aber immer eine ganze Flasche. Denn eine Flasche war, diese Logik gab es, weil wir sparsam aufgewachsen waren, billiger, als wenn wir nacheinander Gläser bestellen würden. Zudem konnten wir so die für uns beste Mischung kreieren: 80 Prozent Alkohol, 20 Prozent Red Bull oder Cola; dann auch mal 90/10 und zum Schluss 100 Prozent, nur ein Wasser zwischendurch.

Ein Symbolbild für uns in der Disco müsste so aussehen: Bobo und ich nebeneinander, nuckeln an einem Getränk, reden, lachen oder schauen umher. So verbrachten wir den Großteil der Nacht. Dabei standen wir nicht an ein und derselben Stelle herum, wir hatten ein standardisiertes Programm. In den ersten Monaten errichteten wir unsere Homebase in der VIP-Section und begannen zu trinken, später fanden wir die VIP-Section limitierend und auffällig, und wir gingen direkt zu unserem Stammplatz an der Bar. Dann, nach einer halben Stunde etwa, wenn wir etwas Ausschau gehalten hatten oder das Lied langweilig wurde, sagte einer von uns: Komm, lass uns mal eine Runde laufen. Runden laufen hieß: schauen, welche Frauen da sind. Wir liefen durch alle Räume, schauten im ersten, wer da ist. Wenn wir wen kannten, sagten wir: Hey, wir sind da drüben; yo, wir kommen später noch mal rum. Dann langsam, ohne Eile, denn wir hatten ja Stunden Zeit, weiter in den nächsten Raum: Ey, was geht bei euch? Alles klar? Und weiter. Manchmal entwickelte sich ein Gespräch, manchmal nur: Okay, bis später. So zogen wir durch den Pop-Raum, den Elektro-Raum, den Hip-Hop-Raum und zu der Bar draußen und danach wieder zurück in unseren Bereich, die Homebase. Dort blieben wir eine Weile, bis wir wieder loszogen und noch mal eine Runde liefen.

Wir waren nicht die, die reinkamen, alle für sich einnahmen und zum König der Party wurden. Verglichen damit verhielten wir uns eher wie Vermessungstechniker, die das Gelände begutachteten und die Lage bewerteten. Allerdings hatten wir, ohne zu wissen, wie das bei Vermessungstechnikern ist, immer ausgeprägt gute Laune. Unser Anspruch bestand darin, bis zum Schluss zu bleiben, das war unsere

Regel. Wenn wir dies nicht schafften, blieb in mir ein un-befriedigtes Gefühl zurück, als hätten wir nicht alles gege-ben. Es hatte nicht zum Superlativ gereicht. Bevor wir nach Hause fuhren, aßen wir bei *McDonald's* oder eine Linsen-suppe, und oft musste ich dann morgens um neun beim Training sein. Nach einem Sieg hatte die halbe Mannschaft eine Fahne, und statt sportlicher Leistung war die größte Aufgabe an so einem Tag Pünktlichkeit. Kam ich nach dem Training nach Hause, fragte ich Bobo: Wie war der Abend gestern? Er erzählte mir dann lustige Geschichten, und ich weiß nicht, ob es immer ein Filmriss war, aber häufig konnte ich durch seine Geschichten alles noch mal neu erleben.

Viele Jahre hatte ich keine Erfahrungen damit gehabt aus-zugehen, aber sobald ich damit anfing, lebte ich es bis zum Maximum. Ich: nicht nur der, der doppelt so hart arbeitet. Sondern der, der am längsten bleibt; der, der am meisten trinkt. Und bei dem glänzenden Toptoptop-Leben, das ich sonst führte, müsste ich doch auch der Glücklichste in der Disco sein.

Das Fundament für dieses gefühlte Glück war der Fuß-ball. Er hat alles, was ich tat, entschuldigt. Er war meine einzige Kategorie, an der ich mich, wie alle anderen um mich herum auch, orientierte, der ich alles unterordnete, mit der ich maß: Wenn Fußball gut lief, war alles andere auch gut. Wenn wir gewannen, wurde alles, was vorher schwer sein konnte, leicht; ich selbst fühlte mich dann, als sei ich der Superlativ.

Ich bin mir nicht sicher, ob dieses Selbstbild der Realität entspricht, aber dennoch kommt es in mir auf. Ich: doch ein König der Party. Als König, den ich in mir sehe, sitze ich nach einem gewonnenen Spiel in der VIP-Section des Clubs, und ich bestelle mir nicht nur ein Bierchen, nein, ich bestelle die große Flasche, die ich teile. Die, die um mich herum sind, wissen, ich bin Fußballer, ich bin ein Star, sie lassen es mich spüren. Du bist toll, du bist lustig, sagen sie, und sie wollen von mir wissen, wie es ist, Fußballer zu sein und auf den Platz zu gehen; ich bin jemand, der sie fasziniert; für den sie sich interessieren; ich bin toll und lustig, nur weil ich Fußballer bin. So kam ich dazu zu glauben: Als Fußballer bin ich ein König.

Der König eines Reichs, das so lang existiert, wie du selbst dran glaubst. Glaubt ein König nicht an sein Reich, kann es nicht mehr sein Reich sein.

Der König, der ich war, lernte Frauen kennen, verbrachte mit ihnen Nächte, und sobald es nach drei Wochen für die Frau ernst werden sollte, sagte er: nein, stopp, und war weg. Eine wirkliche Bindung kam nicht infrage, auch weil ich nicht wusste, was ich in so einer Beziehung hätte bieten können, wer ich darin wäre. Der König, der ich war, befand sich in einem Spiel, in dem er niemandem vertraute, in dem er dachte, im nächsten Zug, im nächsten Level kommt vielleicht noch eine Bessere.

Ich hatte nie gelernt, eine emotionale Beziehung zu führen, und seitdem ich in Mainz und in Dortmund war, hatten sich die meisten Verbindungen, die ich mit Menschen in unterschiedlichen Kontexten einging, um Geld gedreht. Bobo erzählte mir einmal von einem Kindheitsfreund aus Schömberg, den er zu jemandem sagen hörte: Komm mit nach Dortmund zum Feiern, da ist Neven, der bezahlt

Rechts: Bevor meine Familie nach Deutschland reiste, wurde das erste Passfoto von mir gemacht. Es entstand in Prnjavor im September 1989.

Unten: Die ersten Bilder, die ich aus meiner Kindheit im Kopf habe, sind aus Schömberg im Schwarzwald: Nie vergessen habe ich die Bullis, die meine Eltern und ihre Freunde mit Hilfsgütern für Menschen in Jugoslawien beluden.

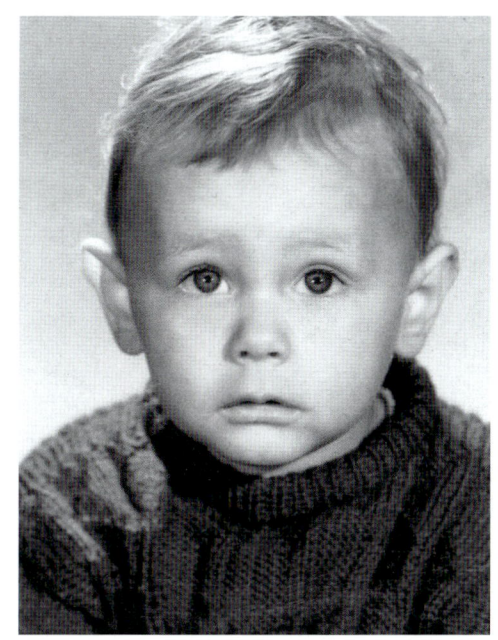

Links oben:
Anneliese Stumpf half
uns, im Schwarz-
wald anzukommen.
1990 lud sie uns ein,
zu ihr in ihre Wohnung
zu ziehen. Sie selbst
schlief auf der Couch.
Vor einigen Jahren
habe ich sie besucht.

Links unten:
Der 16. Juni 1999 hat sich
mir eingeschrieben:
Meine Eltern, meine
Schwester und ich mussten
Deutschland verlassen und
flogen nach Amerika.
Ich trug das T-Shirt, das
mir meine Klasse zum
Abschied geschenkt hatte.

Rechte Seite unten:
Mit dem Beginn meiner
Fußballkarriere sah ich
meine Familie nur noch
ein- oder zweimal im Jahr.
Im Mai 2012 besuchten
sie mich in Dortmund.

2002 machten wir in Bosnien Urlaub und ich traf zum ersten Mal auf
viele Verwandte. Hier ist ein kleiner Teil der Familie meines Vaters zu sehen,
sie stehen vor dem Haus meines Onkels in Kulasi. Daneben befinden sich
das Haus meiner Großeltern und das Haus meiner Eltern.

Oben: Seit ich denken kann, verband meinen Vater und mich der Fußball. Hier sind wir beide zusammen mit Saidja zu sehen, dem ehemaligen Tennistrainer meiner Schwester.

Links: Durch meinen Vater bekam ich bei einer Europareise die Möglichkeit eines Probetrainings bei Ajax Amsterdam.

Meinen heute besten Freund Bobo lernte ich in Schömberg kennen, wo wir feststellten, dass unsere Familien in Bosnien nicht weit voneinander entfernt wohnen. Dieses Bild ist aus einem Urlaub 2006, wir spielen Poker um ein paar Cent.

Jahre später, als ich in Dortmund eine Villa besaß, haben wir eine Zeit lang dort zusammengewohnt und alles miteinander gemacht: auch den Teich im Garten erneuert und uns dafür einen Bagger gemietet.

Einfach nur Ekstase: 2011 wurden wir mit Dortmund
das erste Mal deutscher Meister.

Neun Jahre war Kloppo mein Trainer. Immer nahm ich ihn als Teil der Mannschaft wahr. Das Band zu uns Spielern war ihm das Wichtigste.

Das Band zu den Fans musste ich mir zwar erarbeiten, aber letztlich hätte ich ohne sie als Fußballer nicht den Fußball verstanden. Auf diesem Foto war ich als Spieler von Union Berlin der Gegner des BVB, feierte am Ende des Spiels aber dennoch mit der Südtribüne – ein Moment wie ein Erdbeben.

Trotz des Erfolgs kam ich an einen Punkt, an dem ich mein Leben als leer empfand. Im März 2013 verkündete ich bei einer Pressekonferenz die Gründung meiner Stiftung. Links im Bild ist Dr. Alexander Milicevic, der mich auf die Stiftungsidee gebracht hatte und heute im Vorstand ist, und rechts Marc Peine von der Organisation Kinderlachen.

eh alles. Ich war für viele ein Schwamm, den sie wringen konnten. Bobo kannte ich aus der Kindheit, und er war der Einzige, dem ich vertraute. Mit ihm ging ich feiern, er kam mit ins Stadion und zu Mannschaftsfeiern, wenn die anderen ihre Freundin mitbrachten. Erkundigten sich Kollegen nach ihm, witzelten sie oft: Na, wie geht's deiner Freundin? Wir fanden das lustig.

Kamen Frauen auf mich zu, wusste ich nicht, mit ihnen zu reden. Ein Gespräch konnte so aussehen: Ich wurde nach Fußball gefragt, rollte mit den Augen und gab mich desinteressiert, darüber redete ich nicht gerne. War ich der Fragende, bekam ich Antworten, die lediglich aus einem Ja oder einem Nein bestanden. Ich wusste nicht, wie man das macht: ins Gespräch kommen. Ich las in dieser Zeit ein Buch, es heißt: *The Game,* geschrieben von einem amerikanischen Rolling-Stones-Journalisten. Der Titel der deutschen Ausgabe: *Die perfekte Masche. Bekenntnisse eines Aufreißers.* Es geht darin um einen Mann, dem es bislang nur einmal gelungen war, eine Frau in einem Klub anzumachen, die ihn dann auch noch schnell sitzen ließ, der an sich arbeitete, Techniken erlernte und zum professionellen Aufreißer wurde. Das Buch wurde mir zu einer Gebrauchsanweisung, einer Anleitung im Spiel. Ich lernte damit, wie ich in ein Gespräch gehen und welche Taktiken ich anwenden sollte. Meine Haltung zuvor war blockierend gewesen und führte, wie ich begriff, immer zu einem Dead End, weil ich nur enge Fragen gestellt und nie etwas unaufgefordert von mir erzählt hatte. Durch *The Game* wurde Frauenkennenlernen für mich zum tatsächlichen Spiel: Wie schaffe ich es, dass sie sich für mich interessiert, auch wenn sie vorgibt, sich nicht für mich zu interessieren? Wie kriege ich sogar die, die partout sagen, Fußballer sind nichts für sie? Ich wollte zu denen gelangen, die am weitesten entfernt schienen. Eben so wie es meine Lebensformel war: Die maximale Anstrengung wollte ich aufbringen, um anzukommen. Das war der Reiz, das Spiel, das ich spielen wollte.

In dem Buch standen Anweisungen, wie es einem gelingt, eine Frau dazu zu bringen, sich zu einem hingezogen zu fühlen, wie man sie mit diesem Ziel bewusst eifersüchtig machen kann, wie man darauf reagiert, wenn sie beginnt, Spielchen zu spielen, wie man die Chancen steigert, mit ihr zu schlafen. Ich lernte, dass es dafür geradezu förderlich sein kann, zu sagen, dass man gar nicht mit ihr schlafen wolle, dass man sich wegdreht, auf die andere Seite, dass man Desinteresse signalisiert. Dass gerade das sie anstacheln kann und sie dadurch ihre Entscheidung noch einmal überdenkt: Will sie wirklich nicht? Hat sie was falsch gemacht, dass ich nicht will? Ich habe die Taktik mehrmals angewendet – sie hat geklappt.

Nie ging es bei diesen Spielzügen darum, sein Herz zu öffnen und jemanden dort aufzunehmen; es ging immer darum, zu spielen, zu gewinnen.

The Game liegt heute in einem Dortmunder Kellerraum. Es ist ein Relikt aus einer Zeit, in der ich der Spieler war, der sich durchs Leben spielte, als fände es nicht in echt, sondern nur auf der Playstation statt: Ich konnte mir schnellere Autos holen, ein teures Haus kaufen, unnütze, überflüssige Dinge anschaffen, mit denen ich nichts anzufangen wusste, rauschhafte Nächte durchfeiern, unzählige Frauen erobern, all das war ein Ausprobieren. Es waren Versuche, das Glück zu steigern, meine happiness zu maximieren. Dafür investierte ich in den Exzess. Wenn mir aber das Spiel nicht gefiel, drückte ich auf Reset, als wäre ich kein Mensch, sondern nur eine Figur, die keine Emotionen hat und im Gegenüber auch nur eine Figur sieht, ebenfalls ohne Emotionen. Alles schien wie ein Spiel, in dem ich kurzzeitig auf den Platz ging und gewinnen wollte. Zu welchem Ende sollte es führen? Zu welchem Ziel? Darüber dachte ich nicht nach. Ich spielte einfach.

In meiner dritten Saison bei Dortmund wurden wir Meister. In den Jahren zuvor waren wir sechster und fünfter gewesen. Wir waren keine Mannschaft, von der man den Titel erwartete. Wir waren jung, und der größte Star im Verein war kein Spieler, sondern der Trainer; und nun war es am dritten Spieltag vor Ende entschieden: 30. 04. 2011, 2:0 gegen Nürnberg. Damit konnte uns Leverkusen nicht mehr einholen, wir hatten gewonnen.

Was in der Stunde nach Abpfiff passierte, daran erinnere ich mich nur noch in Teilen: dauerhafte Gänsehaut; herumspringen mit der Mannschaft auf dem Platz und die Fans springen auf der Tribüne; immer wieder Bierduschen in der Kabine, und im Pool sind alle nur am Singen und Schreien, bis sie keine Stimme mehr haben. Zusammengefügt ergaben diese Teile eine Überwältigung, die mindestens so groß war wie das Stadion, in dem wir gespielt hatten, und mir kam es vor, als wüsste ich nicht, was ich damit machen soll, außer dass es laut und schrill und verrückt sein muss und dass ich alles auf einmal wollte: schreien, umarmen, küssen, berühren. Wir mussten diese Gefühle herauslassen, herausbrüllen, herausfeiern, und trotzdem kannst du nur daran scheitern, weil sie einfach zu groß und zu mächtig sind.

Niemand wusste, was an diesem Tag noch passieren sollte. Wie würden wir diesen Erfolg feiern, was war die angemessene Form? Unser Teambetreuer Fritz kam und kündigte ein Abendessen beim Italiener an. Wir sollten nach Hause gehen, uns umziehen und mit unseren Frauen erscheinen. Ich dachte: Ich bin gerade deutscher Meister geworden und jetzt gibt's zur Feier des Tages erst mal ein ruhiges Abendessen? Deutscher Meister zu werden war gefühlt wie auf dem Mond zu landen: Wer würde da an einen gediegenen Restaurantbesuch denken? Ich ging raus aus der Kabine in die VIP-Lounge, wo meine Freunde Bobo, Peter und Ecker das Spiel gesehen hatten. Bobo nannten in dieser Zeit alle VIP-Bobo, weil er immer dort war und für alle anderen, die auch mal ein Spiel sehen wollten, Freunde und Familie, Karten besorgte. Als sie mich sahen, brüllten die Jungs und dann fragten sie: Was machen wir jetzt? Ich sagte irritiert, als wäre es ein Witz, den ich selbst nicht glauben konnte: Wir haben später ein Abendessen.

Wir beschlossen, die Zeit bis dahin zu nutzen und in die Stadt zu fahren, um mit den Fans zu feiern. Dort trafen sich ja die Massen, und ich, als Spieler, sollte nur meine Kollegen und ein paar Kumpels umarmen, und das war's? Mein Q7, den Bobo fuhr, war unter dem Stadion geparkt, wir stiegen alle ein und fuhren zu meinem GTR, der dreihundert Meter entfernt stand. Auf der Fahrt kletterte ich aus dem Schiebedach, setzte mich auf das Auto. Die Fans erkannten mich und liefen auf mich zu. Eine Frau rief: Gib mir deinen Schuh! Ich: Was? Den brauch ich doch. Aber sie reagierte nicht, sondern zog mir lachend meinen Schuh aus, und ich konnte auch nicht anders, als zu lachen; mein anderer Schuh wurde von jemand anderem ausgezogen. Schuhlos fuhren wir weiter zu meinem Auto, Ecker und ich sprangen rein, Bobo und Peter fuhren hinter uns her; einen Kilometer Richtung Stadt im Schritttempo. Die Lindemannstraße war brechend voll, im Kreuzviertel ging gar nichts mehr. Vor uns war eine Masse Menschen, die vor einer Leinwand das Spiel gesehen hatten; alle waren am Feiern, aber mich hatten sie noch nicht entdeckt. Ecker sagte zu mir: Geh mal raus.

Ich bin nicht der Mensch, der so etwas macht, ich bin eher der Beobachter, der Vermessungstechniker am Rand, ich stehe nicht gern in der Mitte. Während aus meinen Boxen im Auto Kool Savas hämmerte, krabbelte ich aus dem offenen Fenster und stellte mich auf den Rahmen der Autotür, riss die Arme in die Höhe und begann zu singen: Wer ist deutscher Meister? BVB Borussia, wer ist deutscher Meister? Borussia BVB. Ich trug nur eine BVB-Trainingshose, die ich mir, das kann man auf einem Video auf Youtube noch sehen, immer wieder hochziehen musste, mein Oberkörper war nackt. So stehe ich auf meinem GTR, drehe mich im Kreis, hüpfe, peitsche die Arme in die Höhe, während immer mehr Menschen sich um das Auto sammeln und mit mir brüllen. Durch das Autohupen hindurch signalisiere ich allen zuzuhören; ich rufe: Gebt mir ein H, gebt mir ein U, gebt mir ein M, gebt mir ein B, gebt mir ein A, dann springen alle in die Höhe: Humba, Humba, Humba, Täterrää, Täterrää. Mit einer Wasserflasche spritze ich in die Menge, verteile mit meinen Händen Luftküsse, und dann brüllen wir noch mal los: Deutscher Meister ist nur der BVB, nur der BVB, nur der BVB.

Mein Autodach sollte von diesem Moment eine Delle davontragen. Ich nannte sie die Meisterdelle. Selbst als ich das Auto später mal verkaufte, blieb sie drin. Sie musste erhalten bleiben. Sie war ein Monument.

Auf dem Weg nach Hause Richtung Dortmunder Süden kamen wir an einem Bus vorbei, in dem Fans saßen. Wir hielten an, mitten auf der Straße, und Ecker sagte zu mir: Geh doch mal in den Bus. Und ich: Ja klar.

Es kommt mir vor, als hätte ich in dieser Ekstase alles gemacht, was er sich ausgedacht hätte. Ich betrat also den Bus, nahm mir das Mikrofon, das vorne lag, und wollte singen, aber auf einmal waren alle Worte in mir weg. Ich drehte mich um. Bobo stand neben mir, ich fragte ihn: Wie geht das Lied noch mal? Es waren die einfachsten zusammenhängenden Worte der Welt, in diesem Moment aber nun brauchte ich einen Souffleur. Bobo sagte: Wer ist deutscher Meister? Dann begann ich zu singen: Wer ist deutscher Meister? Zum Abschluss noch ein Humba, Humba, Humba, Täterrää, Täterrää. Ich lief zurück zu meinem Auto, und im Youtube-Video hört man die Fans ungläubig sagen: Wo kommt der denn her? Wo kommt der denn her? Und: Hammer!

Diese Momente, die ich mit den Fans teilte, waren kurz. Sie dauerten nur zwei, drei Minuten, aber sie waren mit die wunderschönsten. Sie passten eigentlich nicht zu mir, weil ich mich gewöhnlich nicht so der Masse präsentierte, aber würde ich diese Momente wegschneiden, käme es mir vor, als hätte ich etwas Entscheidendes verpasst. Für die Menschen außen war ich der Gewinner, der auf dem Podest stand. Das ist aber eine Rolle, die mir nicht einfach so liegt und vor der ich Respekt hatte: derjenige im Spotlight zu sein. Für mich im Inneren waren dies daher Momente, die mir zeigten: Du kannst dich das trauen, weil du den Fans vertrauen kannst.

Ich hatte bis zu diesem Zeitpunkt nicht viel Ahnung, wie es ist, unter Fans zu sein. Fans waren für mich eine Masse im Stadion; eine Masse, die es verstand, Stimmung zu machen. Wenn wir gewannen, feierten sie hinter Gittern und wir als Mannschaft auf dem Platz.

Nachdem ich in dem einen Bus gewesen war, hätte ich dies stundenlang machen können; einfach weiterziehen, von Fanbus zu Fanbus, und immer ins Mikro singen: Wer ist deutscher Meister?

Stattdessen war es Zeit, nach Hause zu fahren, ich ging duschen und mit der Mannschaft zum Italiener, danach feierten wir alle in den *Nightrooms.* Filmriss.

Der Erfolg riss nicht ab. Ein Jahr später wurden wir erneut Meister und gewannen den DFB-Pokal.

Ich hatte eine feste Freundin und machte mit ihr Urlaub auf Bali in einem Hotel für tausend Dollar die Nacht. Wir hatten unser eigenes Haus mit Pool und viel Platz drumherum, direkt an einem Strand.

Was, fragte ich mich, sollte noch kommen?

Eine teure Jacht buchen, vor irgendeiner Bucht liegen?

Doch einen Ferrari zulegen?

Und dann?

Wie lange sollte ich dieses Spiel noch spielen?

Wie oft wollte ich noch Reset drücken, dann Neustart, um zu merken, dass beim neuen Versuch nur dasselbe passiert wie beim alten; dass das Spiel, egal wie lange ich drin war, sich nur wiederholte und zu nichts führte?

Dass es nichts gab, an das ich gelangen konnte; dass es nur ein Spiel bleiben würde, was auch immer ich tat; dass das Spiel zwar weitergehen würde, der Spieler sich in diesem Spiel aber nicht entwickelt.

Ich, der Spieler, würde immer zu einem Autohändler gehen, er würde mit mir Kaffee trinken und mich lustig finden, obwohl ich bislang noch nicht gedacht hatte, dass ich ein lustiger Mensch war. Und jede Felge, für die ich mich entscheiden würde, wäre in seinen Augen die beste Wahl, die ich treffen kann. Ich, der Spieler, würde in ein Restaurant gehen und den besten Tisch zugewiesen bekommen. Ja natürlich, würde der Chef sagen, haben wir einen Tisch für dich, und irgendwann würde er an den Tisch kommen und ein bisschen mit mir reden und mich glauben lassen, dass ich das krasseste Leben von allen habe und der Tollste bin. Es würde immer sein wie in einer Show. Ich würde die Hauptperson bleiben, um die sich alles dreht, und die anderen wären die dienenden Statisten. Als wäre ich in der Rolle von Jim Carrey in der Truman Show: ein Darsteller in einer künstlichen Welt. Die Figur Truman beginnt nach einigen Vorfällen, dem Gehabe um sich herum zu misstrauen. Und so ging es mir auch: War diese Welt wirklich echt?

Der König, der ich war, begann an seinem Reich zu zweifeln. Warum wurde das, was erst spannend gewesen war, auf einmal langweilig? Warum steigerte sich meine *happiness* nicht mehr? Wofür war ich blind? Wo war die Bedeutung, der Sinn in dem, was ich tat? Warum gab es am Ende nicht irgendeinen Gewinn? Wer war ich eigentlich und wo wollte ich hin? Brachte das viele Geld, das ich auf dem Konto hatte, nicht eine Verpflichtung mit sich?

Ich hatte mit einem vierstelligen Monatsgehalt begonnen, dann war es fünfstellig geworden, dann sechsstellig. Als stünde ich am Flipperautomaten, würde den Ball immer an die richtige Stelle hauen, noch mal 10 000 Punkte, noch mal 100 000 mehr und am Ende noch mal eine Million mehr. Im besten Jahr meiner Karriere sah ich auf meiner Steuererklärung am Anfang eine Vier stehen, vier Millionen. Denn zum regelmäßigen Gehalt kamen immer noch Prämien hinzu.

Ich fragte einmal meine Eltern, was sie mit ihrem Geld machen. Sie sagten: Unser Geld haben wir daheim. Ich stellte mir vor, wie das bei mir aussähe: Wie ein Drogendealer würde ich überall in den ungenutzten Zimmern meines Hauses Tüten voller Bargeld horten.

Das Geld war nun mal da – was sollte ich damit machen?

Ich war jung, skeptisch und unentschieden, und als ich eine Million auf dem Konto hatte, spürte ich keine Erleichterung, sondern Druck. Ich hatte aber keinen Menschen, der mich beriet, daher kaufte ich mir einen Ratgeber: *Rich Dad, Poor Dad*. Es geht darum, wie die Reichen reich bleiben und die Armen arm. Weil die einen gelernt haben, das Geld für sich arbeiten zu lassen, und die anderen, statt arbeiten zu lassen, selbst arbeiten. Ich lernte also, wie ich vorgehen könnte: wo anlegen, in was investieren? Eine Zeit lang war ich auf dem Immobilientrip, kaufte mir wieder Fachbücher und hatte vor, in den Markt einzusteigen. Am Ende ließ ich es bleiben. Ich hatte nicht gewusst, wem ich vertrauen sollte.

Seit ich nach Dortmund gegangen war, meldeten sich viele Menschen bei mir, Kindheitsfreunde, Familienbekannte, die Geld gebrauchen konnten. Meine Mutter gab mir den Rat: Gib nur dem, bei dem du denkst, du würdest es ihm auch geben, selbst wenn er es dir nie zurückgibt. Dies sollte sich als ein sehr wahrer Satz herausstellen: Geld, das ich anderen angeblich nur lieh, sah ich nie wieder.

Ein einziges Mal habe ich Geld zurückbekommen: von einem Minderjährigen, der allein ohne seine Familie aus Mali nach Deutschland gekommen war. Ich gab ihm 500 Euro. Denn hätte er nicht genügend Geld auf seinem Konto vorweisen können, wäre er abgeschoben worden. Ich sagte zu ihm: Zahl mir jeden Monat 50 zurück, immer zum gleichen Tag. Das machte er. Danach war ich so erstaunt, dass ich ihm am Ende der zehn Monate die 500 Euro wieder in die Hand drückte und sagte: Behalt es, und wenn du das Geld nicht mehr brauchst, gib es an jemanden, der es braucht.

Ich gab denen, die in tiefen Schulden oder Schwierigkeiten steckten. Zugleich wurden die gewünschten Summen der Leute, die auf mich zukamen, größer und die Ideen willkürlicher. Einmal wurde ich gebeten, Geld für einen Fußballplatz in einem Dorf in Bosnien zu geben, 100 000 Euro sollten es sein. Aber dieses Dorf hatte schon einen Fußballplatz; ich lehnte ab. Ich versuchte, mit meiner Vernunft an die Sache heranzugehen: Braucht es das wirklich? Oder ist das Überfluss? Ich versuchte, mir eine Orientierung zu geben in einem Umfeld, in dem niemand davon gesprochen hatte, dass das Geld, das ich bekam, ja auch für etwas anderes gut sein könnte als zu beschaffen, anzuhäufen; ich versuchte mir mit der Zeit ein Maß zu setzen für ein Geschäft, in dem alles maßlos ist und in den vergangenen Jahren noch maßloser wurde. Es werden inzwischen für Spieler regelmäßig Ablösesummen von mehr als 100 Millionen Euro gezahlt. Christiano Ronaldo und Neymar bekommen ein Jahresgehalt von mehr als 30 Millionen Euro. Und dann gibt es eine Fußballerinitiative, Common Goal, bei der sich Mitglieder selbst verpflichten, ein Prozent ihres Gehalts für soziale Projekte zu spenden. Ich sehe ein, dass dies ein Schritt ist, aber der Weg scheint noch sehr weit zu sein: Denn was ist ein Prozent, wenn jemand eine Million bekommt? In der Bundesliga verdienen die meisten Stammspieler mehr als das, aber bleiben wir bei einem Prozent von einer Million, das wären 10 000 Euro. Ist das nicht beschämend?

Sollten wir Fußballer nicht mehr sein als diese Figuren?

4 Größer als der Mensch

Ich strecke mein Bein aus, rutsche über den Rasen, ich möchte unbedingt vor meinem Gegner an den Ball kommen. Es gelingt, ich kriege ihn. Ich schaue zum Rand, da steht Kloppo, nein, er steht nicht, er springt, er kann sich gar nicht auf dem Boden halten, er reißt alles in die Höhe, was an ihm ist, und ich denke: Was ist mit dem los? Es war doch nur eine Grätsche! Ja gut, sie war nicht schlecht, aber sie hatte einfach null Bedeutung für das Spiel. Kloppo kriegt sich nicht ein. Er freut sich, als hätte ich gerade von meiner Position aus direkt ins Tor geschossen. So ist er: Kloppo gibt dir das Gefühl, besser, schneller und stärker zu sein als du bist, er feiert dich, sodass es dir vorkommt, dein Trainer sei dein größter Fan.

Nachdem ich nach Deutschland gekommen war, hatten mir Menschen gefehlt, an denen ich mich orientieren konnte. Ich war nicht dringend auf der Suche nach jemandem, der mich leiten konnte, nach einem Mentor oder jemandem, der mir wie ein Vater oder eine Mutter sein würde, aber auf einmal war Kloppo da. Mit nicht einmal zwanzig Jahren verstand ich nur Teile von dem, wer er war und was er vorlebte. Ich ahnte noch nicht, dass Kloppo mir half, ein Bild von mir selbst zu malen. Später, als ich verstehen wollte: Neven, wer bist du? Wer willst du sein?, sollte mir klar werden, dass diese Teile sich in mir niedergelassen hatten und sich in ein neues Ganzes fügten.

Da ich als Fußballer mit Kloppo groß wurde, dachte ich lange, jeder Trainer sei wie er. Als mich nach Kloppo andere trainierten, merkte ich, dass keiner wie er ist: Kloppo ist der beste Trainer der Welt. Jeder Trainer, den ich hatte, ging am ersten Tag zur Mannschaft und wählte Worte wie: Wir machen das gemeinsam und ich schütze euch. Alles, was gut läuft, ist euer Verdienst. Alles, was schlecht läuft, geht auf meine Kappe. Sätze dieser Art habe ich immer wieder gehört, aber die wenigsten Trainer haben es geschafft, sie wirklich zu leben. Wenn ich versuche, Gründe für meinen Respekt und meine Wertschätzung zu finden, sehe ich in Endlosschleife Bilder, die die meisten von ihm kennen werden: Kloppo, wie er lacht, wie er auf jemanden zugeht, wie er jemanden in den Arm nimmt, wie er am Spielfeldrand steht und springt. Es ist seine Art, die schwer in einzelnen Szenen zu fassen ist, weil sie einfach immer da ist.

Was ich wie in einer Filmszene erinnere, ist sein Abschied aus Mainz: Die ganze Stadt, so schien es, war auf den Rathausplatz gekommen, um ihn zu ehren. Ich sah diese Massen an Menschen und mir war, als sei jemand gestorben. Jemand, der eine übergroße, heilige Bedeutung für viele hatte, denn die Menschen weinten, Ältere weinten, Jüngere weinten, selbst Kinder weinten. Die Trauer lag über allen, die da waren. Dabei war ja niemand gestorben. Kloppo hatte nur beschlossen, den Verein zu wechseln. Er würde von der Zweiten in die Erste Liga gehen, von Mainz nach Dortmund, er wollte sich weiterentwickeln. Als er dann Trainer der Borussia war, war es stets das Gleiche, egal wohin wir als Mannschaft mit ihm kamen: Er, nicht wie gewöhnlich ein Spieler, war der spannendste Typ, dem alle zujubelten, der Star, das Aushängeschild des Vereins. Auch viele von uns Spielern waren seine Fans, denn Kloppo hatte eine Vision, einen übergeordneten Gedanken, dem er alles unterordnete.

Als er nach Dortmund kam, wollte er etwas Neues beginnen, spielen, wie in Deutschland bis dahin keiner gespielt hatte. Er holte viele junge Spieler, wie Mats Hummels und mich, und etablierte die Ausdauer als Faktor in unserem Spiel, die oberste Prämisse war: Wir laufen mehr als der Gegner. Hatten wir den Ball verloren, wollten wir ihn sofort zurückgewinnen, *Gegenpressing*. Anders als es damals üblich war, zogen wir uns nicht in unsere Hälfte zurück und stellten uns vor unser Tor, bis der Ball dahin kam und es darum ging, unser Tor zu verteidigen. Stattdessen bildeten wir eine kompakte Einheit, griffen früh an und versuchten, den Gegner in die Falle locken und den Ball zu erobern. Sobald wir ihn hatten, konnten wir schnell umschalten und mussten nicht erst die gesamte Mannschaft ausspielen: Im besten Fall war es nur noch ein Pass bis zum Tor. So wollten wir, vor unserem Tor und vor dem Tor des Gegners, immer als Erste da sein, und dafür mussten wir laufen. Keiner der Gegner in der Bundesliga spielte damals wie wir. Meistens waren die Spieler schneller müde, blieben in ihrer Hälfte. Wir aber wurden darauf trainiert, die zusätzlichen Meter zu laufen, immer wieder nach vorne zu gehen. Diese Taktik funktioniert nicht, wenn du sie einmal in neunzig Minuten anwendest, aber wenn du sie neunzig Minuten lang durchhältst, wird es für den Gegner schwierig. Mit diesem offensiven Pressing konnte uns in den ersten Jahren kaum einer schlagen. Die Spieler, die Kloppo dafür aufstellte, wählte er nicht allein nach ihrer spielerischen Qualität oder ihrer Erfahrung aus, sondern auch nach ihrer Fitness, ihrer Motivation und ihrer Bereitschaft, sich zu verausgaben: Wer nicht gewillt war, so viel zu laufen, war raus, den sortierte er konsequent aus.

Nach meiner Zeit mit Kloppo erlebte ich einige Trainer, deren Strategie mir nicht immer ganz ersichtlich war. Bei ihren Aufstellungen erschien es mir manchmal so, als wüssten sie, sie haben Spieler, die auf bestimmten Positionen gut Fußball spielen können. Allein deshalb stellen sie sie auf, und dann spielen sie eben, wenn es gut läuft, gut Fußball.

Von Kloppo habe ich gelernt, weiterzuschauen als nur einige Zentimeter vor das Gesicht, und bei allen Veränderungen, die man anstrebt, jeden, mit dem man zu tun hat, mit Respekt zu behandeln. Hart, streng und konsequent in der Sache zu sein, aber auch anzuerkennen: Menschen machen Fehler, und nicht jeder Fehler, den sie machen, muss sanktioniert werden. Denn Fehler sind nicht Versagen, sondern eine Möglichkeit, sich zu entwickeln und das Vertrauen in sich selbst und in die anderen zu stärken.

Ich erinnere mich an eine schlechte Phase, die ich hatte. Oft verlor ich den Ball, machte für mich untypische Fehler, wir fingen uns dadurch Tore ein. Zum ersten Mal in meiner BVB-Zeit nahm mich Kloppo aus der Stammelf. In meiner Erinnerung sehe ich, wie er, um das zu besprechen, den Arm um mich legt und mich fragt, ob irgendetwas sei. Ich konnte ihm keine Antwort geben, denn ich wusste selbst nicht, woran es lag. Dann sagte er, okay, ich würde ja selbst sehen, dass es nicht laufe, und daher würde er jetzt mit einem anderen spielen, bis ich wieder meine Form finde. Ich wusste, instinktiv müsste dies ein Moment sein, in dem ich mit Zorn reagiere, mit Zweifeln: Glaubt er etwa nicht mehr an mich? Bin ich raus? Diese Fragen drängten sich aber nicht nach vorn. Ich blieb ruhig, denn Kloppo gab mir das Gefühl, an seiner Entscheidung teilhaben zu dürfen. Er erklärte, warum er machte, was er machte, er sagte Worte wie: Es bedeutet nicht, dass du für immer draußen bist. In Karrieren sei es manchmal so: Es läuft nicht immer nur gut; du triffst Entscheidungen, die keiner versteht, nicht mal du selbst, dadurch gerätst du ins Stolpern. Statt des Gefühls, dass er mir nicht mehr vertraute, blieb zu meiner Verwunderung das Gegenteil bei mir hängen: Er vertraut mir total. Er ist auf meiner Seite. Ich hatte nicht versagt, sondern in der Situation, die jeder von außen als Scheitern etikettieren würde, steckte eine Chance: Ich konnte mir Zeit nehmen, wieder in Form zu kommen. Während dieser Zeit hörte ich Kloppo nie sagen: Nee, Junge, was du da machst, ist nichts. In anderen Mannschaften habe ich das oft erlebt. Wie Spieler hoffnungslos wurden, weil sie keine Unterstützung bekamen oder, schlimmer noch, weil sie fertiggemacht wurden. Sie gerieten in eine Spirale, fielen tiefer und tiefer in ihrem Glauben an sich selbst und schafften den Sprung nicht mehr. Mir war nach dem Gespräch klar, dass ich mich weiter anstrengen musste, aber ich fühlte mich nicht unter Druck, denn Kloppo hatte mir signalisiert, dass er mich nicht blind abschiebt, dass er mich sieht, er hatte gesagt: Arbeite hart, dann kommt es von allein. Zum Leben eines Profisportlers gehören schlechte Phasen, die man nur mit

Geduld überwindet. Nach einigen Wochen war ich zurück in der ersten Elf. Ich hatte es ihm bewiesen, und vor allem mir.

Diese Art, mit Fehlern umzugehen, kannte ich nicht.

Mein Vater hatte jeden meiner Fehler gezählt und mir vorgehalten: Es ist doch eigentlich ganz einfach, warum kannst du das denn nicht? Für Fehler musste ich etwas gutmachen; mich von der Schuld, die ich auf mich geladen hatte, reinwaschen. Er tat dies sicher nicht, weil er ein böser Mensch ist. Es war seine Taktik, mir zu zeigen, was ich alles noch lernen kann. Und lernen endet nie: Immer kannst du noch etwas drauflegen, immer hast du vergessen, auf etwas zu achten. Was ist schon perfekt?

Mein Trainer stand nun am Rand und jubelte allein deshalb, weil ich eine tolle Grätsche gemacht hatte. Zu Fehlern sagte er: Dumm gelaufen, aber du kannst das, wir analysieren die Szene, weil wir es verstehen wollen, und dann schauen wir: Wie kommst du da raus?

Kloppo konnte auch laut werden, wenn wir verloren hatten. Es waren aber nie Sätze wie: Würdet ihr doch nur so spielen, wie ich es euch sage! Ihr seid schuld. Wenn er laut wurde, drückte er mehr seine Trauer und seine Enttäuschung darüber aus, dass wir nicht das geschafft hatten, was wir alle gewollt hatten. Nie stellte er sich mit dem Trainerteam auf eine andere Seite als die, auf der wir Spieler waren. Er wollte, dass wir alle an einem Strang ziehen.

Ein Trainingslager, Teambuilding: Wir sitzen alle zu zweit in Kanus, und Kloppo ist mit der Erste, der beginnt, die Kanus zum Kentern zu bringen, und auch wir versuchen, sein

Boot umzustoßen. Er war keiner, der schonte oder sich schonen ließ, er war einer von uns und von uns oft der, der anfing und die Stimmung schuf, in der alle sich bewegen konnten. Manchmal traf ich ihn beim Feiern und mir war klar: Der ist nicht da, um uns auszuspionieren. Er selbst hat Lust, sein Bierchen zu trinken und Spaß zu haben.

Obwohl die Medien Kloppo und mich als Vater und Sohn bezeichneten, hatten wir beim Training nicht besonders viel miteinander zu tun. Nicht mehr als andere Spieler, vielleicht eher weniger. Kloppo ist jemand, der weiß, wer ihn wann braucht, und von mir wird er gewusst haben, dass meine Haltung war: Komm bloß nicht zu mir, lass mich trainieren, außer es gibt wirklich etwas zu besprechen. Einige Spieler brauchen mehr Aufmerksamkeit, brauchen Tätscheleien oder Scherze, ich brauche Ruhe.

Wenn ich mich verletzt hatte, hätte er niemals gesagt: Oh, wie schlimm. Er sagte: Was hast du für'n Scheiß gemacht, und lachte. Die Kloppo-Methode des Menscheneinnehmens.

Am Anfang in Mainz, als ich nicht mal zwanzig war, fragte er mich manchmal: Und wie läuft's mit den Mädels? Ich antwortete ehrlich und verriet ihm, wenn ich eine Freundin hatte. Es folgten keine langen Gespräche, aber seine Reaktion war für mich eine Orientierung: Darf ich das oder darf ich das nicht? Ich wunderte mich, dass er nichts, was ich sagte, bewertete. Er hörte zu, nahm mich wahr, nicht als Kind, so wie mich mein Vater gesehen hatte, der mir befohlen hatte, was zu tun sei, sondern als jungen, heranwachsenden Mann, von dem er wissen wollte: Und wer bist du so? Was machst du?

Von Kloppo habe ich gelernt: das Potenzial im Menschen zu sehen und nicht als vermeintlicher Boss dem Arbeiter zu befehlen, was er zu tun hat; ich habe gelernt, dass das Wichtigste, um das es geht, wenn du mit Menschen zu tun hast, die Bindung zu ihnen ist – und damit die Verbindung, die zwischen dir und anderen und einem gemeinsamen Ziel entsteht.

War Kloppo wie ein Vater? Ich habe ihn nicht so gesehen und auch nie so bezeichnet.

Was ist die Aufgabe von Eltern? Werte vorleben, einen Boden schaffen, auf dem etwas Neues wachsen, du dich entwickeln kannst.

Das hat er in mir geschaffen. Nicht nur im Fußball, sondern als Mensch. Kloppo ist jemand, der mir in einer Zeit, in der ich das Gas durchdrückte, einer Zeit, durch die ich ohne viel Orientierung rauschte, etwas an die Hand gab, mit dem ich messen konnte, er gab mir ein Instrument, einen Kompass, auch wenn mir noch die größere Landkarte fehlte, auf der ich ihn anwenden konnte. Die Jahre in Dortmund waren für mich eine Zeit, in der ich zu dem werden konnte, der ich bin – Lehrjahre nicht nur auf dem Platz, sondern Lehrjahre bei einigen wenigen besonderen Menschen, denen ich in der Fußballwelt begegnete. Es waren nicht nur Figuren, die waren, wie sie zu sein hatten, die ihre Rolle spielten; nein, es waren Menschen, die mir ein tieferes Verständnis für das Menschsein mitgaben. Sie regten die Figur, die ich war, zum Denken an. Mithilfe von ihnen konnte ich die Rolle dessen, der dachte, so hätte ein Fußballer zu sein, verlassen.

Ich habe mir die Kapuze der Jacke übergezogen, um den Hals einen dicken Schal gewickelt, sodass man meinen Bart kaum sehen kann, und auf meiner Nase sitzt eine schwarze Sonnenbrille mit breiten Gläsern. Um mich herum stehen Freunde, die alle wie ich in die Kamera grinsen. Ihre Augen sind nicht verdeckt, sie tragen keine Sonnenbrille, keine Jacke, in die sie sich eingemummelt haben, und wenn sie einen Schal umgebunden haben, dann ist er nicht dunkel gestreift wie meiner, sondern schwarz und neongelb, ebenso wie bei vielen anderen Menschen, die sich in unserem Umkreis befinden. Nur schauen sie nicht wie wir, die wir diesen Moment, der vor allem für mich besonders ist, festhalten wollen, in die Kamera. Sie schauen auf den Platz, dem Ball hinterher, dem meine Mannschaftskollegen nachlaufen. Ich mache nicht mit, denn ich bin verletzt, und habe mich zum ersten Mal in meinem Leben auf die Südtribüne getraut, heimlich, vermummt, undercover. Nicht einmal der Verein weiß etwas von meinem Ausflug. Was wäre los, wenn mich jemand erkennt? Was machen die 25 000 auf der Südtribüne, wenn sie wissen: Da ist Neven Subotić?

Wir sind aus Vorsicht spät, erst kurz vor Anpfiff, gekommen. Ein Ordner wollte uns erst nicht durchlassen, sodass ich etwas machen musste, was ich nicht mag: ein Privileg ausspielen. Ich zog kurz meinen Schal herunter, damit er verstand: Ich wäre nun eigentlich auf dem Platz, ich bin Spieler. So kamen wir in den Block, Rang 13, das Herz der Südtribüne.

Ich weiß nichts mehr darüber, wie das Spiel auf dem Rasen lief, nicht einmal, welche Mannschaft in Dortmund zu Gast war; in meinem Kopf sind keine Szenen vom Platz. Alles, was ich erinnere, ist, was sich auf den Rängen abgespielt hat. Ich schaue dieses Spiel dort, denn das finde ich viel spannender: Ich höre, wie jemand den Schiri beleidigt; ich fühle, wie sich die Leute nach hinten lehnen und ich mich auch nach hinten lehne, wie sie nach vorne gehen und ich auch nach vorne gehe, wie die einzelnen Menschen um mich herum zu einer Einheit werden, die sich, kommt es zu einem Eckball, kommt es zu einem Freistoß, kommt es zu einer Torvorlage, wie in einer abgestimmten Choreografie bewegt; und ich mache mit. Obwohl ich nie zuvor da gewesen bin, bin ich Teil dieser Bewegungen, die mir erscheinen, als hätten wir unsere aneinanderliegenden Körper miteinander synchronisiert. Ich sehe nicht einen einzelnen Menschen, nur diese Masse, rechts, links, vorne, hinten, egal wo, eine Einheit, die mir vorkommt, als hätte sich die ganze Welt an diesem Ort versammelt und würde im Einklang sein. Ich höre den Jubel, als ein Tor fällt, und es ist nicht so wie auf dem Platz, dass drei oder vier Kollegen dir entgegenlaufen und dich umarmen. Nein, in dem Block ist es, als umarmten dich 25 000, und sie umarmen nicht nur, sie schreien, singen, stampfen, springen, sie rasten aus. Ich stehe in einem Erdbeben von Emotionen, wie ich es zuvor noch nicht gekannt habe. Ich fühle das Bier, das über mir ausgeschüttet wird, denke erst: Mist, wie schütze ich mich davor?, und dann: Ach, scheiß drauf!, ich spüre das Bier an mir kleben, und ich werde Fan, wie jeder andere hier auch. Selbst wenn ich immer eher zur Seite schiele als nach vorne.

Ich schiele nur, deutlichere Bewegungen des Kopfes versuche ich zu vermeiden; in der Hoffnung, dass niemand von mir Kenntnis nimmt. Dann spricht mich einer an, leise, zaghaft: Hey? Hey?, flüstert er. Ich tue erst, als hörte ich ihn nicht. Er gibt nicht auf, wieder: Hey, hey? Bist du's? Ich schaue ihn an: Ja, flüstere ich, aber sag's bitte nicht weiter. Er sagt: Okay. Und tatsächlich hält er still.

Meine Freunde meinen zwar, ich sei an diesem Tag von vielen im Block erkannt worden, aber wenn dem so ist, sind sie alle ruhig geblieben. Keiner verriet mich.

Ich war auf die Südtribüne gegangen, weil ich keine Ahnung hatte, wie es dort ist. Ich kannte es nur auf dem Platz. Ich wollte etwas tun, was andere auch tun, etwas ganz Gewöhnliches machen, etwas Normales; und mich interessierten die Fans, die für mich immer etwas Unerreichbares hatten. Fans waren die, die als Einheit die Stadien mit Leben und Gesang füllen und als Einzelne etwas von mir wollen, die mich um ein Autogramm bitten, mit denen ich Zehn-Sekunden-Momente teile, in denen ich sitze und unterschreibe. Sonst passiert nichts. Ich erfahre nicht, warum jemand Fan ist, wo er herkommt, was ihn jetzt an diesem Tag ins Stadion geführt hat, was der Verein für sein Leben bedeutet. Da ist kein Dialog, die Disposition der Begegnung ist schräg. Es ist ein Anhimmeln mit den immer gleichen Fragen: Wie ist es, Fußballer zu sein? Wie ist es, ein Tor zu schießen? Was macht ihr im Training? Und ich gebe die immer gleichen Automatikantworten, die lauten: Alles ist einfach geil. Training, Tor, Fußballer sein. Geil, geil, geil. Ende der Beziehung. Fans waren für mich lange die auf Distanz Feiernden; die Stimmungsmacher der Tribüne, die ich für die Atmosphäre schätzte, von denen ich aber nicht mehr wusste. Was täte ich ohne die Momente, in denen es mir gelang, eine Bindung aufzubauen, das Gefühl eines Wir?

Zum ersten Mal war das nach der gewonnenen Meisterschaft. Ich hatte gesehen, wie innerhalb einer Millisekunde Freude zu wecken war, Fans in Extase gerieten, und in mir war die Gewissheit: Ja, wir haben diese Meisterschaft zusammen erlebt. Selbst wenn wir nicht gemeinsam auf dem Platz gestanden hatten. Ich konnte zum ersten Mal Nähe fühlen. Nie vergaß ich den Moment auf dem Auto, den Moment im Bus; Augenblicke, die mich ahnen ließen, was es bedeuten mag, Fan zu sein. Ich fühlte mich seither auf eine Art wissend, denn ich hatte einmal in die Gesichter der Fans geschaut, und zwar in einem Augenblick, in dem wir alle im Ausnahmezustand waren und uns kein Geländer trennte.

Der Tag auf der Südtribüne, mitten unter ihnen, ist der zweite Moment dieses Verstehens, eine Annäherung, ein Beleg meines Bündnisses mit ihnen. Ich erlebte die Kraft, die die Fans Woche für Woche gemeinsam entfachen; ich ließ mich von der Stimmung mitreißen und ich versuchte zu beobachten, wer diese Menschen sind. Ohne dass ich jemandem nahe kam oder mit jemandem geredet habe, wurde mir bewusst, warum Heinz seine Dauerkarte hat und jede zweite Woche wieder auf die Süd kommt. Weil Heinz eben jede zweite Woche dort den Karl trifft und ihn fragen kann: Wie läuft's denn, Karl? Karl muss vielleicht gar nicht über sein Leben da draußen sprechen und Heinz muss keine weiteren Fragen stellen. Heinz und Karl brauchen kein Thema, denn sie haben ja das Spiel, das ihnen den Rahmen gibt, und genügend Stoff zum Bereden: Allein über die Aufstellung können sie ewig diskutieren. Das Stadion ist das Versprechen einer Zugehörigkeit, einer Geborgenheit. Es ist zugleich Hobby, Urlaub, manchmal sogar das ganze Leben. Viele Menschen, die dort stehen, würden nicht sagen: Ich bin Dachdecker oder ich bin Programmierer, ich bin Arzt oder Polizist, auch nicht: Ich bin Dortmunder. Sie würden sagen: Ich bin Borusse. Das Stadion gibt ihnen ihre Identität. Es ist das Versprechen eines Glaubens an etwas Größeres, so wie es vielleicht auch Menschen erfahren, die wöchentlich in die Kirche gehen und dort etwas suchen. Heinz findet es im Stadion, neben Karl.

Und dann gab es noch Fritz. Seinen Namen und den Menschen dahinter kenne ich anders als Heinz und Karl wirklich. Fritz war seit Jahrzehnten beim Verein und unser Teambetreuer, ein gemütlicher, warmherziger Typ, den nichts umzustoßen schien. Fritz ist die Kehrseite des Glamourfußballs. Er kann dir sagen, wer, egal in welchem Jahr, in der Mannschaft war, wie welches Spiel lief und was alles auf dem Platz passiert ist. Er hatte die größte Festplatte, auf die ich zurückgreifen konnte, wenn ich etwas über die Borussia und ihre Tradition verstehen wollte. Bei Vereinsfeiern stellte ich mich neben ihn, und er erzählte zu jedem Spieler, der kam, eine Geschichte. Er wusste alle Details, ohne dass er in seiner Versessenheit einen Spieler zu einem Gott gemacht hätte. Damit konnte ich nie etwas anfangen: wenn jemand vor mir steht und mich vergöttert. Wie sollte ich darauf als junger Mensch reagieren? Dafür fehlte mir eine Anleitung.

Während Fritz von den ehemaligen Spielern erzählte, wurde mir klar, was unsere Vorgänger geleistet hatten: Sie waren arbeiten gegangen und hatten erst nach Feierabend gekickt. Nur durch ihre Vorarbeit steht der Fußball da, wo er steht. Mir wurde klar, dass ich Teil dieser Geschichte bin und ein einzelner Spieler nie mehr sein kann als das: ein Puzzlestück im großen sozialen und historischen Gebilde. Bei Mannschaftsessen oder in in der Mittagspause saß ich oft bei Fritz, manchmal kam noch Josef dazu, der Pressesprecher, und die beiden sprachen über das 1:0 oder 2:0 vor dreißig Jahren. Ich saß daneben und staunte, weil sie alles erinnerten, jedes Ereignis. Und in mir entstand die ganze Atmosphäre eines Spiels. Als ob ich dabei gewesen wäre, als sie ihr Bier tranken, als hätte ich gewusst, ob die Currywurst an diesem Tag schmeckte oder nicht, und weil die beiden so viel wussten, scherzte ich, dass sie sich bestimmt auch erinnern, wie viel Grad es an dem Tag waren, ob die Sonne schien oder nicht. Sie hatten alles in sich aufgesogen. Sie lebten das, was auf dem Platz passierte, und dieses Leben hatte sich in ihnen festgesetzt. Es war nicht aus ihnen rauszukriegen. Vielleicht war Fritz der erste Fan, von dem ich das Fansein lernte; bei dem ich erfuhr, wer der Mensch hinter dem Fan ist.

Nach jedem Spiel mussten wir aus dem Stadion fünfhundert Meter zu unseren Autos laufen. Jedes Mal, wenn ich ankam, waren dort zwei Wärterinnen, Annette und Despina, die mich begrüßten und die ganze Zeit auf unsere Fahrzeuge aufgepasst hatten. Wir redeten darüber, wie das Spiel gelaufen war, aber nicht nur. Annette erzählte von ihrer Katze, Despina schimpfte lachend: Die immer mit ihrer Katze!, und berichtete von ihrer Arbeit bei einer Sicherheitstechnikfirma. Für sie war ich ein Spieler des Vereins, zu dem sie sich zugehörig fühlten, und sie waren für mich wiederum Fans dieses Vereins, die zu Menschen wurden. Mit ihnen war es ein Dialog, ich konnte etwas über sie erfahren. Wir umarmten uns nach dem Spiel und wünschten uns alles Gute, und wenn wir uns mal länger nicht sahen, tauschten wir Zettel aus: Hoffe, dir geht's gut, lange nicht gesehen. Manchmal schenkten wir uns Schokolade.

Es sind Reflexionen, die mir zeigen, dass ich immer wieder danach suchte, die zu verstehen, die mir zujubelten; die ich aus der Entfernung sah, weil sie Stimmung machten; es sind diese wenigen Momente, die ich hatte, die für mich dadurch diese Größe bekamen. Ich frage mich: Warum kann der Fußball das nicht? Wie könnte es ihm gelingen, in der Begegnung von Fans und Spielern immer das zu schaffen, was so simpel klingt: aus Figuren Menschen machen?

Derby gegen Schalke. Wir hatten nach den zwei gewonnenen Meisterschaften eine schlechte Phase und mehrere Spiele hintereinander verloren, unzufriedene Fans auf den Rängen, und nun stand dieses aufgeladene Spiel an, gegen die Rivalen aus der Region. Gegen einen Gegner, den man hasst und zugleich liebt, denn man will ihn unbedingt besiegen, und allein darum ist es gut, dass der andere da ist. Während des Trainings wurde uns als Mannschaft gesagt: Vor dem Spiel kommen drei Ultras. Die wollen euch etwas sagen, bevor es losgeht.

Bis heute habe ich das nie wieder erlebt: dass Fans vom Verein auf das Trainingsgelände eingeladen werden und auf die Mannschaft treffen.

In meiner Erinnerung war es so: Drei von den Ultras stehen da, und wir stellen uns als Mannschaft vor ihnen auf, alle Spieler, Trainerstab, fast vierzig Leute waren wir. Was machen die nun?, frage ich mich. Schimpfen die uns aus? Brüllen die uns an? Was wollen sie rüberbringen: Jetzt reißt euch zusammen, strengt euch mal an? Es sind ja keine schmächtigen Männer, die da gekommen sind, eher bulligere Typen, denen du ansiehst: Die gehen schon regelmäßig pumpen. Als Profifußballer brauche ich nicht so viele Muskeln und denke: Mich werfen die sofort um. Ich weiß von ihnen, welche Kraft sie auf der Südtribüne entfalten, und nun sehe ich, wie sie mit ihren Händen spielen, sie ineinanderreiben, auf den Fersen Stand suchen, hin und her kippeln, und verstehe: Die bulligen Typen sind nervös. Sie beginnen zu reden, und das, was bei mir von ihren Worten hängen bleibt, ist, dass dies für sie kein Spiel ist, das sie einfach abhaken, halb so wild, keine Sorge, Jungs, schon okay. Nein, dieses Spiel, das, was wir auf dem Platz machen, hat einen Einfluss auf ihr Leben. Sie sagen: Ja, es lief die letzten Wochen nicht, aber nun wollen wir sehen, dass ihr kämpft. Wir feuern euch an, erste bis letzte Minute sind wir da. Dieses Spiel ist das Spiel des Jahres; alles, was zuletzt nicht gut war, könnt ihr nun aus dem Weg räumen.

Wenn ich daran denke, wie ich ihnen zuhöre, kommt es mir vor, als wären die bulligen Typen mit einem Lastwagen voller Geschichten, Traditionen und Gefühlen bei uns angekommen und hätten diesen Lastwagen direkt bei uns in der Kabine entladen. Ich hatte Respekt vor ihnen. Nicht, weil sie mehr Muskeln hatten als ich, sondern weil sie etwas taten, was ich nicht kannte und vielleicht auch nicht von ihnen erwartete: Sie hatten den Mut, zu uns zu kommen, sich vorzustellen und von sich zu sprechen, von ihrer Verbundenheit, von den Generationen, die in ihnen stecken, und es war, als wären alle, sämtliche Freunde und Familienmitglieder, anwesend in diesem Raum, in dem wir uns versammelt hatten. Ich schaute mich um: Da standen wir Spieler, und selbst wenn alle von uns mit voller Leidenschaft auf den Platz gingen, waren einige erst seit drei Monaten da, einige würden in drei Monaten wieder gehen; wir alle würden irgendwann gehen, die Spieler, der Trainer. Diese Männer vor uns aber würden niemals gehen. Wir kickten den Ball. Für uns war es ein Job, ein Traumjob zwar, aber sie sprachen von ihrer bedingungslosen Liebe. Das war es, was mich berührte, diese Stärke: Ein Fan hatte gefühlt das Mikro in der Hand und schilderte, was ihn bewegte, und nicht ich war es, der ein Mikro bekam und sagen musste, wie geil es ist, Training zu haben, wie geil es ist, Fußballer zu sein, wie geil es ist, ein Tor zu schießen. Ich verstand, was es für einen Menschen bedeutet, Fan zu sein; dass da immer ein Leben dranhängt.

Was wäre der Fußball ohne diese Menschen, ohne Heinz, ohne Karl, ohne Fritz, ohne die drei Ultras, die vor uns standen und über ihre Verbundenheit redeten, ohne die zwei Parkplatzwärterinnen? Sind nicht sie es, die die wirklichen Geschichten bringen, die die wahrhaftige Geschichte leben? Was wäre der Fußball ohne ihren Zusammenhalt? Ihnen möchte ich danke sagen, denn ohne sie hätte ich als Fußballer den Fußball nicht verstanden.

Ohne sie hätte ich diese Momente nicht erlebt, in denen wir uns, wenn auch nur für Augenblicke, gegenüberstanden. Es waren Momente, die mich ihre Leidenschaft greifen ließen, in denen ich Nähe erleben durfte, obwohl die natürliche Rollenaufteilung eine andere war: ich auf dem Platz und sie auf der Tribüne.

Während meiner Zeit in Dortmund war ich nach Köln ausgeliehen. Wir hatten ein Auswärtsspiel in Dortmund, das sich für mich mehr wie ein Heimspiel anfühlte, und nach dem Schlusspfiff hörte ich das Raunen von der Südtribüne, das zu mir auf den Platz dröhnte, sie riefen: koooomm – koooomm – koooomm. Ich dachte: Scheiße, sie meinen dich? Was machst du jetzt?

Aber was willst du machen, wenn die Südtribüne ruft? Diese Masse von Zehntausenden dringt durch deinen ganzen Körper, zieht dich wie ein unsichtbares Gummiband zu ihr hin. Ich lasse mich also hinziehen und weiß, es gibt kein Skript für diesen Moment, keine Anleitung, die mir sagt, was jetzt kommt, was ich zu tun habe. Also mache ich, was mir so einfällt, ich mache, was man macht als Fußballer auf dem Platz. Ich klatsche mit den Zehntausenden vor mir und ich fühle ihre Emotionen in mir. Ich reiße die Hände hoch, wir machen eine Welle; es sind Jubelgesten, die ich normalerweise mit meinen Mannschaftskollegen vollführe. Mit ihnen mache ich eine Welle auf dem Platz, aber nun stehe ich allein da, bewege die Finger und warte auf den Moment, bis ich die Arme in die Höhe reiße und vor mir die Zehntausende ihre Arme in die Höhe reißen. Ich schaue dem Erdbeben zu, und es ist wie ein Wunder. Jahre später, als ich bei Union Berlin spielte, durfte ich es noch einmal erleben.

So ein Moment ist größer als ich. Größer, als ein einzelner Mensch sein kann. Ich bin mir nicht sicher, ob ich in diesem Moment fähig war zu denken, aber wenn da ein Gedanke in mir war, dann muss es so etwas gewesen sein wie: Jetzt kannst du mich erschießen. Was soll noch kommen? Was bitte willst du in diesem Leben noch erleben? Was soll größer sein als das?

5   Mehr Fairplay

Ich weiß nicht mehr, wann es begann, wie der Weg war, ob es ein A nach B gab, eine Brücke, über die ich ging, oder ein Ereignis, das mich stolpern und auf diese Erkenntnis stoßen ließ: Manchmal finde ich die Außenwirkung meines Jobs sehr lächerlich.

Mir macht es Spaß, zum Training zu gehen, mich auszutoben, und dann denke ich an meine Mutter, die viele Jahre Kloschüsseln hat säubern müssen; die jeden Tag das Gleiche machen musste, ohne sich herauszufordern, während ich auf eine Meisterschaft hinarbeitete. An einem normalen Trainingstag gehe ich drei Stunden zur Arbeit, oft ist am Mittag schon Feierabend. Jede Woche jubeln mir und meinen Kollegen mehr als 80 000 Menschen zu, und wenn wir ein Spiel gewonnen haben, lassen dich diese 80 000 wissen, wie toll du bist, du bist ein Held; alles, was du vorher verrissen hast, scheint vergessen und nichtig zu sein. Nur einmal muss dir der Ball günstig vor die Füße fallen, oder du machst etwas, das für dich das Einfachste der Welt ist, du hältst deinen Fuß hin, und der Gegner läuft vorbei, und alle so: yeah! Es steigert deinen Wert, für dich selbst und für den Verein. Von manchen werden wir daher als Götter verehrt, und die Putzfrau, die nicht um vierzehn Uhr nach Hause geht und keine Millionen auf dem Konto hat, wie wird sie behandelt? Wer jubelt ihr zu?

Mein Vater kann Stunde um Stunde vor dem Fernseher hocken und zwischen Fußball und Tennis wechseln, Stunde um Stunde kann er sich über jedes Spiel, jeden Spieler, jeden Spielzug unterhalten. Ich schaue kein Fußball, und fängt jemand außerhalb des Rasens mit mir ein Gespräch über Fußball an, verziehe ich das Gesicht und wechsle das Thema. Selbst wenn ich mir Mühe gebe, darüber zu sprechen, finde ich in mir keine Wörter, die ich benutzen kann. Meine Sätze werden kurz und abweisend. Vieles, was im Fußballgeschäft passiert, interessiert mich nicht. Ich finde albern, was aus diesem Sport gemacht und in der Öffentlichkeit gezeigt wird: der Ruhm der Spieler, die Spekulationen um Transfers, all das, was sich schnell in eine Boulevard-Schlagzeile packen lässt.

Als ich in der Saison 2019/20 bei Union Berlin spielte und bereits verstanden hatte, dass die Welt genug Autos hat und ich keine besitzen muss, ganz egal wie schön sie auch sein mögen, fuhr ich mit der S-Bahn zum Training. Menschen, die mich erkannten, sprachen mich an: Ey, richtig cool, dass du das machst. Es erfreute sie, weil ich einfach so war wie sie. Gewiss war das sehr lieb gemeint, und zugleich wirkte es wie ein Lob für nichts. Wie bei einem Hund, dem man nach allem, was er tut, sagt: Ganz, ganz fein! Millionen Menschen außer mir fahren mit der S-Bahn, aber ich bin derjenige, zu dem man geht, um ihm dazu zu gratulieren: Junge, toll gemacht. Mir kommt es vor, als ob von uns

Fußballern wahninnig wenig erwartet wird. Warum sollen wir nicht mehr können? Übertrieben gesagt: Wenn ich dafür gefeiert werde, dass ich S-Bahn fahre, könnte ich bald auch dafür gefeiert werden, dass ich es schaffe zu atmen.

Meine Liebe zum Fußball basiert auf dem Gedanken der Gemeinschaft. Egal, wo wir lebten, war dieser Sport für uns als Familie immer der Einstieg in eine Gesellschaft. Ich wusste nie in meinem Leben so richtig, wie man Freunde findet. Aber wenn ich in Amerika zum Kicken in einen Park ging, hatte ich auf einmal viele Freunde und wurde ganz nebenbei Teil einer Gruppe.

Meine Liebe zum Fußball basiert auch auf dem Gedanken der Gerechtigkeit. Ein Tor ist immer verbunden mit Glück, aber die Grundlage des Ganzen ist, dass der Wettkampf fair ausgetragen wird. Es mag sein, dass der, der bei einem Spiel als Verlierer vom Platz geht, beim nächsten Mal schon der Sieger ist. Die Frage nach dem Besseren wird bei jeder Begegnung neu entschieden. Sie entscheidet sich allein im Wettkampf; darin, was in diesem Moment auf dem Platz passiert. Dieses Gerüst, das mir der Sport gibt, an Werten, an Motivation, an Ordnung, auch an Unterordnung, hat für mich etwas Unumstößliches, Übermenschliches. Ich glaube nicht an einen Gott, aber mein Glauben an das gerechte Spiel muss dem Glauben an einen Gott sehr nahe kommen: Die Fairness ist mein Heiligtum.

Vielleicht ist es unvermeidbar, dass sich zu jeder Liebe, die man empfindet, eine Enttäuschung gesellt, die der Liebe ihre Reinheit und ihre Perfektion nimmt. Im Spiel passiert dies, wenn jemand schummelt. Ich hasse schummeln. Ich hasse es, wenn Spieler bewusst hinfallen und lange liegen bleiben. Es gibt so viele Sportarten, die härter sind als Fußball. Aber beim Fußball bekommt man permanent das Gefühl, als würden Spieler auf dem Platz von Lastwagen überfahren. Ich hasse es, wenn ich zu dem am Boden liegenden Spieler hinlaufe, in Sorge, ob bei einem Zusammenstoß etwas Schlimmes passiert ist, weil er nicht aufsteht – und dabei ist es egal, ob er in meiner Mannschaft ist oder nicht –, und er dann zu grinsen beginnt und kurze Zeit später schon laufen kann, als wäre nichts gewesen. Ich hasse es, wenn man sich mit Tricksereien auf Kosten der gegnerischen Mannschaft einen Vorteil verschafft, einen Elfmeter bekommt und sich so ein Tor ergaunert. Ich bin niemand, der trickst. Das mag auch daran liegen, dass ich nicht weiß, wie ich es anstellen soll. Ich bin nicht der leichtfüßige, schnelle Spieler, der die anderen extravagant austanzt. Kein Showmann. Ich bin auf dem Platz immer der harte Arbeiter geblieben.

Einmal verlor ich auf dem Platz meine Ruhe, weil ich empfand, dass jemand, der bekannt für sein Serienschummeln war, wieder geschummelt hatte. Arjen Robben, vor dessen sportlicher Leistung ich großen Respekt habe, hat für Bayern durch seine Schwalben viele Elfmeter herausgeholt. Auch im April 2012 gelang es ihm wieder. Das dachte ich zumindest; im Nachhinein sah ich ein, dass er in diesem Moment tatsächlich berührt wurde und es für den Schiedsrichter gerechtfertigt war zu pfeifen. Wir waren Tabellenführer, lagen drei Punkte vor Bayern, mit einem Sieg wären sie an uns vorbeigezogen. Es waren nur noch vier Minuten zu spielen, ich stand direkt hinter Robben, an der Strafraumkante, und schaute dabei zu, wie er zum Elfmeter anlief und schoss, nach rechts aufs Tor. Unser Torwart Roman Weidenfeller bewegte sich genau in diese Ecke – und hielt. Ich stürmte auf Robben zu, der wie apathisch auf das Tor schaute, berührte fast sein Gesicht und stieß alle angesammelte Wut aus mir heraus, als hätte sich nach langer Zeit ein Ventil geöffnet. Verpiss dich mit deinen Scheißschwalben, schrie ich ihn an. Vielleicht schob ich auch noch ein »Missgeburt« nach. Ich war so befriedigt von dem Gedanken, dass es diesmal nicht aufgegangen war; dass er, der als Übermensch dastehen wollte, verschossen hatte: dass es Gerechtigkeit gab.

Die Szene ist in meiner gesamten Karriere ein Unikat. Ich schimpfe eigentlich nicht – beschimpfen mich andere, ignoriere ich es oder ich schlage mit den gleichen Mitteln zurück: Ich fick deine Mutter, sagte mal ein Bosnier auf Serbisch zu mir, obwohl zwischen uns gar nichts passiert war, und ich erwiderte: Und ich fick deine. Warum sprachen wir so miteinander, beleidigten uns, ohne dass etwas vorgefallen war; wir, die wir ähnliche Lebensläufe hatten und beide aus Familien stammten, die wegen des Krieges nach Deutschland gekommen waren?

Als Kind in Deutschland, als Jugendlicher in den USA – nie hatten meine Tage einen anderen wesentlichen Inhalt gehabt als Fußball. Es war die heile Welt, in der ich nur Glück empfinden konnte. Ich wäre niemals auf die Idee gekommen, dass hinter dieser Welt etwas anderes verborgen ist. Es gibt für mich wenig Schöneres als ein faires Spiel auf hohem Wettkampfniveau, das natürlich am schönsten ist, wenn ich als Sieger vom Platz gehe. Doch je mehr ich Ungerechtigkeiten im Spiel wahrnahm, desto mehr sah ich sie auch im System. Es sammelte sich immer mehr in mir an, das mich zweifeln und in meiner blinden Liebe sehen ließ. Es waren Momente, die mir offenbarten, dass vieles in dieser Welt nicht heil ist, dass grelles Licht immer seine Schatten wirft. Das, was mich heute am Fußball abstößt, sind die Ungerechtigkeiten, die das System hervorbringt: dass Fußball nicht nur ein Sport ist, nicht nur aus Freude und Jubel besteht, sondern aus Unmengen an Geld, dass es ein irres Geschäft ist.

In diesem Geschäft sind Fans, die auf Distanz bleiben, die den Spielern nur auf viele Meter Entfernung oder ganz kurz bei Autogrammstunden begegnen, vor allem eines: Kunden. Die Vereinsindustrien bringen jedes Jahr ein neues Trikot heraus, das bewusst anders aussieht als das vom Vorjahr, damit der Kunde noch mal zugreifen muss. Vielleicht würde es auch das Trikot vom Vorjahr tun oder nur ein Shirt, aber wie willst du das einem kleinen Jungen erklären, dessen Freunde auch ein neues Trikot haben?

Der Slogan der Borussia ist »Echte Liebe«, und ich habe inmitten der Fans gefühlt, dass die Liebe zum Verein echt ist. Aber was bedeutet diese echte Liebe für den Geliebten, wie wird die Liebe von ihm erwidert? Der Geliebte ist der Verein, aber letztlich ist es eine GmbH, die dafür verantwortlich ist, die Beziehung zwischen Fans und Verein zu vermarkten und zu monetarisieren. Es ist das Geschäft, das aus echter Liebe echtes Geld macht. Das trifft natürlich nicht nur auf die Borussia zu, sondern auf das gesamte Fußballbusiness.

Zu dem Geschäft zählt die Berufsgruppe der Berater. Ohne meinen Berater Steve wäre ich nie nach Deutschland und nach Mainz gelangt. Es ist für einen Spieler sinnvoll, jemanden an seiner Seite zu haben, gerade dann, wenn du erst siebzehn bist und aus dem Ausland kommst, so wie es bei mir war. Aber der Beruf des Beraters ist nicht klar definiert: Es gibt keine Standards und eine große Intransparenz.

Ein Spieler erfährt in der Regel nicht, was genau zwischen einem Berater und einem Verein verhandelt wird. Der Berater sagt dem Spieler häufig: Spiel du Fußball, ich kümmere mich um alles andere. Und so ist er es, der die Angebote von Vereinen bekommt und damit auch die Zahlen für die Provision, die vom Verein an ihn gezahlt werden würde. Dann liegt es am Berater, welche der Optionen er dem Spieler überhaupt mitteilt und wie er sie anpreist. Behandelt er den Spieler wie ein Kind? Soll er eine Figur sein, die nichts denkt und das macht, was er sagt? Oder darf der Spieler erwachsen werden, teilhaben und sich – das könnte zum Risiko werden – auch vom Berater emanzipieren und sich nicht mehr einfach steuern lassen?

Gewöhnlich ist es im Interesse des Beraters, den Spieler zu dem Verein zu bringen, bei dem er die Chance hat, seinen Marktwert am schnellsten zu erhöhen, denn am Ende ist dies auch zum Vorteil eines Beraters. Spieler und Berater entwickeln sich abhängig voneinander. Was macht nun aber der Berater, der für einen Spieler zwei Vereine mit ähnlichen Angeboten hat, von denen einer bereit ist, ihm selbst ein höheres Honorar zu zahlen? Lässt der Berater den Spieler das wissen? Ist der Deal, den er letztlich mit einem Verein macht, immer im besten Interesse eines Spielers?

Nehmen wir an, ein Spieler unterschreibt einen Vertrag für fünf Jahre. Interessiert sich in dieser Zeit ein anderer Verein für den Spieler, kann der Verein, bei dem der Spieler unter Vertrag ist, viel Geld mit ihm machen, indem er eine Ablösesumme festlegt. Der Spieler wird behandelt wie eine Ware, wie ein Objekt, das in der Regel selbst keinen Einfluss auf den Handel nehmen kann.

Will hingegen ein Spieler gehen, bevor das Vertragsverhältnis beendet ist, ist seine einzige Chance, den Verein davon zu überzeugen, dass es besser für alle ist. Einige boykottieren dann das Training, weil dies ihre einzige Chance des Protests ist. Dafür werden sie vom Verein bestraft. Ein Spieler ist immer der Untergebene, während der Verein die Macht hat.

Am Ende der Vertragslaufzeit ist der Spieler ablösefrei, und ein Verein bekommt für ihn gar nichts. Häufig ist es also im Interesse des Vereins, ihn vor Ablauf des Vertrags zu verkaufen. Was kann das für den Spieler bedeuten, der gerne so lange bleiben will, wie es im Vertrag festgeschrieben ist? Er wird nicht mehr eingesetzt, in keinem Spiel. Er sitzt nur noch auf der Bank und verpasst das, was am wichtigsten für seine Karriere ist: Spielpraxis. Er kann nicht zeigen, dass er gut ist. Ihm wird auf brachiale Weise deutlich gemacht: Bei uns gibt's nichts mehr zu holen, schau dich woanders um, such dir einen anderen Arbeitgeber, und zwar einen, der uns für dich so viel bezahlt, wie wir es angemessen finden.

Als Spieler kannst du einem Verein nichts Schlimmeres antun, als bis zum Ende zu bleiben und deinen Vertrag gänzlich zu erfüllen, denn dann holt er kein Geld mit dir. Spieler, die man aussortieren will, werden daher unter

Druck gesetzt und schikaniert. Im schlimmsten Fall kann dies bedeuten, dass sie beim Training angewiesen werden, Runden zu laufen statt mit den Mannschaftskollegen zu trainieren. Beim Spiel werden sie nicht mehr aufgestellt, oder sie werden in die zweite Mannschaft geschickt, wo das Niveau viel niedriger ist. Das ist, als ob du einen Job hast, bei dem du in einem Büro mit einem Computer arbeitest, und auf einmal bestimmt die Firma, dass du in den Keller ziehen und auf einer Schreibmaschine herumtippen musst. Bei einem Spieler, den ich kenne, ging es so weit, dass er eines Tages zur Arbeit kam und sein Spind an jemand anderen vergeben war. Er wollte aufs Trainingsgelände, und er wurde nicht gelassen, Sicherheitskräfte kamen, er argumentierte: Ich bin doch Spieler, aber sie hielten ihn draußen. Dabei wollte er nur das tun, was in seinem Vertrag steht: arbeiten. Er aber wurde verbannt.

Was ich immer wieder erlebt habe: Spieler, die im Training herausragend waren, aber egal, was sie taten, sie konnten die Sterne vom Himmel spielen, sie kamen nicht in den Kader und mussten während des Spiels von der Tribüne aus zuschauen. Die Plätze waren bereits für andere reserviert, und sie waren auf dem Abstellgleis.

Das kann daran liegen, dass der Trainer denkt, ein Spieler passt nicht zur Strategie. Doch anstatt es explizit zu kommunizieren, benutzt er gängige, implizite Mittel der Bestrafung, mit denen du jemanden loswerden kannst oder jemanden, der gehen will, dazu bringen kannst, länger zu bleiben. Die Taktik lautet Erpressung: Wenn du nicht verlängerst, wirst du nicht aufgestellt. Ein Spieler, der für viele Monate nicht spielt, ist kein attraktiver Spieler mehr. Er verliert seinen Status gegenüber anderen Vereinen.

Die Vereine können so mit einer Willkürlichkeit über Biografien entscheiden, weil es keine rechtliche Regelung gibt. In anderen Ländern wie in Frankreich, wo ich gespielt habe, muss ein Profi, der unter Vertrag steht, zumindest mit trainieren dürfen. Du kannst ihn nicht einfach verstoßen, ins Exil schicken. In Deutschland geht das.

Ich habe in meiner Karriere Situationen mit Trainern erlebt, die reine Schikanen waren und die zeigen, wie sehr Spieler von deren Gunst abhängig sind. Was ich erzählen kann, ist gewiss nicht das maximale Unrecht, das einem Fußballer widerfahren kann. Und natürlich ist es auch nicht nur etwas, das einem Fußballerleben eigen ist; jede und jeder, die oder der in einem gewöhnlichen Arbeitsverhältnis steht, kann es erleben. Bei mir als Fußballer war es so: Während einer Zeit, als ich wenig spielte, suchte ich einmal das Gespräch mit meinem damaligen Trainer, um zu erfahren, welche Chancen ich hatte: Lag es überhaupt in meiner Macht, wieder auf den Platz zu kommen? Ich kam mir vor wie ein hartnäckiger Journalist, der ein Interview mit ihm führte. Denn er wich bei jedem Nachfassen aus, sagte Allgemeinheiten, die seinen und meinen Job beschreiben und auch nicht falsch sind. Sätze wie: Es ist wichtig, dass du arbeitest, mach gut im Training mit, doch ich als Trainer behalte mir das Recht vor, die Mannschaft aufzustellen. Aber wenn ich gut trainiere, habe ich eine Chance?, hakte ich nach. Und was bedeutet: gut trainieren? Was mache ich bislang nicht, was er erwartete? Er wiederholte auf diese Fragen nur seine Sätze, als wäre er auf Autopilot gestellt.

Bei einem zweiten Gespräch, das ich einforderte, wollte ich wissen: Worauf achtest du bei Spielern? Ich sagte bewusst nicht: bei mir. So hatte ich mir eine aussagekräftigere Antwort erhofft – die ich leider nicht bekam. Zumindest aber hörte ich nun heraus, dass dem Trainer eine Liste wichtig war. Auf dieser Liste sammelten wir Spieler in Traininingsspielen Punkte, je nachdem ob wir gewinnen oder verlieren. Ich stand darauf nicht gut da, ich war in der unteren Hälfte. Ich nahm mir nach diesem Gespräch vor, auf der Liste weit nach vorne zu kommen. Es gelang mir nach einigen Wochen, ich kletterte viele Plätze nach oben, stand auf den vorderen Rängen. Nach einem Training einige Zeit später kam der Co-Trainer zu mir und sagte, dass sie gerne mit mir sprechen wollten. Ich ging in das Büro mit der Hoffnung: Mein Moment ist gekommen, ich darf wieder auf den Platz. Dann aber sagte der Trainer zu mir, ich würde Mitspieler umhauen. Ich war perplex: Wie, wann? Er meinte: Heute im Training. Ich versuchte, mir alle Situationen in Erinnerung zu rufen, sie mit aller Sorgfalt zu scannen: Was war passiert? Mir fiel eine Szene ein, die dreißigmal in einem Trainingsspiel vorkommt: Du bist eine Sekunde zu spät und ein Spieler, mit dem du zusammentriffst, geht kurz zu Boden. Ja, das hatte es gegeben. Mein Mitspieler war aber schnell aufgestanden und hatte normal weitergemacht. Wir hatten dieser Situation im Training keine weitere Beachtung geschenkt. Ich fragte: Meinst du das? Der Trainer bejahte und erwähnte noch eine andere Sache mit einem anderen Spieler, an die ich mich überhaupt nicht erinnern konnte. War das wirklich passiert?

Ich stand in diesem Raum, hörte die Vorwürfe, war in einem inneren Verhör mit mir selbst und fragte mich zugleich, ob das ein Scherz sein soll. Ich wusste, dass ich nicht nur gefühlt, sondern selbst in der Statistik ein fairer Innenverteidiger war. Ich beging kaum Fouls, nur ein einziges Mal hatte ich eine gelb-rote Karte bekommen. Und nun warf mir dieser Trainer vor, meine Mannschaftskollegen umzutreten.

Ich ging in Gedanken noch einmal das Training durch: Hatte ich nicht doch etwas übersehen, lag ich falsch mit meiner Wahrnehmung? Ich fand keine Anhaltspunkte, und so beteuerte ich, dass mein Gefühl sei, dass da nichts gewesen sei, aber dass ich auch gerne mit den Spielern sprechen würde. Vielleicht hatten sie es anders empfunden. Der Trainer wurde laut und sagte so etwas wie: Wir brauchen unsere Spieler, es gehe nicht an, dass ich sie einfach umhaue. Die Situation blieb, wie sie war, ungelöst. Sie warfen mir etwas vor, das ich mit nichts, das auf dem Platz geschehen war, verbinden konnte.

Ich suchte die Spieler auf, um die es gegangen war. Als Erstes den, den ich im Training gefoult hatte und der wegen mir hingefallen war. Ich fragte ihn, ob es schlimm gewesen sei. Er: Was? Das soll schlimm gewesen sein? Das war nichts, im Spiel würde es vielleicht als Foul gepfiffen, vielleicht aber auch nicht. Ich: Gelb oder rot, was glaubst du? Er: Weder gelb noch rot, wenn überhaupt, dann war es ein kleines Foul.

Dann bin ich zu dem anderen Spieler, den der Trainer noch genannt hatte, und fragte ihn: Habe ich dich heute gefoult? Er sagte: Keine Ahnung. Er konnte sich nicht erinnern, genauso wenig wie ich. Kein Spieler hatte es so eingeordnet wie der Trainer, der mir vorwarf, meine Mannschaftskollegen zu verletzen. Warum tat er das? Brauchte er einen Grund, mich auszusortieren?

Vereine holen Spieler, entwickeln sie, verkaufen sie, damit sie wieder neue holen können. Das ist die Logik des Systems, in dem wir Spieler Figuren sind. Zu den klassischen Verhandlungstaktiken eines Vereins gehört zu kommunizieren: Dieser Spieler ist für uns unverkäuflich. Ein Satz, der nur Show ist. Seine Übersetzung lautet: Diesen Spieler würden wir wirklich sehr gerne verkaufen, aber bitte zu einem hohen Preis. Will ein Spieler gehen, ist es der Verein, der den Preis bestimmt. Denn ist ihm der gebotene Preis zu niedrig, kann er den Spieler verpflichten zu bleiben. Was den Spieler retten kann, ist eine vertraglich vereinbarte Ausstiegsklausel, in der eine Summe festgelegt ist, zu der er wechseln darf. So eine Klausel bekommen meist nur die besten Spieler, die einen großen Druck ausüben können. Gibt es sie nicht, was Vereine gerne zu verhindern suchen, ist der Verein der Einzige, der bestimmt.

Als Spieler bist du ein Abhängiger. Du bist der Arbeitnehmer, der zur Arbeit muss. Und wer, aus welchem Grund auch immer, nicht zur Arbeit geht, kann schnell ersetzt werden. Ich bin wie viele andere damit aufgewachsen, die Zähne zusammenzubeißen. Auch wenn ich mich verletzt habe, wollte ich immer schnell wieder funktionieren.

Es war bei einem Freundschaftsspiel in Mainz, als ich einen Ellbogen ins Gesicht bekam, direkt ins linke Auge, ich fiel hin und blieb liegen, der Arzt kam, machte das Nötigste, tackerte die Wunde zu und sagte: Alles okay? Ich sagte: Ja, und spielte weiter bis zur Halbzeit. In der Halbzeit liefen wir in die Kabine, ich wollte in die des Gegners rein, man schickte mich in unsere, dort setzte ich mich an einen falschen Platz. So merkten die anderen, dass ich nicht bei mir

war. Ich wurde dann ins Krankenhaus gebracht. Mein Joch-
bein war gebrochen, und der Arzt meinte, ich hätte Glück
gehabt, etwas daneben und es wäre auf meinen Sehnerv gegangen. Was wäre passiert, hätte ich in den Minuten, die
ich weiterspielte, noch einen Stoß darauf bekommen? Als
Spieler bist du immer im Rausch. In Momenten wie diesen
braucht es daher ein System, das sicherstellt, dass jemand
von außen auf dich schaut und dich schützt, der beurteilen
kann: Kann der wirklich zurück auf den Platz?

Es sind oft Trainer, die einem verletzten Spieler sagen: Zu
meiner Zeit war das gar nichts, mach weiter. Oder sie diktie-
ren dem Mannschaftsarzt: Ich brauche den Spieler nächste
Woche, bis dahin muss er fit sein. Obwohl er vielleicht länger bräuchte. Ärzte stehen deshalb unter Druck, jemanden
so früh wie möglich für den Platz freizugeben. Selbst wenn
es grobe Richtlinien für Therapiezeiten bei bestimmten
Verletzungen gibt, die Devise ist immer: je schneller, desto
besser. Dann kann es passieren, dass sich ein Spieler an der
geschwächten Stelle überlastet, noch mal verletzt, gravierender, Monate ausfällt und der Verein gezwungen ist, auf
der Position einen anderen Spieler einzusetzen. Der Spieler
hat sich nun Konkurrenz geschaffen, und sein Marktwert
sinkt, weil die anderen denken: Wenn der sich einmal verletzt, verletzt er sich noch mal. Und schon hat man ein Label: Der ist verletzungsanfällig.

Ich weiß von einem Spieler, der nach einer Verletzung
vom Trainer gepusht wurde: Steh auf, steh auf, steh auf. Er
rannte, obwohl ihm anzusehen war, dass er nicht konnte,
und er ist wirklich das Gegenteil von wehleidig. Nach dem

Training ging er zum Physiotherapeuten, schilderte ihm seine Schmerzen. Der Physiotherapeut hatte Angst, mit dem Trainer zu sprechen, weil er wusste, dass dies ein Spieler war, der unbedingt spielen sollte. Er ging also die nächsten Tage immer wieder auf den Platz, weil ihm vermittelt wurde: Probier's doch. Am Ende war er dadurch einige Wochen verletzt und fiel aus. Ich riet ihm, sich eine zweite Meinung einzuholen, und er ließ sich von Physiotherapeuten außerhalb des Vereins untersuchen – eine Sache, die von Vereinen nicht gern gesehen wird und mit der er sich daher unbeliebt machte. Hier braucht es in meinem Empfinden ein System, das sicherstellt, dass Ärzte und Physiotherapeuten die Verletzung im Sinne des Verletzten beurteilen – und nicht wegen des Drucks und der Scheu, ihren Arbeitsplatz zu verlieren, das Risiko eingehen, die langfristige Gesundheit des Spielers zu gefährden.

Der Druck, funktionieren zu müssen, geht so weit, dass es Spieler gibt, die sich vor jedem Spiel Kortison spritzen. Andere nehmen immerzu Schmerztabletten, egal, was sie haben. Nur ein bisschen Schmerz, und schon schmeißen sie was ein. Gib mir 'ne Ibu, ist ein geläufiger Satz in der Kabine. Manche brauchen täglich zwei, weil sie sagen, dass eine keine Wirkung mehr hat – aber kaum einer weiß, was dies für körperliche Folgen haben kann.

Es fehlt an systematischer gesundheitlicher Aufklärung und an Schutz. Bei einem Verein bekam ich mit, wie der Arzt vor dem Spiel von Spieler zu Spieler ging und fragte, ob man noch etwas bräuchte. Er verteilte dann vorsorglich Ibuprofen, an jeden so viele er wollte. Es ist immer der Spieler, der den Preis zahlt, nicht der Verein.

Der Spieler ist abhängig von seinem Verein, aber höher als den Verein sollte er die Abhängigkeit von seinem Körper gewichten, denn für niemanden ist seine Gesundheit so wichtig wie für ihn selbst. Alle anderen achten vor allem darauf, dass du funktionierst, dass du Leistung bringst. Denn für diese Leistung werden sowohl der Spieler als auch die Ärzte und Physiotherapeuten bezahlt.

Einmal hatte ich Knieprobleme, die nicht weggingen. Ich wandte mich an den Mannschaftsarzt und sagte: Da stimmt etwas nicht. Er sagte: Nicht so schlimm, wahrscheinlich ist da ein bisschen Flüssigkeit drin, mach zwei Tage Pause, dann wird es okay sein. Nach zwei Tagen ging es aber nicht weg, der Schmerz blieb über Wochen. Ich ging wieder zu ihm, diesmal hieß es: Mach dir keine Gedanken, du kannst spielen, mach unter der Woche Pause, und einen Tag vor dem Spiel machst du wieder mit. Auch mit diesem Rat wurde es nicht besser. Ich ging zu einem Arzt, der nichts mit dem Verein zu tun hatte, und er sagte mir: Sechs Wochen Pause, nichts anderes, fang jetzt an, sonst ist unsicher, ob es wieder weggeht, ob es chronisch wird oder du dich schlimmer verletzt.

Ich rede hier nicht über schlechte Menschen. Die Menschen, denen ich begegnet bin, habe ich als gut wahrgenommen, und ich schätze sie bis heute. Aber die Systeme, in denen sie arbeiten, sind schlecht.

Ein Spieler, der trotz Verletzung spielt, mag für den Verein nach außen eine gute Geschichte sein: Trotz einer Beeinträchtigung kämpft er, schießt vielleicht sogar ein Tor. Aber für den Spieler bleibt es ein Risiko. Eine schwere Verletzung kann das Ende der Karriere sein. Wenn du dir das Knie zerstörst, kommt ein neuer Spieler, und du bist erst mal weg. Vor allem bei jungen Talenten, die am Anfang ihrer Karriere stehen, ist dies kritisch.

Das finanzielle Risiko wird in Deutschland allein vom Spieler getragen. In anderen Topligen müssen die Vereine dem Spieler weiter Gehalt zahlen, wenn er ausfällt. Das Risiko einer Verletzung ist somit auch ihres: Sorgt der Verein dann eher dafür, dass sein Spieler gesund bleibt, damit er etwas von ihm hat?

Mir ist bewusst, dass die Arbeitnehmer in der Bundesliga ein gutes Einkommen haben, aber was ist mit denen, die nicht in den Topligen spielen und viel weniger verdienen? Und wie lange machen die Besten diesen Job? Einige nur ein paar Jahre; wenn es gut läuft, sind es zehn, bestenfalls fünfzehn. Und vor allem die, die vorher wegen einer Verletzung ausscheiden, müssen sich eine neue Arbeit suchen. Profil: kann gut laufen, grätschen, einen Ball schießen. Welchen Arbeitgeber interessiert all das, was der Spieler gelernt hat, worin er Profi ist?

Zweimal fiel ich in meiner Zeit bei Dortmund für viele Monate aus. Im November 2013 riss mir das Kreuzband im Knie, die ganze Saison war gelaufen. Und im April 2016 hatte ich eine Thrombose im Arm. Den ganzen Tag hatte ich meinen Arm schon nicht beugen können, weil so eine Spannung in ihm lag, trotzdem war ich zum Training gegangen. Auf dem Weg zur Dusche sah mich ein Physiotherapeut und riet mir, sofort ins Krankenhaus zur Untersuchung zu gehen. Ich hatte im Sommer eigentlich nach Middlesbrough in England wechseln wollen. Es wäre ein

Meilenstein in meiner Karriere gewesen: in der weltbesten Liga spielen, deren Matches ich schon als Jugendlicher in Amerika geschaut hatte. Dieser Traum war nun geplatzt.

Es war meine zweite Chance gewesen, nach England zu gehen – die zweite, die ich knapp verpasste. Von der ersten allerdings hatte ich gar nichts mitbekommen, erst Jahre später erfuhr ich von einem Verantwortlichen des BVB davon: Als Kloppo 2015 Dortmund verließ und nach Liverpool ging, hätte er mich wohl gerne mitgenommen. Für mich wäre dies eine Entscheidung gewesen, über die ich nicht einmal eine Sekunde hätte nachdenken müssen. Sofort wäre ich Kloppo in die Premier League gefolgt, vor allem ihm, von dem ich wusste, dass er mir vertraute. Ich wäre gar bereit gewesen, den ein oder anderen Euro zu bezahlen, um ihm folgen zu können. Als Kloppo noch da war, hatte ich allerdings bei der Borussia schon eine Verlängerung des Vertrags unterschrieben, und der Verein sperrte sich nun, mich nach England gehen zu lassen. So blieb ich in Dortmund, wo nun Thomas Tuchel Trainer war.

Unter ihm veränderten sich meine Spielzeiten maßgeblich: Ich wurde nach unten befördert, gefühlt war ich in der zweiten Mannschaft abgestellt und bei Spielen ein Tribünensitzer. Zwei Jahre, mit die wichtigsten, die über eine Karriere entscheiden können, habe ich so gut wie gar nicht gespielt.

Auf Tuchel folgte Peter Bosz, und ich hatte Hoffnung, dass es mit einem neuen Trainer für mich wieder anders werden würde. Das letzte halbe Jahr, in dem Tuchel noch da war, war ich nach Köln ausgeliehen worden und kam nun zurück nach Dortmund. Es war mein letztes Vertragsjahr, und ich wusste, die Borussia will mich eigentlich weghaben, damit sie noch Geld mit mir verdienen kann. Bosz war ein taktisch kluger Denker und ein gerechter Typ, der klarmachte, wo er steht, und seinen Prinzipien treu blieb; das schätzte ich an ihm. Wir hatten ein Gespräch, das ich einforderte. Es gab gleich eine warme Atmosphäre, vor allem aber war sie ehrlich. Er redete nicht drum herum, sondern formulierte, dass die Situation für mich nicht gut aussehe. Ich fand heraus, dass er auf der Kaderliste, die ihm der Verein gegeben hatte, nicht einmal meinen Namen gesehen habe. Als er dann das erste Mal zum Training gekommen war, sei er überrascht gewesen, mich zu sehen. Er hatte gar nicht gewusst, dass ich noch bei Dortmund existierte. Ich war anwesend, sollte aber für den Verein längst abwesend sein.

Ich erzählte ihm, wie ich die letzten Jahre wahrgenommen hatte: dass unter Kloppo alles lief, dass dann Tuchel gekommen sei, der mich wohl nicht gemocht habe, dass ich wechseln wollte, was an der Thrombose scheiterte, dass ich kaum Gelegenheiten hatte zu spielen, dass ich gerade aus Köln komme und gewillt und motiviert bin. 28 Jahre war ich alt, fühlte mich gesund und fit, ich würde voll reinhauen, sagte ich. Und dann stellte ich ihm die Frage, was von mir erwartet würde, damit ich spielen darf. Ich wusste, dass er mit der Liste, die er bekommen hatte, vom Verein dazu angehalten war, mich nicht einzusetzen. Hatte ich also eine Chance? Er sagte, dass die anderen auf der Liste nicht schlecht seien und dass er mir wenig Hoffnung machen könne. Ich fragte: Schließt du es kategorisch aus, dass ich jemals spiele? Das verneinte er und erzählte mir von einem anderen Spieler, den er mal trainiert habe. Es sei eine ähnliche Situation gewesen, er habe eigentlich nicht mehr dazugehört, aber nach einer Weile sei es für ihn als Trainer unmöglich geworden, den Spieler zu ignorieren und ihn nicht aufzustellen, weil er der Mannschaft auf dem Platz half. Wie lange, wollte ich wissen, brauchte der andere Spieler. Drei Monate, sagte Bosz. Ich bedankte mich für seine Ehrlichkeit. Ich hatte wieder etwas, worauf ich hinarbeiten konnte.

Die ersten Spiele der Saison liefen perfekt, wir gewannen sieben Mal in Folge, sodass es für Bosz unmöglich gewesen wäre, die Mannschaftsaufstellung zu ändern. Ich trainierte hart, und dann kam tatsächlich der Moment, in dem Bosz mich in den Kader holte und wieder spielen ließ. Es war auch für ihn eine Phase, in der es um alles ging. Nach dem schönen Saisonstart lief es nicht mehr, und die Medien fragten sich: Wie lange wird er noch bleiben?

Ich hatte mein Ziel erreicht, und man hatte mir nicht nur gnädig einen Platz zugewiesen, komm, Neven, kick mal ein bisschen, während die anderen eine Pause brauchen. Nein, ich war aufgestellt worden, um dabei mitzuhelfen, die Saison und seinen Job zu retten.

An dieser Stelle muss ich die Geschichte nun abrupt stoppen. Denn wir sind schon beim Happy End. Es ist das einzige, das es gibt. Ein weiteres wird leider nicht kommen. Ich hatte es zwar wieder auf den Platz geschafft, aber es lief nicht sonderlich, weder für Bosz noch für mich. Bosz ging nach einem halben Jahr und ich im Januar 2018 auch. Ich verließ die Bundesliga und wechselte nach Frankreich, St. Étienne, und zwar ohne dass die Borussia Geld für mich bekam. Es war das Ende meiner Karriere bei Topvereinen.

Ich war aus den USA nach Mainz gekommen, aus Mainz nach Dortmund. Ich war Berufsfußballer geworden, wie ich es mir als Kind gewünscht und in ein Freundschaftsbuch geschrieben hatte. Ich hatte erst nur den Glanz dieses Berufs gesehen. Alles schien zu laufen, und ich fügte mich in das System ein, machte mit. Ich redete in Interviews darüber, wie ich auf den nächsten Spieltag schaue, wie ich den Gegner einschätze. Ich sagte immer wieder, unsere Fans seien uns eine große Unterstützung. Der Glanz dieses Sports ist für mich immer noch sichtbar: die Möglichkeit, einfach in einen Park zu gehen und andere zum Kicken zu finden; in einer Mannschaft einen Zusammenhalt zu erleben, als wären wir alle Geschwister, Halt und Hoffnung zu spüren und gemeinsam an der nächsten Herausforderung zu wachsen; der Wille, in einem Wettkampf das Beste aus sich herauszuholen; die Wucht, die allein ein Stadion an einem normalen Spieltag auslösen kann; und dann natürlich die Meisterschaft, die Gefühle, die in jedem Einzelnen entstehen und wie sie Menschen dazu bringen, sich zu einer Einheit zu formen – all das sind für mich unbestrittene Werte. Sie sind unumstößlich, selbst wenn meine Liebe zu diesem Sport in den vergangenen Jahren immer wieder erschüttert wurde, meine Romantisierung nachließ und ich mich vom Platz entfremdete.

Dazu trug das System bei, das nicht den Einzelnen sieht, sondern nur die Erfolgsmaximierung, und so auf alle darin Arbeitenden einen Druck ausübt, der sie nicht mehr menschlich agieren lässt. In den ungleichen Machtverhältnissen zwischen Liga und Vereinen, zwischen Trainern und Spielern erlebte ich unfaires Verhalten und respektlosen Umgang miteinander.

Nachdem ich nach vielen Jahren entdeckte, welche Schatten der Glanz wirft, treibt mich der Gedanke um, warum wir das Potenzial, das in diesem System und in den Menschen, die darin agieren, steckt, nicht anders nutzen. Spieler sind es gewohnt, wie Kinder behandelt zu werden. Ihnen wird gesagt: Rede da nicht drüber, mach das, aber mach das nicht, kritisiere nicht den Verein, nicht die Liga, entwickle keine Meinung. Vielleicht agieren die, die wie Kinder behandelt werden, oft wie Kinder – aber liegt nicht mehr in ihnen? Bei vielen meiner Kollegen spüre ich eine Leere, und ich spüre einen Willen, etwas zu ändern.

Während der Anfänge der Coronapandemie habe ich daher im Frühjahr 2020 mit anderen ein Fußballbündnis gegründet, denn um ein festgefahrenes System zu ändern, braucht es neue Dynamiken. Es braucht eine Gemeinschaft, in der sich Spieler trauen, die Ungerechtigkeiten zu thematisieren, damit nicht nur die Liga und die Vereine Alleinherrscher bleiben und ihre wirtschaftlichen Interessen durchsetzen; damit wir Spieler uns darum kümmern, gesundheitliche Risiken abzusichern und auch unsere gesellschaftliche Rolle zu definieren.

Geht in Dortmund Marco Reus morgen zum Friseur und kommt mit einer neuen Frise heraus, wollen übermorgen Tausende von Kindern mit der Marco-Reus-Frise herumlaufen. Die Frage ist, was wir Spieler mit dieser Wirkung, die wir haben, langfristig machen. Es ist ein gutes Zeichen, dass Marco Reus während der Covid-19-Pandemie eine halbe Million an Dortmunder Kleinunternehmen gespendet hat und die Bayernspieler Joshua Kimmich und Leon Goretzka die Initiative WekickCorona gegründet haben, der sich mehrere Spieler anschlossen und deren Gelder sozialen Einrichtungen zugutekommen.

Was ist unsere Verantwortung? Sollten wir wirklich dafür gefeiert werden, wenn wir kein oder ein kleines Auto fahren und die S-Bahn nehmen? Oder ein paar Trikots an Kinder spenden als Teil einer Werbeaktion? Wenn ein Verein mit einem Umsatz von 400 Millionen Euro einer sozialen Initiative 20 000 Euro spendet? Könnten wir Fußballer nicht mehr tun? Könnte die Gemeinschaft dieses Sports in der zivilen globalen Gemeinschaft nicht eine verantwortungsvollere Rolle einnehmen?

6 Check

Wenn ich den Menschen um mich herum geglaubt hätte, hätte ich mit zwanzig aufhören können, mich weiterzuentwickeln. Es schien, als hätte ich alles erreicht, was man von mir erwartete. Ich hatte großen Erfolg als Sportler: Check. Ich hatte ein großes Haus: Check. Ich hatte schnelle Autos: Check. Ich hatte schöne Frauen: Check. Ich kümmerte mich aus der Ferne um die finanziellen Belange meiner Eltern: Check. Ich machte auch ein bisschen Charity: Check. Nur eine Sache hatte ich vergessen. Mich zu fragen: Neven, was möchtest *du* eigentlich? Wer möchtest *du* sein? Was soll *dein* Beitrag zur Gesellschaft sein? Diese Frage vor zehn Jahren und ich hätte nicht mehr herausgebracht als: Äh?

Als ich mit siebzehn zurück nach Deutschland gekommen war und in Mainz spielte, erzählte mir jemand im Verein von einem Kinderheim, das Fußballer suchte, die sich dort engagieren. Da mein Leben zu diesem Zeitpunkt aus Zocken auf dem Platz und Zocken auf der Playstation bestand, zögerte ich nicht lange. Meine Eltern hatten sich ihr Leben lang für andere eingesetzt. Und weil ich dachte, das sei richtig, ergriff ich nun die Möglichkeit, dies auch zu tun. Es hieß: Ich sollte mit Kindern Zeit verbringen. Das war alles. Als ich das erste Mal in das Kinderheim kam, war es, als hätte ich auf einmal ganz viele kleine Geschwister bekommen, die ich cool und lustig fand. Die Kinder, die ältesten waren dreizehn Jahre alt, zogen mit mir, ihrem neuen großen Bruder, auf den Spielplatz und den Fußballplatz. Ich flachste mit ihnen, wir lachten viel. Ich sah in ihnen die Unbeschwertheit und das Vergnügen, wie sie vielleicht nur die Kindheit ausstrahlen kann, und auch in mir nahm ich dies wahr: Ich hatte mit ihnen einfach Spaß. Ich fühlte mich nicht als der, der etwas gab, sondern als der, der etwas bekam. Da ich in Deutschland kaum Kontakte hatte und niemand aus meiner Familie hier lebte, waren es diese Kinder, die in mir, der mit dem Auftrag gekommen war zu *helfen*, ein Gefühl von Sicherheit und Zugehörigkeit auslösten. Ich sollte eigentlich nur einmal alle drei Monate hingehen, wie es bei so einer Fußballerpatenschaft üblich ist, doch ich war schnell einmal die Woche da. Lange hatte ich kein Verständnis davon, was die Kinder, die in diesem Heim wohnen mussten, in ihrem kurzen Leben erfahren hatten, bis eine Mitarbeiterin mir davon erzählte: Ihre Eltern waren drogenabhängig, hatten sie vernachlässigt, geschlagen oder missbraucht, und einige der Kinder hatten überhaupt keine Eltern mehr, die am Leben waren.

Wenn ich fortan bei Besuchen das Lachen der Kinder sah, das mir nur unbeschwert und vergnügt vorgekommen war, wusste ich, dass mir die wirkliche Bedeutung dessen, was diese Menschen in sich tragen, verschlossen bleiben würde. Ich sah das Mädchen, mit dem ich durch meine regelmäßigen Besuche eine enge Verbindung aufgebaut hatte, und hinter ihrem Strahlen steckte, für mich verborgen, ein Unrecht, ihr sogenanntes Schicksal. Sie kaschierte es, und ich ahnte, dass es sie jeden Tag prägte, dass das Wort Eltern für sie immer eine andere Bedeutung haben würde als die, die den meisten Heranwachsenden vergönnt war. Ich konnte dies nur schwer annehmen. Ich fühlte Wut, Frustration, und zugleich wurde mir klar, dass ich, selbst wenn ich nun einige schmerzhafte Schlagworte ihrer kurzen Lebensläufe kannte, in der Zeit, die ich mit ihnen verbrachte, gut daran tat, diese verschlossen zu lassen. Ich hätte auch gar nicht gewusst, wie das geht, ihre Geschichten hervorzuholen, und erst recht nicht, wie damit umzugehen. Und hätte es einen Nutzen gehabt? Sie waren für mich Menschen – und nicht Menschen, die vor allem Probleme hatten. Ich war einfach da als ihr Freund, für ihr Vergnügen. Ich war Ablenkung und Flucht. Ich war der, so sagte es mir eine Mitarbeiterin, der ihnen einfach durch sein Dasein ein anderes Gefühl gab, der eine ungekannte Wirkung im Außen hervorrief, in dem sie permanent einer Bewertung ausgesetzt waren.

Bei vielen galten diese Kinder als Außenseiter. In der Schule waren sie die, die verlassen worden waren. Das Schicksal hatte sie diskreditiert. Sie trugen ein Stigma mit sich. Ein erstes Unrecht, das ihnen widerfahren war, fügte ihnen ein zweites hinzu: Ihre offensichtliche Unvollkommenheit machte sie zu den Anderen, den Ausgegrenzten – eine Erfahrung, die ich kannte, wenn auch auf ganz andere Weise. Dadurch, dass ich mit diesen Kindern auf dem Spielplatz war, gab ich ihnen eine neue Sichtweise, nicht nur auf sich selbst, auch die anderen betrachteten sie anders. Für die anderen waren sie nun diejenigen, die etwas hatten, was die anderen nicht hatten; sie waren nicht mehr allein die vermeintlich Fehlerhaften, ohne Eltern, ohne Zuhause, ohne Abendbrottisch. Nicht mehr nur die ohne Norm. Sie hatten einen Joker, ein dickes Los gezogen: Sie waren mit einem Fußballspieler vom 1. FSV Mainz 05 auf dem Spielplatz. Als wären sie auf einmal die mit dem coolen Spielzeug, das kein anderer hatte. Allein dadurch, dass ich da war und mit ihnen spielte, konnte ich den Ausgegrenzten so etwas geben wie eine Auszeichnung oder zumindest: einen Moment lang eine Balance herstellen.

Dieser Rolle war ich mir selbst nicht bewusst gewesen. Die Mitarbeiter des Kinderheims hatten mich darauf aufmerksam gemacht, und dann stand ich mit den Kindern aus dem Heim auf dem Platz und sah, wie die anderen Kinder zu ihnen kamen, wie sie gefragt wurden: Dürfen wir mit euch spielen?, und sie stolz nickten. Noch heute bekomme ich von diesem Gedanken Gänsehaut.

Manchmal erscheint es so leicht, sich für andere einzusetzen. Für mich war Großer-Bruder-Sein ein unendlicher Spaß.

Diese Art, sich für andere einzusetzen – was verlangte sie mir schon ab?

Mit dem Wechsel des Vereins suchte ich mir eine neue Organisation, bei der ich mich einsetzen konnte. Ich dachte schlicht, dass es in Mainz gut gewesen war, also wollte ich auch irgendetwas Soziales in Dortmund machen. Was es sein sollte, wusste ich nicht, und warum genau, fragte ich mich nicht. Noch bevor ich in mein großes Haus einzog, wurde mir der Verein Kinderlachen empfohlen. Er kümmert sich um die unterschiedlichsten Bedürfnisse, die bei benachteiligten Kindern in Deutschland bestehen. Während meiner Zeit dort brachten sie Matratzen, Schulmaterialien oder Spielzeug in ärmere Viertel, kümmerten sich um die Finanzierung notwendiger medizinischer Eingriffe und organisierten Spendenaktionen und Autogrammstunden, bei denen ich dabei war. Bei einem Benefizturnier spielte ich zehn Minuten lang mit, und wenn es eine Presseveranstaltung gab, kam ich auch gern dazu, denn die einfache Rechnung war, dass mit einem Spieler des BVB mehr Presse kam.

Ich wurde Pate einer Kindertagesstätte und begann, sie einmal in der Woche zu besuchen und mit den Kindern zu spielen. Wir puzzleten, malten und schoben Autos hin und her. Auch darüber berichteten die Medien – auf so übertriebene Weise, wie ich fand, dass sich in mir Zweifel regten: Tat ich das überhaupt für die Kinder, die sich, anders als die Journalisten, nicht um den BVB scherten? Sie waren zu klein, sodass es für sie, anders als für die Kinder im Heim, keine Bedeutung hatte, dass ich Fußballspieler war. Da hätte jeder kommen können. Wem half mein Engagement eigentlich? Den Erzieherinnen konnte ich möglicherweise eine Auszeit geben, eine kleine zumindest.

Sätze, die ich in dieser Zeit hörte: Voll cool, dass du dich engagierst, du machst es richtig, super Job, ganz toll gemacht, ganz, ganz toll, ganz vorbildlich.

Sätze, die sich anhören, als lobe man ein Kind. Als lobe man das Kind, weil es einen Ball geworfen hat: wie du den Ball geworfen hast, ganz toll gemacht, ganz vorbildlich. War das wirklich etwas Außerordentliches? Wem half ich? Am Ende nicht vor allem meinem Image? Schien das, was ich tat, nicht wie die perfekte Inszenierung eines Fußball-spielers: der, der das Leben führt, das die Gesellschaft von ihm erwartet, sich aber auch noch sozial engagiert?

Story: Der mit Geld kauft sich nicht nur eine Villa und mehrere Autos, er macht auch noch ein bisschen Charity.

Message: toller Typ.

Check.

Die Zweifel daran, ob das wirklich alles sein kann, ob das, was ich tat, wirklich auf etwas Entscheidendes, Wirkungs-volles hinausläuft – mal für ein Projekt zu spenden, mal meinen Namen auf eine Karte mit meinem Gesicht zu schreiben –, blieben lange still. Es sollte noch dauern, bis dieses Hadern in mir, der Gedanke, dass dies nicht eine wirkliche Herausforderung war, an Lautstärke gewann. Bis die entscheidende Frage so hämmernd war, dass ich ihr Gehör schenken musste: *Neven, was möchtest du eigentlich?*

Bis dahin tat ich einfach, was mir gesagt wurde und was mir richtig erschien: Ich ging zu Turnieren, Presseterminen, dahin, wo ein Basketballkorb gespendet wurde, und po-sierte für Fotos. Nichts davon war schlecht. Es war irgend-wie etwas Gutes, das war mir klar. Und es sorgte dafür, dass ich neben dem Zocken, dem Feiern, dem Berauschen, wo-mit ich damals meine Zeit verbrachte, Leitplanken in mei-nem Leben hatte, sie zumindest langsam installierte. Dafür bin ich dem Team von Kinderlachen noch immer dankbar.

Einmal rief mich Marc, der Gründer des Vereins, an und erzählte mir von einem Jungen, der Krebs hatte. Zum zwei-ten Mal war er erkrankt, nicht mal achtzehn Jahre alt, und ein Fan der Borussia. Kannst du da mal hinfahren?, fragte mich Marc. Klar, sagte ich, auch wenn ich keine wirkliche Vorstellung davon hatte, wie ich so etwas machen soll: mit jemanden reden, für den es ums Überleben geht.

Ich weiß noch, wie ich als Erstes in der Klinik den Vater traf, der mir sagte, der Junge sei down, und es sei gut, ihm ein bisschen Motivation zu geben. Als ich dann das Zimmer des Jungen betrat, sprach ich nicht mit ihm darüber, wie es ihm geht; ich lenkte ihn ab, ich sagte Sätze wie: Hey, ich hab gehört, du bist BVB-Fan. Ich fragte ihn nach seinem Lieblingsspieler und welche Spiele er gesehen hatte. Vielleicht ist dies das Beste, was der Fußball bewirken kann. Ein Moment, in dem er sich von seiner glänzendsten Seite zeigt, der einzige vertretbare Rahmen, in dem der Fußball, eigentlich eine Nebensache, sich zur Hauptsache stilisieren kann: als wäre er alles, als gäbe es dieses Krankenhaus nicht, als gäbe es keine dringliche Chemotherapie, als stünde da nicht ein schmerzerfüllter Vater. Als wäre es das alles Entscheidende, was bei uns im Westfalenstadion gelaufen war.

Ich verließ die Klinik nach ein oder zwei Stunden und hatte das Gefühl, dass ich etwas mit einer offensichtlichen Wirkung getan hatte. Zusammen hatten wir einen Moment geschaffen, in dem es schien, als wäre seine Krankheit nicht da. Zugleich aber dachte ich: Was war es schon, was ich bewirkt hatte? Ich konnte ihn nicht heilen, ich konnte ihm nicht mehr geben als diese ein, zwei Stunden.

Diese Art, sich für andere einzusetzen – hatte mich das irgendetwas gekostet?

Ein paar Wochen später starb der Junge. Ich erfuhr es von Marc am Telefon. Ich sagte, dass ich traurig sei, und war es auch wirklich, und bald darauf verabschiedeten wir uns. Was gab es sonst zu sagen?

Ein paar Tage später wieder ein Anruf von Marc: Kannst du kommen, um ein paar Autogramme zu unterschreiben? Das würde uns helfen.

Mit der Mannschaft besuchte ich auch regelmäßig die Krebsstation der Dortmunder Kinderklinik. Jedes Jahr kurz vor Weihnachten war dies ein Termin, der von der Presse dokumentiert und für das Marketing genutzt wurde: In kleinen Gruppen liefen wir zu den Kindern, verteilten Geschenke, BVB-Stifte, BVB-Schals und Autogrammkarten. In einem Zimmer blieben wir zwei, drei Minuten, sagten kurz was, dann ins nächste Zimmer. Es ist ein Ereignis, das ich nicht schlecht machen will. Natürlich kann es für ein Kind eine große Bedeutung haben, jemandem von uns zu begegnen, aber diese zwei Stunden im Jahr wurden immer extrem hochgepusht; Worte wie *toll, ganz, ganz toll, dass ihr das macht*. Mein Vorschlag für eine Headline dieses Termins wäre: In welcher Welt leben wir, dass zwanzig Millionäre dafür gefeiert werden, dass sie Werbemittel ihres Vereins an kranke Kinder verschenken?

Stattdessen: ein bisschen Charity, tolle Typen, Check.

Der Verein Kinderlachen veranstaltete jedes Jahr Galas, um Geld zu sammeln, damit sie ihre Projekte umsetzen können. Das ist das positive und wichtige Ziel einer solchen Veranstaltung. Man kann diese Veranstaltungen auch so betrachten: als eine Ansammlung von prominenten und wohlhabenden Menschen, die sich teure Karten leisten können, um dabei zu sein, die über einen roten Teppich laufen, feines Essen serviert bekommen und die Show feiern. Wie wichtig ist Charity für Sie?, werden sie gefragt, und sie sagen in die Kamera Sätze wie: Total wichtig, Kinder sind wichtig, Kinder sind unsere Zukunft. Während ich diese süffisante Schilderung wage, schließe ich mich mit ein: Ich war einer von ihnen, ich sagte diese Sätze, *monkey see, monkey do.* Ich kann auch nicht verhehlen, dass ich zunächst gerne auf die Feiern ging. Ich trug dort meine Anzüge, die ich mir gekauft hatte und die ich als Fußballer sonst selten anhatte. Von einem Fahrservice wurde ich abgeholt, und dann war ich unter schönen Frauen in Abendkleidern und anderen mehr oder weniger nationalen Berühmtheiten, denen ein Mikro vors Gesicht gehalten wurde, nur weil sie ein wenig bekannt waren.

Bei einer Auktion wurden unterschiedliche Sachen von Prominenten angeboten: von dem einen eine Socke, von dem anderen ein Handschuh. Einmal war ich mit Steve, meinem Berater, da und ersteigerte eine Gitarre von Kiss. 10 000 Euro zahlte ich. Steve, dessen Idee das war, wollte die Gitarre später doch nicht, nun steht sie in meinem Keller. Am Ende der Gala kamen viele Mitwirkende auf die Bühne, auch ich, ich war Botschafter des Vereins, alle anderen im Publikum klatschten, *super, toll, toll, spitze, super, was du machst.* Nach der Gala, dem offiziellen Part, kam die Afterparty, das war für mich immer das Beste an der ganzen Veranstaltung. Es war eine Party wie jede andere auch. Es war nebensächlich, aus welchem Anlass wir zusammengekommen waren; das eigentliche, bedeutende Thema schien weit weg. Eine Gala ohne sozialen Zweck hätte sich nicht anders angefühlt.

Charity: Wohlhabende feiern ein pompöses Fest und geben nebenbei Geld für irgendetwas Soziales, sie machen sich eine schöne Zeit in dem guten Gefühl, sie tun etwas für andere, und für andere etwas zu tun, kann ja nur gut sein. Check.

Ich weiß nicht, ob mir damals schon bewusst war, dass Charity nicht nur eine wertvolle Einnahmequelle, sondern eine große Show sein kann, ich war einfach Teil davon.

Ich komme nicht mehr in den Kopf des Fußballers von damals, der angezogen war von dieser Stimmung, dem Zelebrieren. Ich weiß nicht mehr, wann ich hinter die Kulissen schaute: Wann begann ich, dies mit einer Distanz zu betrachten? Wann begann ich, meine eigene Rolle kritisch zu hinterfragen? Ich war der, der beinah mit seiner Familie aus Deutschland abgeschoben worden war, und fühlte mich fehl am Platz. Es war ein ähnliches Gefühl wie das, was ich aus meiner Kindheit im Schwarzwald kannte: Gewiss war es erst Neid, dann ein Unverständnis, weil wir keine gemeinsamen Erfahrungen teilten, andere Lebensgeschichten hatten. Damals waren es die Holgers und Steffens, die sich die Jojos und Buffaloschuhe und Inliner leisten konnten. Nun stand ich neben Menschen, für die es selbstverständlich war, bei dieser Gala zu sein; für die es einfach war, Geld zu spenden. Das deutsche Wort für Charity ist Wohltätigkeit. Aber übersetzt bedeutet es auch: Nächstenliebe, Barmherzigkeit.

Wann begann ich zu denken, dass diese Art des Beitragleistens etwas anderes war als das, was meine Eltern machten, deren Leben es seit jeher ist, alles dafür zu tun, Hilfsgüter und Gelder zu verschicken? Wann begann ich zu begreifen, dass dieser Raum, besetzt mit Menschen, die Charity als ein jährliches ausgelassenes Fest zelebrierten, etwas anderes war als ein Raum, besetzt mit Menschen, die wie meine Eltern waren?

Diese Art, sich für andere einzusetzen: Was war an ihr herausfordernd?

Ich gehörte zu einer anderen Gruppe als meine Eltern. Mein Geld und mein Status als Fußballprofi hatten mich wirtschaftlich betrachtet nach oben gebracht. Und nachdem ich ohne bewusstes Zutun dahin katapultiert worden war, begann ich zu verstehen, wie sich aus Einzelnen in der Gesellschaft Gruppen bilden, wie sie sich zusammenpacken und in Schichten zementieren. Wer einmal im sogenannten Oben ist, kann sich einbilden, dort hinzugehören, allein dadurch, dass andere einen mit Kategorien wie Prominenz, Geld und einem glitzernden Lifestyle verbinden. Nichtig erscheinen dabei wirkliche Gemeinsamkeiten: Interessen und Werte.

Ich bin dankbar, dass ich in Deutschland Menschen fand, die mich davor bewahrten, in diesem sogenannten Oben zu verharren, vor allem dadurch, dass sie mir einen wertvollen Einblick in ihr Leben ermöglichten. Es sind Menschen, die mich durch ihr Dasein davor schützten, mich in einer Schicht einzuschließen, mich in einem System zu bewegen, das sich selbst reproduziert und seine immer gleichen Kreise dreht, aus dem du, einmal drin, nur schwerlich wieder herauskommst: Die Frau, mit der du zusammen bist, ist bald bei dem nächsten Fußballer. Der vermeintlich neue Freund hat komischerweise nur Fußballer als Freunde, obwohl es ihm, wie er sagt, völlig egal sei, dass man Fußballer ist. Allein weil ich Fußballer war, hätte ich viele solche *Freunde* haben können. Ich hätte mit Chefs von Autohäusern, Bankberatern und Chefs von edlen Restaurants unzählige Kaffees trinken gehen können. Wurden mir diese Angebote gemacht, bin ich meist nicht auf sie eingegangen; häufig genug fiel ich aber auch drauf rein. Ich versuchte, von anderen Menschen zu lernen, denen gänzlich egal war, ob ich eine Villa hatte, einen Audi fuhr oder ein Tor geschossen hatte; die mir das Gefühl gaben, dass ich für sie einfach Neven war, so normal wie sie selbst. Diese Menschen schenkten mir allein dadurch, dass sie waren, wie sie waren, Orientierung.

Dazu zählt mein bester Freund Bobo aus dem Schwarzwald, der mit mir zwar auch Ausflüge in das Oben machte und das Playstationleben lebte, mir zugleich aber seine Do-it-yourself-Welt nahebrachte. Im einen Jahr flogen wir nach Dubai und drifteten im Ferrari, im anderen fuhren wir in einem Wohnwagen umher und waren auf einem Campingplatz in Kroatien. Morgens holten wir Börek, mittags aßen wir Fisch im Restaurant des Campingplatzes, abends grillten wir und tranken Margarita aus einem Zehn-Liter-Eimer, den wir uns im Supermarkt besorgt hatten. Danach gingen wir extrafrüh in die Disco, um Freigetränke zu bekommen: Warst du bis zehn Uhr da, gab es Long Island Iced Tea gratis. Von unseren jugoslawischen Eltern hatten wir inhaliert, dass solch ein Angebot auch immer eine Verpflichtung ist.

Silwa lernte ich an der Bar kennen, in dem Club, in dem ich mit Bobo abhing. Sie studierte Philosophie, konnte Kant zitieren, trank keinen Alkohol, war Veganerin, fuhr Hybrid, hielt mir Vorträge über Tierschutz und zeigte mir eine Imbissbude, in der man vegan essen konnte. Sie eröffnete mir damit neue Themen, die ich nicht gekannt hatte. Was wir von Anfang an teilten, war der dunkle Humor, wir beide liebten die Serie *South Park*.

Jessy posierte mit mir beim BVB für eine PR-Kampagne. Sie war kein professionelles Model, machte Jobs dieser Art nur gelegentlich und stellte auf dem Bild den Fan dar. Die ganze Fußballindustrie fand sie aber abstoßend. Wir freundeten uns an, und ich sah, wie sie lebte. In ihrer kleinen Wohnung in der Innenstadt versammelte sie immer wieder viele ihrer Freunde. Wenn ich sie dabei sah, kam mir der Gedanke, dass sie reich an etwas war, was ich bislang nicht gekannt hatte: Es war kein Geld, das sie im Überfluss besaß, es war ein Vermögen an sozialem Halt. Das machte sie glücklich.

Und Shari, die später meine Partnerin wurde und bis heute ist. Sie kommt aus einer 68er-Familie, wuchs mit ihren Eltern in einer kleinen Kommune auf und damit, anders als ich, in einem Setting, in dem es Alltag war, sich über sozialpolitische Fragen Gedanken zu machen. Sie spielte Tennis, und ihr Trainer war Peter, mein Kumpel, der aus den USA gekommen war und eine Zeit lang bei mir in der Dortmunder Villa wohnte. Shari wusste, dass ich mich ehrenamtlich engagierte und lud mich ein, in Dortmund zu *Bunt kickt gut* zu kommen, wo sie sich einbrachte. Das ist eine nationale Initiative, die in mehreren Städten Straßenfußballligen aufgebaut hat, in denen Kinder und Jugendliche unterschiedlicher Herkunft Fußball spielen, ohne dafür wie in einem Verein etwas bezahlen zu müssen. Die Tennismädels waren für mich tabu, denn sie wurden ja von meinem Kumpel Peter trainiert. Aber einmal, als Shari bei einer meiner Hauspartys war, versuchte ich, sie zu küssen. Ich weiß gar nicht mehr, warum, vielleicht aus einem Witz, einer Laune heraus, es waren damals nicht sonderlich tiefe Emotionen dabei. Sie spürte das natürlich, wich zurück und sagte im Spaß: Du Arschloch. Am selben Abend schlief ich noch mit einer anderen Frau. Shari hat mich so kennengelernt: als den Typen, für den kaum etwas ernst war, der zu einer anderen Möglichkeit sprang, sobald sie sich ihm bot. Bei einem meiner Geburtstage bekam ich eine Limousine gestellt und fuhr mit Freunden in die Disco. Als wir rauskamen, liefen alle zur Limousine, nur eine Freundin nicht, die rief ein Taxi, weil sie zu sich nach Hause wollte. Ich stieg mit ihr ein und rief den anderen zu: Fahrt ihr zu mir nach Hause.

Als wir mal über die Weltwirtschaftskrise 2008 sprachen, soll ich zu Shari gesagt haben: Der Markt werde das schon regeln, der Staat brauche nicht einzugreifen, jeder Einzelne sei doch verantwortlich für sein Glück. Anderes Beispiel: Mindestlohn. Den lehnte ich pauschal ab. Sie war schockiert, als sie das hörte. Für sie sprach da ein neoliberaler Idiot; jemand, der glaubte, es in dem Spiel geschafft zu haben, der die Dinge einzig aus seiner Perspektive sah: mit viel Geld. Jahre später, als wir über soziale Gerechtigkeit in Deutschland redeten, über Theorien, in die ich mich gründlich eingelesen hatte, sollte sie zu mir sagen, dass sie nicht glauben könne, wie ein Mensch sich verändern kann. In ihrer Erinnerung zwinkerte ich ihr zu und erwiderte: Das muss an den Menschen liegen, die um mich herum sind. Sie sagt: Es sei das schönste Kompliment, das ich jemals gemacht habe.

Mit der Zeit wurde die Frage, was ich eigentlich möchte, in mir lauter, und mir wurde bewusst, dass ich darauf eine Antwort finden musste. Ja, ich wusste, dass es noch eine Party gab und dass es immer noch eine Party geben würde. Aber egal, wer mich anrufen und mir sagen würde, es sei jetzt das und das los: Ich konnte mir denken, wie es ablaufen würde. Und ich konnte mich aus der Szenerie herausschneiden. Ich musste da nicht mehr dazugehören, kein Teil der Show sein, kein neoliberaler Idiot, wie Shari gesagt hatte. Dringlicher war nun für mich, eine Antwort zu finden auf: Ist das Leben nicht mehr als das? Was soll mein Beitrag zur Gesellschaft sein?

Selbst wenn mir noch zehntausend Menschen sagen würden, dass das, was ich mache, gut sei – war es das? Einmal in der Woche in die Kita gehen – war das alles, was ich geben konnte? Alle sagten, es sei gut, egal, wo ich hinkam. Menschen, die zuvor noch kein Wort mit mir gesprochen hatten, sagten es. In Berichten über mich hieß es: Subotić ist ein lieber Mensch. Aber mit welchen Kategorien wurde gemessen? Welcher Maßstab wurde von wem angelegt?

Diese Art, sich für andere einzusetzen: War sie lebenswichtig?

Ich war durch den Fußball um die Welt gereist. Ich hatte viele Länder gesehen, aber immer von außen, ohne dass ich etwas von innen verstanden hätte. Ich hatte Armut gesehen, aber sie war immer hinter einer Scheibe gewesen. Ich begann mich weiterzubilden und nutzte dafür eine Zeit lang die Khan-Academy, eine amerikanische Lernplattform im

Netz. Durch den Fußball verbrachte ich viel Zeit in Hotels. In den Pausen machte ich nun immer Kurse in allem Möglichen. Ich lernte, wie ein Motor funktioniert und wie die Weltwirtschaft. Ich begann, Bücher darüber zu lesen, wer wir Menschen sind, über die ökonomischen Verhältnisse, in denen wir leben, und über unsere psychologischen Grenzen, in denen wir permanent Entscheidungen treffen, die irrational sind: Wann ist das, was wir machen, wirklich sinnvoll? Ich hinterfragte mich: Was machte ich eigentlich richtig? Die Bitten von Menschen, die von mir Geld wollten, ordnete ich immer mehr als eine Art von Luxus ein: Auch ich, klar, hatte mir als Fußballer Luxus gegönnt, sollte ich ihn den anderen gönnen? Denen, die eh schon viel haben? Sollte ich in Bosnien mein Geld dafür geben, dass es einen weiteren Fußballplatz geben würde, selbst wenn es im Dorf schon einen gab? War das wirklich die dringlichste Sache der Welt?

Als das Geld auf meinem Konto anwuchs, hatte ich die Idee gehabt, meinen Eltern ein großes Haus zu kaufen und dafür zu sorgen, dass sie nie mehr in ihrem Leben arbeiten müssen. Aber mussten sie, weil der Sohn es geschafft hatte, nun dieses Klischee erfüllen? Ich verwarf die Idee. Worum also ging es? Darum, Kinder mit neuem Spielzeug auszustatten? Tat es nicht auch Gebrauchtes, wie ich es als Kind hatte? Sollte ich meine Zeit dafür verwenden, die Menschen in Deutschland, einem der reichsten Länder der Welt, zu unterstützen? Natürlich wusste ich, dass es hier Menschen in Not gab, überall gibt es Menschen, die schwere Schicksale haben, aber war es wirklich das Einzige, was ich tun konnte? Konnte ich einfach so weitermachen? Mich engagieren in einer Stadt, nur weil ich in ihr lebte? Oder in einem Land, in dem die Umstände viel schwieriger waren als in der deutschen Mittelschicht, allein aus dem Grund, weil meine Eltern dort herkamen? War es wichtig, dass ich ein bosnischer Serbe war? Musste sich ein bosnischer Serbe für bosnische Serben einsetzen? Was war hinter den Grenzen, was ließ ich außen vor? Waren die Probleme in anderen Ländern nicht viel existenzieller?

In mir kamen viele Fragen auf, und dann die Erkenntnis, dass das, was ich mache, allein nicht gut ist, dass es das nicht sein kann. Die Bestätigung, die die anderen mir gaben, fühlte ich selbst nicht. Ich fühlte mich nicht als der, von dem die anderen dachten, der sei ich. Es war wie ein Aufwachen nach einer langen Nacht, und auf einmal sah ich die Gewissheit vor mir – mein Leben war leer. Ich wollte nicht nur ein guter Mensch in den Worten anderer sein. In meinen Gedanken war ich es nicht. Ich hatte noch lange nicht das erreicht, was ich von mir selbst erwartete.

Check.

7   Do it yourself

Kürzlich habe ich von Neuem ein Buch gelesen, ich hatte es ganz vergessen, bis ich es zufällig wiederfand und ich es dunkel mit der Zeit verband, in der sich viel in mir veränderte. Der Text ist eigentlich eine Rede, die der Schriftsteller David Foster Wallace 2005 vor dem Abschlussjahrgang des Kenyon College in Ohio gehalten hat. Als es mir in die Hände fiel, wusste ich nicht mehr, wovon es handelt. Ganz zu Beginn geht es um zwei Fische, die auf einen älteren Fisch treffen. Von ihm werden sie gefragt, wie das Wasser sei. Die zwei Fische schwimmen weiter, bis der eine zum anderen sagt: »Was zum Teufel ist Wasser?« Sie sind die Unwissenden. Sie sind sogar unwissend darüber, dass sie nicht wissen. Denn selbst wenn man auf dem Weg zu sein scheint, muss man keine Ahnung davon haben, auf welchem Weg man ist, wohin man eigentlich geht.

Als ich das Buch zum ersten Mal las, muss ich Anfang, Mitte zwanzig gewesen sein. Ich war zwar weder an einem College, noch stand ich vor einem Abschluss, aber auch ich war auf dem Sprung, ein richtiges Leben zu beginnen. Die Worte, die ich in dieser Rede fand, richteten sich an mich: Wer bin ich in diesem Ozean?

Wie viel weiß ich? Was nehme ich wahr von dem, was um mich herum ist? Was sehe ich, und wofür habe ich kein Auge, was versperrt mir die Sicht? Die Rede *This is water* ist ein Appell, das Wesentliche zu sehen.

Was war das Wesentliche? Wie konnte ich es sehen, nachdem ich das, was mir etwas gegolten hatte, zu entwerten begonnen hatte: das Besitzen (selbst wenn ich noch viel zu viel besaß), das Haben (selbst wenn ich noch zu viel hatte), den Überfluss, den Rausch. Was war das, wovon ich absolut überzeugt war?

Es war, als hätte ich mich in einen komplett weißen Raum gestellt und müsste eine Farbe nehmen; beginnen, den Raum zu bepinseln. Ich wusste aber nicht, was genau entstehen sollte, alles war blank. Ich wusste zunächst nur, was ich nicht wollte: mich nicht mehr allein in Deutschland engagieren. Denn in Deutschland würde es immer Probleme geben, aber es würden auch immer Geld, Organisationen und Menschen bereitstehen, die sich einsetzen, sie zu lösen. Sie brauchten nicht unbedingt mich, es gab schon viele, und die Wirkung, die ich hätte haben können, erschien mir daher nicht als die größtmögliche. Das, was ich tat, sollte also nicht auf einen bestimmten Radius, nicht auf eine Landesgrenze, nicht auf eine bereits bestehende Verbindung beschränkt sein. Denn das würde dazu führen, dass ich die vergaß, die in anderen Teilen der Erde unter menschenunwürdigen Umständen lebten. Es würde dazu führen, dass sich die Ungerechtigkeit in der Weltgemeinschaft, das Ungleichgewicht zwischen Arm und Reich ausweitet.

Aus diesen Gedanken versuchte ich abzuleiten, was ich wollte: mich dort engagieren, wo ich nicht einfach *nice to have* bin, sondern da, wo es zwingend notwendig ist. Nicht nur mal hier, mal da sein, sondern dort, wo ich wirklich etwas investieren muss, wo ich spüre: Das ist die richtige Richtung. Ich musste mich dort einsetzen, wo die Probleme am schlimmsten sind, am dringlichsten, am existenziellsten. Da, wo ich am wirksamsten sein kann. Und vielleicht, dachte ich, könnte ich etwas schaffen, an das sich andere Menschen anschließen, so wie ich mich auch anderen Menschen angeschlossen habe. Hier musste ich ansetzen, um dem weißen Raum Farbe zu geben.

2010 traf ich Alex wieder, einen Mann aus Schömberg, an den mich mein Freund Bobo vermittelt hatte. Alex war seit Jahren mit Bobos Familie verbunden, und auch meine Eltern kannten ihn aus ihrer Zeit im Schwarzwald. Er ist der Sohn einer deutschen Mutter und eines montenegrisch-serbischen Vaters und war mit einer ähnlichen Mentalität aufgewachsen wie ich: Arbeite doppelt so hart wie die anderen. Alex war Vermögensberater geworden, und ich hatte zu allen, deren Berufe sich um das Verwalten von Geld drehten, ein skeptisches Verhältnis.

Bei unserem ersten Treffen, als er zu mir in die Villa kam, setzten wir uns an einen langen Tisch. Für Alex erfüllte ich sofort das Klischee: Er hatte als Erstes den Fuhrpark vor dem Haus gesehen, die Playstation im Wohnzimmer und dann noch die Designerhose, die ich trug.

Von Alex weiß ich, dass er stolz war, zu mir zu kommen, denn er war gerade erst dabei, sich ein Geschäft aufzubauen, und ich war sein potenziell größter Kunde.

Seiner Erinnerung nach habe ich bei dieser Begegnung sofort schlecht über Banker gesprochen. Sie hatten mir vorgeschlagen, mein Geld auf eine bestimmte Weise anzulegen: Wir bauen dir eine Mannschaft auf, hatten sie wohl gesagt, mit Defensivleuten, mit Mittelfeldspielern, mit strategisch offensiven Leuten, mit Stürmern. In anderen Worten: Eine Kombination aus Sicherheit und Risiko hatten sie mir vorgeschlagen, und ich hatte diese Metapher, mein Vermögen mit einer Fußballmannschaft zu vergleichen, lächerlich gefunden, und das Gefühl, dass sie mir Schrott verkaufen wollten. Ich selbst kann mich an diese Situation nicht mehr erinnern. Für mich verschwimmen die Begegnungen, die ich in der Bank hatte, und das, obwohl sie die ersten derartigen Termine in meinem Leben gewesen sein müssen. Ich hatte zuvor keine Erfahrungen und kann mich nicht erinnern, mit meinen Eltern jemals in Banken gewesen zu sein.

Nachdem ich in Dortmund angekommen war, hatte mir jemand vom Verein einen Kontakt zu einem Kundenberater gegeben, der mehrere Fußballspieler betreute. Auch er wollte sofort, wie so viele, mit mir Kaffee trinken. Er schrieb dann immer mal wieder eine SMS, in der etwas stand wie: Gutes Spiel – wenn du willst, komm mal rein, wir könnten uns hinsetzen und Sachen besprechen. Anfangs sagte ich zu. Es erschien mir als meine Pflicht, so etwas zu tun. Aber mit der Zeit merkte ich, dass es nichts brachte. Er hatte kaum Chancen, ein wirkliches Band mit mir zu knüpfen. Nachdem ich beim Kauf meiner ersten Autos bereits über den Tisch gezogen worden war und viel Zeit und Frust in eine Klage hatte investieren müssen, lösten Menschen, die für ihren eigenen Gewinn an mein Geld wollten, immer dasselbe in mir aus: kein Vertrauen.

Auch in Alex hatte ich keins. Ich dachte: Ich habe so viel

Geld, und er kommt aus Schömberg – was weiß *der* schon über Geld?

Warum sollte es mich überzeugen, dass er auch Jugo war, dass er meine Eltern kannte und mich schon als kleinen Jungen, dass er mit meinem Vater Fußball gespielt hatte? Selbst dass er einer von ganz wenigen in Deutschland war, die einen Master in Vermögensmanagement abgeschlossen hatten, beeindruckte mich nicht. Er kam als seriöser Experte, und ich verhielt mich wie ein schnöseliger Pisser, der ihm misstraute. Alex bot mir ein Produkt an, *Stop and Go*. Ich sollte in Fonds investieren, aber das Risiko war limitiert; wenn die Märkte krachen sollten, würde ein Automatismus greifen und den Fonds verkaufen, sodass das Vermögen gesichert war. Ich fragte ihn, ob er dieses Produkt selbst auch habe. Als er dies bejahte, forderte ich ihn auf: Kannst du mir das zeigen?

Ich investierte und begann – verglichen mit dem, was ich verdiente – mit einer niedrigen Summe, mit einem Monatslohn: 200 000 Euro. Es war ein Versuch, bei dem ich nicht viel aufs Spiel setzte. Und es war auch eine Prüfung von Alex: Konnte ich ihm trauen? Ist das, was er sagt, wahr?

Der Standard für Normalverdienende in Deutschland ist, dass sie das, was sie am Ende eines Monats übrig haben, investieren können. Da mein Gehalt kein Standard war, fehlte mir für das, was ich auf dem Konto hatte, jegliche Orientierung. In einer E-Mail schrieb ich an Alex: »Wegen einer Investitionssumme habe ich mir wenig Gedanken gemacht, ich weiß nicht, was richtig oder normal ist. Alle sagen ja, man soll nicht mehr investieren, als man verkraften kann zu verlieren, aber ein Gefühl dafür habe ich nicht.«

Mein Gedanke war: Ich könnte das ganze Geld verlieren und würde trotzdem gut leben, durch die nächsten Gehaltszahlungen im Job und den Verkauf des Hauses.

In den Jahren darauf sollte Alex mein Vertrauen gewinnen. Ich mochte seine ruhige, bedächtige Art und unsere gemeinsame Haltung, keine Wall Street zu spielen. Inzwischen betreut er meine gesamten Finanzen. Eine Weile beschäftigte ich mich mit den Prognosen, mit den Höhen und Tiefen, bald ließ ich es aber wieder sein, weil es sich immer wieder auf eine Weise wiederholte und für mich zu nichts führte. Es wäre übertrieben zu sagen, dass ich auch nur einmal im Jahr auf die Produkte und ihre Werte schaue. Ich achte nicht auf die Zahlen und beauftrage Alex mit all dem, was nötig ist und was ich nicht sehen möchte.

Bei unserer dritten Begegnung, als Alex mich schon etwas kannte, hatte er nicht nur die Unzufriedenheit bemerkt, die es mir bereitete, mit dem vielen Geld umzugehen, er wusste auch von meinem Willen, etwas anderes damit anzustellen, als es nur anzuhäufen. Zugleich kannte er meine Planlosigkeit, was genau das sein sollte. Er fragte mich, was ich davon hielte, eine Stiftung zu gründen. Nichts, sagte ich. Das Gespräch war schnell beendet.

Ich kannte Fußballer, die eine Stiftung hatten. Sie fokussierten sich vor allem auf den Sport und auf Deutschland. Es war für mich so ein Klischeefußballerding: Spielt Fußball und hat noch 'ne Stiftung, macht irgendwas Gutes. Ich dachte an Bill und Melinda Gates, an große, verzweigte, betuchte Familien, die eine Stiftung haben, an die Motivation, Steuern zu sparen. Trotz des ahnungslosen Kritikers in mir, begann ich mich damit auseinanderzusetzen: Ich googelte, was eine Stiftung überhaupt ist, und verstand, dass sie zunächst eine Form der Organisation darstellt, die erst einmal unabhängig von einem Thema ist; dass ich diese Form mit Inhalt füllen muss; dass sie in dem weißen Raum nur ein Gerüst ist, das immer noch Farbe braucht. Alex und ich schrieben uns viele E-Mails, in denen vor allem meine Unsicherheit deutlich wurde, etwas zu tun, was scheitern könnte. Was, wenn es nicht läuft, was passiert dann mit meinem Geld?, fragte ich ihn. Ich hatte Angst vor Fehlern, die ich nicht wiedergutmachen könnte. Eine Stiftung zu gründen, war ja nicht wie in den Mediamarkt zu gehen, etwas einzukaufen und dann zurückzubringen, wenn es doch nicht das Richtige ist. All das Rechtliche und Finanzielle, das mit der Gründung einer Stiftung verbunden ist, wollte ich verstehen. Ich lernte, dass eine gemeinnützige Stiftung auf ewiges Bestehen ausgerichtet ist und einen bestimmten Zweck verfolgt; dass ich diesen selbst wählen könnte und er der Gesellschaft dienen würde; dass die Stiftung mit einem Vermögen ausgestattet wird, das investiert wird, um die Erträge daraus wiederum für den gemeinnützigen Zweck einzusetzen; dass andere die Möglichkeit haben, sich an der Stiftung zu beteiligen.

Über die Jahre hatte ich mich immer wieder an Büchern orientiert. Ich hatte ja sogar welche gefunden, die mich dabei beraten haben, Frauen kennenzulernen. Die Stiftungsliteratur, die ich fand, war sehr trocken, sehr bürokratisch. Sie legte die rechtlichen Anforderungen und Regelungen dar, stellte die Aufgaben eines Vorstandes vor und unterschied Spende von Sponsoring. Ich las einiges davon, aber irgendwann sagte ich mir, dass ich kein Stiftungsexperte werden, sondern ins Handeln kommen wollte. Ein Do-it-yourself-Ratgeber darüber, wie man seine eigene Stiftung baut, hätte mir den Weg wohl erleichtert. Wenn ich diese Entwicklung nun in einzelnen Schritten auflerste, wirken sie logischer, als sie sich mir damals, als ich mitten im Prozess war, darstellten. Aber vielleicht gibt es anderen Menschen, die sich auf den Weg machen wollen, eine Orientierung, vielleicht können meine Erfahrungen eine Hilfe sein:

→ *DIY, Schritt 1: Recherchiere die rechtlichen und finanziellen Hintergründe einer Stiftung: Welche Verpflichtungen und Risiken bringt sie mit sich?*

Ich musste entscheiden, welchem von den zehn Millionen Problemen, die es auf der Welt gibt, ich mich stellen wollte. Ich las bei meinen Recherchen von Krankheiten, die eine hohe Sterbequote haben, von der Übertragung durch Wasser, von Ländern, in denen der Zugang zu sauberem Wasser nicht zum Lebensalltag gehört. So landete ich schnell auf dem afrikanischen Kontinent. Ich googelte viel: eine Liste, die ich noch heute nachverfolgen kann und die mir unangenehm ist, weil man an ihr ablesen kann, dass ich zwar auf dem Sprung war, aber noch lange nicht angekommen; dass ich noch dabei war, das Wesentliche zu suchen, und immer wieder abbog. Sie zeigt zwischen Namen von Frauen, die ich attraktiv fand, Wortkombinationen wie: Wasser + Krankheiten + Todesfälle, Fakten Afrika Wasser, Africa Water Facts, School + Africa + Water, Brunnenbau + Afrika.

Ohne diese Thematik in ihrer Komplexität zu verstehen, war mir klar: Ich hatte hier etwas gefunden, was sich abso-

Ich wollte mich mit meiner Stiftung in einer Region engagieren, die zu den ärmsten der Welt gehört und politisch relativ sicher erschien, und entschied mich für Äthiopien. 2014 war ich das erste Mal dort. Seither bin ich immer wieder tief bewegt von der gewaltigen, weiten Landschaft …

… und den Menschen, von ihrer Herzlichkeit, Wärme und Freude.
In Gaba, im Nordosten von Tigray, sangen wir zusammen und tanzten
mit einem Stock in der Hand.

Meist werden wir von Hunderten Menschen empfangen, wie hier 2014,
in der Gemeinde T'arat im Osten von Tigray.

An der Sifra-Jeganu-Schule habe ich den Leiter Mulu kennengelernt, für mich einer der beeindruckendsten Menschen. Ohne ihn hätten viele Kinder nicht die Chance, zur Schule zu gehen. Er steht ganz links im Bild.

Er könnte in der Stadt wohnen, widmet sein Leben aber den Menschen in dieser ländlich kargen Region und lebt selbst nicht komfortabel. Hier sitze ich in seiner Wohnung, die zugleich Lehrerzimmer ist.

Bei meinen Reisen begleitet mich Whib. Er ist Geologe und hat die Bohrungen von Tausenden von Brunnen betreut. Auf unseren stundenlangen Fahrten zu den Dörfern erklärt er mir viel über den Bau von Brunnen.

Auf diesem Foto wird gerade mithilfe eines Trucks und eines Kompressors nach Wasser gebohrt.

Es ist ein eindrucksvoller Moment, wenn das Wasser aus der
Erde schießt. Meine Stiftung hat in Gemeinden und Schulen in Äthiopien
363 Projekte umgesetzt, dadurch haben 120 000 Menschen Zugang zu
Brunnen und Sanitäranlagen.

Vor Ort kümmern sich Männer, Frauen und Kinder um die Brunnen.
Sie klären auf und sorgen für eine nachhaltige Nutzung. Einer von ihnen ist
der Schüler Tesfaye, …

Rechte Seite unten: Wie wichtig Aufklärung ist, zeigt die Arbeit von Askale.
Sie schafft durch Gespräche Vertrauen und brachte die Frauen in Gaba dazu,
ihre Kinder in einem Krankenhaus auf die Welt zu bringen.

… dessen Ausstrahlung mich von Anfang an faszinierte.
Sein Name bedeutet Hoffnung.

Das Gesicht dieses wunderschönen Mannes ist vom Leben gezeichnet.
Als er mir die Hand gab, fragte ich mich: Was hat er nur alles erlebt?
Mein Leben muss im Vergleich zu seinem ein Spaziergang sein.

lut richtig anfühlte. Global gesehen hatte ich eines der existenziellsten und dringlichsten Probleme vor mir, für das es theoretische und praktische Lösungen gab, die aber viel zu wenig implementiert waren. Ich rief Organisationen in Deutschland und Amerika an, die sich mit dieser Thematik beschäftigten, um zu verstehen, wie sie sich engagierten, wie sie sich vor Ort einbrachten. Um mir einen Überblick darüber zu verschaffen, welche Herangehensweisen es bereits gab, und um herauszufinden, welche von ihnen ich als gut erachtete. Ich war in Kontakt mit riesigen Institutionen, die Gesundheitsprojekte stemmten und sich außerdem noch um den Schulbau kümmerten. Mir war hingegen wichtig, einen Fokus zu finden. Ich stieg tiefer in die Recherche ein, las wissenschaftliche Artikel und lernte, was es überhaupt bedeutet, Zugang zu Wasser zu haben: dass die, die ihn nicht haben, jeden Tag weite und kräftezehrende Wege mit schweren Kanistern laufen müssen, um überhaupt an eine Wasserstelle zu gelangen. Dass es an dieser Wasserstelle aber kein Wasser gibt, wie wir es uns vorstellen, sprudelnd und rein, sondern vielleicht Wasser voller Schmutz, das eine Gefahr für die Gesundheit ist. Dass sich an den notwendigen Zugang zu Trinkwasser der Zugang zu Sanitäranlagen und Hygiene anschließt. Dass im Wasser also viel mehr steckt: dass es nicht nur darum geht, es zu trinken. Wir werden krank und sterben, wenn wir es nicht bekommen. Die schwangere Frau mit dreckigem Wasser gefährdet auch ihr Baby. Der Mangel berührt von Generation zu Generation alle Leben, niemals nur eines. Wasser bedeutet Gewicht, Kraft und Zeit.

Läuft eine Mutter – denn es sind meist die Frauen, die an die weit entfernten Quellen laufen müssen – stundenlang über karges Land, hat dies gesundheitliche, psychische und soziale Folgen. Die Mutter, die unterwegs ist, kümmert sich nicht um die Kinder, was die älteren Töchter dadurch übernehmen müssen, die dann wiederum nicht mehr zur Schule gehen. Und neben den Frauen sind es ohnehin auch viele Kinder, die diese Arbeit leisten müssen. Einen Zugang zu sauberem Wasser zu haben, bedeutet also nicht nur eine bessere Gesundheit, es bedeutet auch eine Chance auf Bildung. Mehr Bildung bietet die Chance auf ein selbstbestimmtes Leben und eine menschenwürdige Zukunft.

Ich las von den Methoden, an Wasser zu kommen, von der Möglichkeit, in den Boden zu gehen, um unter der Erde, dem Sand, den Steinen, an Grundwasser zu gelangen. Ich informierte mich über Brunnen, die Tiefe von Bohrungen und die Technik von Pumpen. Von einem, der kaum etwas wusste, als er zu recherchieren begann, wurde ich zu jemandem, der eine Entscheidung trifft.

Die Erkenntnisse darüber, wie alles miteinander zusammenhängt, brachten mich dazu, Wasser als mein Thema zu sehen, für das ich mich einsetzen wollte. Das Thema Wasser war nicht nur Wasser.

→ *DIY, Schritt 2: Finde heraus, welches dein Thema ist: Was machen andere, was willst du machen?*

Ich will mich nicht klüger machen, als ich damals war, aber ich bin mir nicht sicher, ob ich, bevor ich zu recherchieren begann, eine Antwort gewusst hätte auf die Frage: Nenne ein Land in Ostafrika. Sag einfach irgendeines. Vielleicht wäre mir eines eingefallen, vielleicht auch nicht. Oder: Sag mal ein Land, das an Äthiopien grenzt? Gewiss hätte ich nichts dazu sagen können, wie viele Menschen keinen Zugang zu Wasser haben. Dann las ich, dass es 663 Millionen sind, einer von zehn Menschen weltweit, achtmal so viele, wie in Deutschland leben. Und ich las, dass es gerade in Afrika, einem Kontinent, den die meisten mit Trockenheit assoziieren, riesige Grundwasservorkommen gibt: 660 Millionen Kubikmeter laut einer von der Fachzeitschrift *Environmental Research Letters* veröffentlichten Studie, über die Medien damals berichteten.

Durch meine Recherchen war ich mit der amerikanischen NGO *Charity Water* in Kontakt gekommen, die inzwischen in 28 Ländern, vor allem in Afrika und Asien, Projekte für sauberes Trinkwasser initiiert hat. Mir war klar, dass ich mich in einer der ärmsten Regionen der Welt engagieren wollte, in einem Land, das relativ sicher und politisch stabil erschien. So kam ich auf Äthiopien. Das durchschnittliche Pro-Kopf-Einkommen mit 590 Dollar ist eines der niedrigsten weltweit. Laut Weltbank lebt mehr als ein Drittel der Bevölkerung in extremer Armut. Der Klimawandel (zu dem diese Menschen nichts beigetragen haben) erschwert die Landwirtschaft und verschärft besonders in den ländlichen Regionen die ohnehin prekären Verhältnisse. Lang anhaltende Dürren und zerstörerischer Regen führen dazu, dass die oberste fruchtbare Erdschicht weggeschwemmt wird und es keine Sicherheit für Erträge gibt.

Ich wollte einen Partner finden, der auf Erfahrungen zurückgreifen kann, mit dem eine langfristige Zusammenarbeit möglich ist und der vor Ort eine professionelle Umsetzung sicherstellt, weil er über das nötige soziale, kulturelle und technische Wissen verfügt. So gelangte ich mithilfe von

Charity Water an die lokale Organisation *Rest* (Relief Society of Tigray-Region). *Rest* ist mit über 1000 Mitarbeitern die größte NGO im Norden des Landes. Sie geht auf eine Studentenbewegung zurück, die entstanden war, als der Zentralstaat in den Siebzigern Hunger als Waffe einsetzte. 1978 wurde *Rest* offiziell gegründet und hat sich, notgedrungen, durch alle schweren Konflikte und Herausforderungen der Region in ihrer Arbeit professionalisiert, ein gutes Netzwerk und eine vertrauensvolle Zusammenarbeit mit der Bevölkerung aufgebaut. In den Achtzigern, als es eine verheerende Dürre gab und die herrschende Militärdiktatur die Region Tigray im Norden des Landes vom Süden isolierte – schätzungsweise knapp eine Million Menschen starben durch Hunger –, war unter anderem sie es, die die Menschen mit Lebensmitteln und Hilfsgütern versorgte. Die Organisation kümmert sich heute um einen nachhaltigen Umgang mit natürlichen Ressourcen, die Förderung von Gesundheit und Bildung, Nahrungsmittelsicherheit und die Gleichberechtigung von Frauen – und um Wasserprojekte. Die, die dort arbeiten, wissen viel besser als ich, wie man vor Ort miteinander umgeht, miteinander kommuniziert, sowohl mit den Behörden als auch mit den Menschen in den Gemeinden. Ich, als Mann aus dem Westen, kann nicht dahin reisen und sagen: Ich habe einen Plan, ich baue das jetzt auf, und dann kümmert ihr euch drum. So ein Konzept hat meines Wissens in der Geschichte der Menschheit selten geklappt. Das wäre ja, wie wenn ein Bauer aus Äthiopien nach Bayern kommt und den Bayern sagt, wie sie jetzt äthiopisches Getreide im bayerischen Boden anpflanzen sollen – ohne sie auch nur einmal zu fragen, welche Erfahrungen sie mit dem Land haben und welches Wissen.

Bei *Rest* arbeiten Hydrologen, technische Experten und Fachleute, die die geologischen Bedingungen analysieren, um die passenden Orte für einen Brunnenbau auszuwählen. Sie arbeiten dabei nach einem standardisierten Konzept: Eine Region wird dafür in fünf Zonen unterteilt. Der erste Brunnen entsteht in einer Gemeinde im Zentrum. Von dort arbeitet sich das Team nach außen vor, sodass der Brunnen, der in einer Gemeinde gebaut wurde, auch von der Gemeinde nebenan benutzt werden kann, so lange, bis diese ihren eigenen hat. Damit ein Brunnen nicht zu stark beansprucht wird, ist die Nachbargemeinde als nächste dran. Mit dieser Strategie wird verhindert, dass Materialien nach einer Bohrung an viele weit voneinander entfernte Orte transportiert werden müssen, und sie schützt vor Willkür – vor der Versuchung, Gemeinden auszuwählen, in denen der Onkel wohnt oder der Cousin. *Rest* kümmert sich um die Bohrung, die Installation der Handpumpen und Sanitäranlagen und um eine Schulung der Menschen in den Gemeinden.

→ *DIY Schritt 3: Finde einen strategischen Partner vor Ort, der viel mehr weiß, als du jemals wissen wirst.*

Ein halbes Jahr verbrachte ich damit, allein vor dem Rechner zu sitzen und zu recherchieren. Mit Alex sprach ich über die rechtlichen Hintergründe, mit Marc von Kinderlachen über deren Stiftungsorganisation, mit den Menschen von Charity Water über Wasserprojekte und mit der deutschen Stiftungsagentur über die Verwaltungsarbeit, die sie in der ersten Phase einer Stiftungsgründung übernehmen kann. Wenn ich eine Stiftung gründen würde, sollte das nicht irgendein Projekt sein, wo ich mich einmal die Woche blicken lasse. Mir war wichtig, dass ich selbst vorweggehe, der Stiftung nicht nur meinen Namen gebe, sondern mich als ganzen Menschen.

Als Kapital investierte ich zu Beginn 100 000 Euro. Das war das Stiftungsvermögen. Alles, was Menschen von außen spenden würden, sollte in die Projekte gehen, und es sollte immer transparent sein, wohin das Geld fließt. Niemals sollte eine Spende für die Anschaffung eines Druckers, eines neuen Schreibtischstuhls oder für die Wartung einer Bürokaffeemaschine bestimmt sein. Für die Verwaltungskosten wollte ich daher selbst aufkommen. Zu diesem Versprechen hatten mich andere Stiftungen im Ausland inspiriert. Momentan haben wir jährlich 400 000 Euro Verwaltungskosten, die ich bezahle.

→ *DIY Schritt 4: Definiere deine Ziele und überlege, was du investieren willst.*

Es hatte keine klare Anleitung gegeben, wie ich vorzugehen hatte, aber nachdem ich Alex' Idee, eine Stiftung zu gründen, zunächst brüsk abgelehnt hatte, näherte ich mich ihr über Monate an. Sie baute sich durch die Recherche und das angesammelte Wissen auf, ohne dass mir dies selbst bewusst war. Auf einmal stand das Gerüst, und der weiße Raum war nicht mehr weiß.

Bei der Stiftungsaufsichtsbehörde stellte ich einen Antrag auf Gründung, und am 16. November 2012 bekam ich die Genehmigung zugesandt. Nun war es offiziell: Es gab die Neven Subotic Stiftung.

Ich weiß nicht mehr, was dies für ein Tag war, ich habe ihn nicht zelebriert. Ich bekam die Mitteilung und erzählte kaum jemandem davon. Es war eine stille, heimliche Geburt, der ich kaum Beachtung schenkte. Ich bastelte an einer Homepage und war mit der Planung der ersten Projekte beschäftigt, die in Äthiopien und Mosambik beginnen sollten. Im Februar machte ich eine Pressekonferenz, bei der ich über das informieren wollte, was ich vorhatte. Die Stiftung war zunächst eine unselbstständige, was bedeutet, dass sie neben der Umsetzung von eigenen Projekten eine bereits existierende Organisation unterstützen muss. Dafür hatte ich Kinderlachen ausgewählt. Marc von Kinderlachen half mir bei der Organisation der Pressekonferenz, stellte den Raum bereit, lud Pressevertreter ein. Ich hatte keine Ahnung davon, wie man so etwas macht. In meiner Erinnerung waren fünf, sechs Leute von der lokalen Presse da. Die Journalisten kannten mich als Fußballer, und ich als Fußballer kannte Pressekonferenzen, bei denen dreißig Leute vor mir sitzen, mehrere Kameras auf mich gerichtet sind und alles, jeder Schritt, von dem ich berichte, interessant erscheint, weil ich ihn auf dem Platz tat. Ich sagte dann Sachen wie dass das Training heute siebzig Minuten gedauert habe, und alle reagierten aufgebracht und gierig: Wow, interessant, wieso, was steckt dahinter? Vor Menschen über etwas anderes zu sprechen als Fußball war ich nicht gewohnt. Nun ging es um etwas, das ich mir gerade erst angeeignet hatte, das mir aber sehr am Herzen lag. Ich sagte, dass auf der Welt 663 Millionen Menschen ohne Zugang zu sauberem Wasser sind, und hatte das Gefühl, dass alle sehr gedämpft reagierten, dass sie nicht im Ansatz so interessiert waren wie bei den Fußballgeschichten. Sie nickten, 663 Millionen, ja, okay. Noch was?

Ich wollte Menschen überzeugen, war aber kein Experte. Ich war in diesem Moment nicht ein einziges Mal in den afrikanischen Gemeinden gewesen, ich hatte keine Geschichten zu erzählen, keine Erfahrungen aufzuweisen. Was also sollte ich sagen, um sie mitzunehmen? Und interessierte sie eigentlich mehr als der Fakt, dass ein Fußballer eine Stiftung gegründet hatte?

Wenn ich mich an Momente aus den ersten Monaten der Stiftung erinnere, dann erscheinen sie wie Szenen aus einer schlechten Dokusoap, die einen hoch motivierten Ahnungslosen dabei begleitet, wie er versucht, Stiftungsgründer zu spielen. In einer Szene steht meine gute Freundin Silwa, die mir bei einigen Sachen half, mit einer Kamera da und hält einen Zettel in der Hand, von dem ich für ein Video ablesen soll, und daneben mein Freund Bobo, der zwei Handys hochhält für eine bessere Ausleuchtung. In einer anderen machen wir Bilder von den Kindern eines Bekannten, einfach damit ich Bilder von Kindern habe, die ich für die Website meiner Stiftung nutzen kann, um zu zeigen, worum es mir geht. Es waren Kinder aus Bochum, denn in Afrika war ich für die Stiftung ja damals noch nicht gewesen.

Ich empfand mich in vielen Bereichen als ahnungslos, das wollte ich ändern. Da ich nicht so viel Vertrauen in Menschen hatte, verließ ich mich vor allem auf mich selbst. Ich bekam Unterstützung von wenigen Freunden, doch im Grunde war ich in der ersten Zeit eine Ein-Mann-Stiftung. Ich machte die Reiseplanung und die Büroarbeit und war getrieben davon, alles zu lernen, was ich nicht konnte und was nun gefragt war: Finanzbuchhaltung, Fotografie, Design, Programmierung. Für mich, der nie auf einer Uni gewesen war, war es spannend, welche Welten sich eröffneten. Es war ein Ausprobieren: einfach alles mal austesten. Und es war auch ein Test: Welche Version von mir sollte herauskommen? Was sollte dieser neue Neven alles können?

Einige Aspekte übertrieb ich. Ich las Bücher über Fotografie, schaute Online-Tutorials, setze mich mit Leuten zusammen, die fotografierten, um von ihnen zu lernen, und Sonntagmorgens um sieben zog ich mit einem Hoodie und einer Kamera durch die Stadt, um Bilder zu machen. Ich wollte überall nach vorne kommen, entwarf zunächst auch Flyer, begriff dann aber, dass ich noch deutlich mehr lernen müsste, um dorthin zu kommen, wo ich sein wollte. Bei einigen Kompetenzen realisierte ich mehr und mehr, dass ich jemanden finden musste, dem ich so vertrauen kann, dass er diese Aufgaben übernimmt und nicht ich sie erledigen muss. Das Programmieren ist mir bis heute geblieben. Noch immer beschäftige ich mich damit und schreibe Skripte, die wir für die Stiftung nutzen können. Es ist für mich etwas, was ich mir gönne, eine Beschäftigung, mit der ich an einem freien Tag herunterkommen kann.

Zu Beginn der Gründungszeit war ich ein Ahnungsloser, und in Momenten des Zweifelns versuchte ich mir zu sagen, dass es wie beim Erlangen eines Führerscheins ist: Da fragst du dich auch, ob du das schaffst, bis dir bewusst wird, welche Trottel schon alle einen Führerschein haben. Dann denkst du, es wäre doch gelacht. Wenn du dich anstrengst, wirst du den auch bekommen! So war das auch mit der

Stiftung. Ich wünschte mir zwar einen Fahrlehrer, jemanden, der wusste, wie man das ganze Ding anschmeißt und wo es langgeht; der wusste, was einige Meter weiter passieren kann, der warnte: Achte mal darauf, überlege mal dies, schau mal in diese Richtung. Weil ich den aber nicht hatte, sagte ich mir: Selbst wenn du irgendwo vorfährst, stoppst du vielleicht kurz, lenkst dann aber in eine andere Richtung und findest deinen Weg, das kriegst du schon hin.

Sobald die Website online war, bekam ich, die Ein-Mann-Stiftung, Einladungen von Menschen, die davon erfahren hatten. Firmen meldeten sich, Vereine und Privatpersonen. Manchmal waren die Menschen dann überrascht, dass wirklich ich antwortete (wer sonst?) und auch ich es war, der kam (wer sonst?).

Einmal wandten sich drei ältere, liebe Frauen an mich. Sie hatten Bilder gemalt, die sie mit mir zusammen versteigern wollten. Ich sagte zu: Klar komme ich. Vor Ort waren ein Lokaljournalist und etwa fünf Menschen im Publikum, im Raum hätten aber fünfzig Platz gehabt. Die Frauen entschuldigten sich bei mir. Ich fühlte aber vor allem mit ihnen. Nachdem sie mich dem kleinen Publikum vorgestellt hatten, begannen sie mit der Versteigerung – und niemand gab ein Gebot ab. Alle, die gekommen waren, waren Borussia-Fans, die ihre Trikots unterzeichnet haben wollten und wohl gedacht hatten, der Subotić ist da, da gehen wir mal hin. Es war für alle eine seltsame, schambehaftete Atmosphäre, und jeder wollte das Beste draus machen, so bekam es fast wieder etwas Schönes.

Ich wurde zu Geburtstagen eingeladen, bei denen ich mit einer kleinen Gruppe um einen Gartentisch saß oder mich auf einem Fest von hundert Leuten wiederfand. Oft waren es Fans, mit denen ich erst über Fußball sprach. Danach erzählte ich von der Wassernot und bekam eine Spende überreicht, die von der Gruppe gesammelt worden war.

Anfangs haben mich bei der Stiftungsarbeit vor allem zwei Freundinnen unterstützt, die damals beide studierten, Silwa und Shari. Sie machten mit mir die Büroarbeit. Manchmal saßen wir stundenlang vor dem Bildschirm, um für einen Post auf Facebook die richtige Formulierung zu finden, für die es dann nicht mal eine Handvoll Likes gab. Nach einem Jahr mietete ich ein erstes Büro an. Ein Raum mit zwei Tischen, ein Zimmer, um Materialien zu verstauen, ein Bad, eine Küche. Nun konnte ich Menschen einladen. Noch immer wohnte ich in meinem großen Haus, aber dort jemanden für Stiftungsangelegenheiten zu treffen, wäre mir unangenehm gewesen. Ich fühlte mich immer unwohler mit dem, was ich besaß. Das, was die Stiftung war, und das, was ich sonst mein Leben nannte, waren zwei so unterschiedliche Formen, dass man sie niemals zusammengebracht hätte. Wie konnte der, der über Äthiopien sprach und realisiert hatte, wie ungerecht die Welt war, allein so ein großes Haus besitzen und mehrere Autos? Wie konnte ich so dumm gewesen sein, das nicht zu hinterfragen, sondern einfach nur zu denken: Das gehört so? Wenn ich mir das, was ich tat, wirklich glaubte, wenn ich mich wirklich ernst nahm, dann konnte ich im Alltag nicht der bleiben, der ich war. Dann waren das zwei Versionen eines Nevens, die nicht eins sein konnten. Dann steckte ich gleichzeitig in zwei Leben, die mit einem großen Widerspruch etikettiert waren. Mir wurde bewusst, dass ich nicht nur eine Stiftung gegründet hatte, sondern dass die Gründung dieser Stiftung auch eine Neugründung meiner selbst erforderte – und ermöglichte.

Niemand hätte mir vorher gesagt: Das Haus ist zu groß, hol dir doch mal was Kleineres. Eher hieß es ja: Du tust doch genug. Ist doch okay, dass du das hast. Da wahrscheinlich keiner es gewagt hätte, von mir etwas anders zu fordern, schrie ich mich gedanklich selbst an. Es ging nicht nur darum, dass ich dieses Haus nicht mehr brauchte, es störte mich. All der Aufwand – die Zeit, das Geld –, der mit diesem Haben verbunden war, das dauernde Instandhalten, das Reparieren, für was? Nur damit ich dort schlief und mal auf der Playstation zockte?

Man denkt, es sollte einfach sein, alles hinter sich zu lassen, Dinge einfach loszuwerden, wenn man sie nicht mehr haben will. Das Downsizing meines Lebens war zwar schnell gedacht, doch anders als beim Anhäufen konnte ich nicht einfach in den Laden gehen, mir ein T-Shirt kaufen, und schon war ich ein neuer Mensch. Noch immer war ich in einem Umfeld, in dem viele so viel besaßen und alle sich gefühlt alles gönnten. Keiner fragte: Wieso das Haus? Wieso ein Nissan Skyline? Und zugleich gelangte ich in ein anderes Umfeld, in dem ich über globale Ungerechtigkeit sprach. Die Prozesse, bis alles, was ich weghaben wollte, weg war, waren langwierig. Sosehr ich es wollte, kosteten sie mich Kraft und gingen mit großen Wertverlusten einher. Schließlich zog ich in eine Wohnung in der Stadt um, 70 Quadratmeter, 860 Euro warm. Zu meinen Autos hatte ich keine Beziehung mehr, sie waren nicht wie ein Familienfoto, das ich von der Wand nahm, sondern eher wie ein Rahmen von IKEA, den ich nicht mehr brauchte. Also wurde ich sie nacheinander los, das erste, das zweite, das dritte, nur den Mini Cooper behielt ich noch. Während ich ihn fuhr, verstand ich nicht mehr, warum noch drei weitere zu Hause stehen sollten. Nie hat mir all das Materielle, von dem ich mich trennte, gefehlt. Eher fragte ich mich: Ist da noch ein Überfluss, von dem ich mich befreien kann?

Vor einigen Jahren hörte ich in Dortmund eine Rede des Volkswirtschaftlers Niko Paech, bei der ich das Gefühl hatte, er findet all die Worte für das, was ich selbst fühle: Er sprach darüber, dass die Welt, in der wir leben, nicht unaufhörlich wachsen kann, und auch, dass das wirtschaftliche Wachstum kein Garant für Wohlstand oder steigendes Glück ist. Statt eines Systems, das das stetige Mehr verlangt, fordert er eine Ökonomie, die sich am Bedarf und an ethischen Grundsätzen zum Wohle des Menschen und der Umwelt orientiert. Salopp gesagt: Es bringt nichts, wenn die Leute immer mehr arbeiten, immer weniger Zeit haben und immer mehr Zeug anschaffen, denn dadurch leidet das Wohl von Mensch und Umwelt. Er brachte Ideen für ein nachhaltiges Leben, in dem man in einer Gemeinschaft mit anderen tauscht, so etwas wie Fahrradreparatur gegen Obst beispielsweise, und er warf Fragen auf wie: Warum braucht jeder Haushalt eine Waschmaschine, wenn sie nur einmal in der Woche benutzt wird? Auf dem Cover des Buchs, das er geschrieben hatte, ist ein Vogelkäfig zu sehen, der Vogel war schon entkommen. Befreiung vom Überfluss, lautet der Titel.

Ich verglich den entkommenen Vogel mit der Figur, die ich gewesen war, mit dem Spieler, der ich in meinem Leben gewesen war. Und ich verglich ihn mit dem, zu dem ich geworden war. Die Louis-Vuitton-Schuhe, die ich bei meinem Wechsel nach Dortmund auf der Fifth Avenue gekaufte hatte, war ich über eBay losgeworden. Wenn ich mir etwas kaufen wollte, überlegte ich lange, ob ich es wirklich brauchte. Ich hatte kaum mehr Kleidung im Schrank, nur drei, vier T-Shirts und ein paar Hosen. Bei Auftritten wählte ich immer denselben beigen Blazer, sodass auf Facebook mal jemand kommentierte: Hat der eigentlich nichts anderes? Seit einigen Jahren besitze ich noch einen orangenen Pullover, den auch diejenigen kennen dürften, die mich in der Öffentlichkeit beobachten. Ich war herbe geizig geworden, und wenn ich einen unwichtigen Anruf im Ausland bekam, wollte ich nicht abnehmen, weil mich die Minute kostet.

Ich hatte verstanden, dass ich das Gitter, das ich um mich herum gebaut hatte, nicht brauchte. Es erschien mir wie eine fixe Konstruktion, die ich zusammengezimmert hatte, damit sie den Erwartungen des Lebensraums entsprach. Ich hatte gedacht, so wie ich war, habe ein Fußballer zu sein.

Durch das sukzessive Abtragen von dem, was ich mir aufgebaut hatte, begann ich, wirklich um mich herum zu schauen. Ich war wie einer der kleinen Fische gewesen, die nicht mal wussten, dass sie nicht wissen; denen die Wahrnehmung fehlte für das, was sich um sie herum befand.

David Foster Wallace' Rede ist ein Appell, das zu sehen, was nicht sichtbar ist, weil es, vielleicht, so naheliegend ist. Sie ist ein Appell, das zu sehen, was nicht sichtbar ist, weil es die Perspektive des anderen ist und wir immer nur aus unserer schauen können, aus der jedes Problem, das wir selbst haben, am größten erscheint. Wem sehen wir an, wer er oder sie ist? Über wen urteilen wir, ohne einmal zugehört zu haben? Wallace fordert mit seinen Worten dazu auf, in sich etwas zu finden, das einen definiert; das einen durchs Leben trägt, weil es für einen selbst das Lebenswichtigste ist, das Wesentliche, das Wahrhaftige; sich an dieses eine zu klammern wie an einen Glauben, alle Gedanken da reinzugeben.

Da ich aus einer ehemaligen Kriegsregion komme und meine Eltern dorthin immer Gelder verschickten, haben mich viele Menschen in den vergangenen Jahren aufgefordert, an Serbien zu denken, auch Alex tat dies am Anfang der Stiftungsgründung. Ich verneinte, denn als ich aufgebrochen war, als ich ins Straucheln gekommen war, ob die Art, wie ich lebte, wirklich alles gewesen sein sollte, hatte ich verstanden, dass es nicht darum gehen kann, in einer Welt zu leben, in der jeder nur an sich selbst denkt, nur an seine Familie, nur an seine Stadt, nur an sein Land. Tun wir dies, kommen wir global betrachtet keinen Schritt weiter, dann festigen wir nur unseren westlichen Wohlstand in einem immer kleiner werdenden exklusiven Silo.

Die Wurzeln, die ich habe, sollten keine Fesseln sein. Verliere ich denn meinen Opa in Bosnien, nur weil ich mich in Äthiopien einsetze? Natürlich bekomme ich dafür viel Kritik von Menschen, die viel stärker als ich verwurzelt sind, die vermeintlich bessere Ideen haben, was ich mit meinem Geld tun könnte, weil sie davon überzeugt sind, dass man für sein Volk, seine Nation zu handeln hat. Vielleicht wäre es schwieriger gewesen, wenn meine Eltern noch in Bosnien leben würden und sich ständig dafür rechtfertigen müssten, was der Junge da macht; wenn sie gefragt würden: Ist das am Ende überhaupt euer Sohn, oder warum denkt er nicht an die Heimat? Meine Eltern haben diese Kritiken von mir ferngehalten. Vielleicht hätte ich sonst schwieriger damit schlafen können. Trotz der Kritik, die ich höre, schlafe ich gut. Denn wir können gerne über das *wie* reden, aber an dem *dass* gibt es für mich keinen Zweifel: Ich bin überzeugt, dass es nicht falsch sein kann, sich für Menschen in Äthiopien einzusetzen.

Am Ende der Rede von Wallace heißt es: »Die wirklich wichtige Freiheit erfordert Aufmerksamkeit und Offenheit und Disziplin und Mühe und die Empathie, andere Menschen wirklich ernst zu nehmen und Opfer für sie zu bringen, wieder und wieder, auf unendlich verschiedene Weisen, völlig unsexy, Tag für Tag.«

Als ich Wallace' Worte vor einiger Zeit nach vielen Jahren erneut las, ohne zu wissen, was mich erwarten würde, war dies *in your face:* Meine Entwicklung erschien mir an einigen Stellen wie ein *copy-paste.* An welchen seiner Gedanken hatte ich mich unbewusst orientiert? Welche hatte ich verinnerlicht? Wer war ich geworden?

8   Ich bin Fan

Ich habe Probleme.

Erstens: Ich finde, dass das Verhältnis zu meinem Vater besser sein könnte.

Zweitens: Ich bin Teil meiner Familie und irgendwie auch nicht. Meine Schwester und meine Eltern leben in den USA, ich in Deutschland. Es kam vor, dass ich meinen kleinen Neffen und meine kleine Nichte zwei Jahre nicht gesehen und nur über Facetime erlebt habe. Ich teile mit ihnen kein gemeinsames Leben. Schon seit vielen Jahren nicht. Das war der Preis für den Fußball.

Drittens: Ich habe eine Freundin, was wunderschön ist, aber wie jede Beziehung geht auch diese nicht ohne Probleme einher.

Viertens: Ich bin Leiter einer Stiftung, bei der inzwischen sechs weitere Menschen und Dutzende von Volunteers und Botschaftern arbeiten, die auch Probleme haben, die an mich herangetragen werden. Wie in jeder Gruppe kommt es manchmal zu starken Meinungsunterschieden, für die ich ein friedliches Ende finden muss.

Ich bin gesund. Ich habe mehr als ausreichend Geld zum Leben.

Was habe ich wirklich für Probleme?

So sehe ich das Leben: Es gibt Probleme, und es wird immer welche geben. Es gibt Probleme, die du lösen kannst, und es gibt Probleme, die du einfach Problem sein lassen kannst, weil du sie ohnehin nicht lösen wirst oder sich der Aufwand nicht lohnt. Wenn ich mich entscheide, ob ich ein Problem angehen will oder nicht, frage ich mich: Wenn ich dies jetzt tue, kann ich damit einen Beitrag leisten, der für eine große Sache, für einen höheren Sinn ist? Wenn nicht, dann kann das Problem Problem bleiben.

Meine Freundin sagt, ich hätte einen Bullshitfilter. Im positivsten Sinne könne man mir das ihrer Meinung nach auslegen als: Ich bin fokussiert und zielstrebig. Im negativsten: Ich bin überheblich und selbstgefällig. Es stimmt, ich bin nicht bedürftig nach Harmonie. Ich habe keine große Lust, selbst wenn ich es manchmal mache, über Themen zu reden, die niemanden weiterbringen, die mir trivial erscheinen. Ich konzentriere mich auf das, was ich als ungerecht empfinde, als unfair, dann überlege ich, ob ich etwas tun kann, und setze mich in Bewegung. Das empfinde ich als existenziell. Für Probleme, die bei mir persönlich aufkommen, bedeutet dies, dass ich sie eher beiseiteschiebe, weil sie für mich keine wirklichen Probleme sind. Ich nehme sie an, *so ist es eben*, sage ich mir; und ich schaue mir stattdessen die gesellschaftlichen Probleme an, die nicht sein müssen. Gebe ich dadurch etwas auf? Sicher, aber es fällt mir nicht schwer. Vielleicht habe ich dies durch den Fußball trainiert, der mit dem, was er forderte, im Leben auch immer das Aufgeben von irgendetwas anderem verlangte. Aber nur dadurch, dass ich etwas aufgebe, kann ich mich dem anderen ganz hingeben.

Es ist nicht allein der Fußball, der mich das gelehrt hat.

Es waren vor allem Menschen, die ich bei meinen ersten Reisen in Mosambik und in Äthiopien getroffen habe. Diese Menschen haben in meinem Empfinden viel mehr aufgegeben, als ich mir jemals vorstellen kann.

Die erste Reise für die Stiftung führte mich nach Mosambik. Ich war in den Jahren zuvor durch den Fußball in Südafrika und in Marokko gewesen und in Ägypten im Urlaub. Das war etwas völlig anderes als die Erfahrungen, die sich nun im Sommer 2013 in mir einschreiben sollten. Da ich damals noch keine Mitarbeiter hatte, begleitete mich mein bester Freund Bobo nach Mocímboa da Praia im Norden des Landes. Ich hatte aus Deutschland zwar schon Projekte in Äthiopien angestoßen, da diese aber noch in der Entwicklung waren, ergab ein Besuch noch keinen Sinn. Und zugleich hatte ich einen Partner gefunden, *Vox United*, eine amerikanische NGO, mit dessen Hilfe ich schnell mit einem ersten Projekt beginnen konnte: Der erste Brunnen, der durch meine Stiftung finanziert wurde, steht daher in Mosambik. Es war mein Wunsch, eine erste Etappe zu beenden, ein erstes Resultat zu sehen.

Der Brunnen, den wir errichteten, war fünf Meter entfernt von einfachen Lehmhütten, in denen die Menschen wohnten, die ihn benutzen sollten, und einige Meter weiter von diesem Brunnen entfernt stand ein Metallzaun, hinter dem sich ein Flughafen befand, der vor allem für Privatjets von großen Energiekonzernen verwendet wurde. Es waren nur wenige Meter, auf denen sich, wie ein Symbol des Aufschreis, die Ungerechtigkeit der Welt verdichtete: Die Menschen, die hier lebten, mussten sich ihr einziges Wasser aus dreckigen Pfützen schöpfen, und direkt daneben, hinter Zäunen, flogen Jets rein und raus, und ein europäisches Unternehmen zapfte dem Land mit hochmoderner Technik das Gas ab. Wenn ich dieses Nebeneinander sehe, dann sagt alles in mir: Das ist eines dieser Probleme, die nicht Problem bleiben dürfen.

Was sind die Probleme, die wir haben, gegen die der anderen?

Es war von Anfang an klar, dass in Mosambik für mich und die Stiftung nicht die Zukunft liegen würde, weil die Partnerorganisation dort langfristig nicht zu uns passte. Es war der Anstoß, ein Ausprobieren, das sich ergeben hatte und mich neben positiven Erfahrungen, die ich machte, noch einmal erkennen ließ, was ich nicht wollte. Ich war wegen des Brunnenbaus dorthin geflogen und zugleich hatte eine andere Organisation, *Charity Ball*, in dieser Zeit ein Fußballturnier organisiert. Da ich damals noch einen Werbevertrag mit Adidas hatte, bat ich darum, dass mehrere Trikots und Fußbälle dorthin geschickt wurden, damit sie dort verteilt werden konnten. Die Sache mit dem Fußball, um es gleich zu sagen, war der letzte Beleg, den ich brauchte, um zu verstehen, was wirklich wichtig ist: Ich sah einem amerikanischen Jungen, einem jungen Fußballer, dabei zu, wie er an die afrikanischen Kinder und Jugendliche Bälle verteilte, und in mir kamen Zweifel auf, ob es wirklich so einfach ist: etwas, was du hast, zu geben, weil du zu viel davon hast. Dass du allein damit die Welt verändern kannst.

Schön wäre, wenn es so einfach wäre, wenn es so schnell ginge. Aber während ich den Jungen beobachtete, sah ich, dass es nicht funktionierte, dieses: Ich gebe dir, was du nicht hast. Bei diesem Geschenkeverteilen entstand kein Band zwischen ihm, der gekommen war, um zu geben, und denen, die dort lebten und empfangen sollten. Für eine Verbindung, verstand ich, braucht es Zeit, in der Respekt füreinander entstehen kann. Sonst ist es am Ende nur eine Feier des materiellen Verteilens – aber für wen? Wer feiert sich, wer feiert was?

Vox United hatte einen mosambikischen Mitarbeiter. Er muss damals um die vierzig gewesen sein, und ich erinnere nicht mehr viele Details von ihm. Da ist nur noch dieses Staunen, das sich allen Raum in mir nahm, als ich ihm gegenüberstand und er von seinem Leben zu erzählen begann. Ohne irgendein Protzen in der Stimme, ohne Schmuck. Er erzählte einfach nur und merkte sicherlich nicht, was er in mir auslöste. Vor meinen Augen begann er zu strahlen, zu glühen, als wäre er berühmt. Er war der Star. Er war: ein Heiliger.

Es klingt wie nicht von dieser Welt, wie etwas, das religiöse Menschen meinen, wenn sie von einem Erweckungserlebnis sprechen. Und wie es vielleicht solchen Momenten eigen ist, die nur in dir passieren, die in dir ein Beben maximaler Stärke auslösen, aber für das Außen in ihrem Ausmaß nicht zu sehen sind, fällt es mir schwer, die Worte zu finden, um es nachvollziehbar zu machen. Ich verfüge nicht über die Sprache, um diesem Moment die Wucht zu geben, die er für mich hatte. Ich verfüge auch nicht über die Details, um diesen Menschen herauszustellen, und er selbst, das war ja das Besondere, tat dies auch nicht. Für Jose war dieses Leben, das er lebte, selbstverständlich.

Seine Arbeit war es, mit den Behörden und mit Politikern zu sprechen, um Zusagen zu bekommen, dass ein Brunnen errichtet werden durfte. Und er sprach mit den Menschen in den Gemeinden; mit denen, die den Brunnen bekamen, und mit denen, die erst mal keinen bekamen. Er war der, der die ganze Laufarbeit machte, und der, so zumindest beobachtete ich es während meiner Zeit dort, immer alles organisierte. Er schien dauerhaft nur zu arbeiten, und bei allem, was er tat, war er nie gestresst, verbissen, angeberisch, sondern freundlich, herzlich und lustig. Er hatte keinen *nine-to-five-job,* bei dem er nach Feierabend nach Hause ging. Er sah seine Familie nur selten, einmal im Monat, und sprach dennoch davon, wie zufrieden er ist, dass er seinen Töchtern die Schule bezahlen kann. Er widmete sich an fast allen Tagen dieser einen Sache: dass die Menschen auf dem Land Wasser bekommen, dass die Kinder zur Schule gehen können, dass sie in ihrem Leben vorankommen. Und das alles tat er vielleicht seit zehn Jahren. Er gab sich dem gänzlich hin. Das war es, was mir so imponierte.

Mit Jose fuhren wir, die Leute von den unterschiedlichen NGOs und eine Filmcrew, die eine Dokumentation vor allem über den jungen Fußballer drehte, zu den Gemeinden. Das Filmteam kam aus New York, Williamsburg-Style, eine junge, hippe Crew, viele trugen coole Hemden oder lässige Blazer. Fast alle waren das erste Mal da, und zusammen müssen wir sehr entkoppelt gewirkt haben, ausgesetzt vor einer Kulisse, in die wir nicht gehörten. Wir besuchten mehrere Gemeinden hintereinander und setzten uns mit den Menschen unter einen Mangobaum, um in Ruhe zu reden und von ihnen und ihrem Alltag zu hören. Manchmal stellten wir Fragen, mit denen hier niemand was anzufangen wusste. Wie viele Minuten brauchst du bis zur nächsten Wasserstelle?, ist so eine. Niemand rechnet auf dem Land in der Einheit Minuten, was uns Jose sanft erklärte, ohne uns dumm dastehen zu lassen. Nachdem wir in der vierten, fünften Gemeinde waren, gab es Wiederholungen. Wir hatten eine Ahnung von dem, was gesagt wird, was die Menschen beschäftigt. Jose aber merkte man dies nicht an. Egal ob wir bei der zehnten oder hundertsten Gemeinde waren, immer trat er mit demselben Respekt gegenüber den Menschen auf.

Noch nie hatte ich so jemanden kennengelernt: Jemanden, für den dies eine Selbstverständlichkeit zu sein schien, der keine Aufmerksamkeit wollte für das, was er leistete. In Deutschland war es mir immer wie das Gegenteil vorgekommen: Du machst erst da ein Foto, dann da, zwischendurch Kaffeetrinken, als sei es ein unausgesprochener Wettkampf: Mit wie wenig Einsatz kannst du am meisten Aufmerksamkeit generieren?

Nie war ich in meinem Leben wirklich Fan gewesen. Dies änderte sich mit Jose. Er erzählte, und ich war immer beeindruckt: Wow, krass. Jose ist der erste Mensch, von dem ich Fan wurde, zumindest der erste nach Jürgen Klopp. Und zum ersten Mal machte ich die Erfahrung, wie das für andere Menschen sein muss, die auch Fans sind: Sie wollen 10 000 Sachen fragen, bringen am Ende aber nichts raus, weil es gar nicht darum geht, eine bestimmte Sache zu wissen, sondern um etwas Ganzheitliches, um dieses Gefühl von *larger than life*.

Ich kannte das harte Arbeiten, wie Jose es ausstrahlte, von meinen Eltern, die in zwei Ländern neu beginnen mussten, die sich alles aufbauen mussten. Nachdem sie nach einigen Jahren in Amerika abgesichert waren, lebten sie dort aber nicht mehr unter dem Druck. Sie hatten es geschafft und konnten sich, ihre Bedürfnisse und die Familie stärker in den Blick nehmen. Dieser Mensch schien mir in einer anderen Liga zu spielen. Er war nicht nur der, der etwas schaffte, der sich durch alle Widrigkeiten, die das Leben ihm vor die Füße stellte, durchboxte. Bei der Art, wie er sein Leben lebte, ging es nicht um ihn selbst, er tat dies im Dienste der Gemeinschaft. Das, was er tat, war wichtig für so viele Menschen um ihn herum. Es berührte nicht nur sein, sondern Tausende Leben. Während ich ihn, diesen Heiligen, betrachtete, fühlte ich Scham: Wer war ich neben ihm? Was hatte ich in meinem Leben gemacht?

Es mag sein, dass so ein Gefühl hemmen kann. Bei mir bewirkt es das Gegenteil. Es pusht mich, es fordert mich auf: Er nutzt sein Potenzial, und wie nutzt du deins?

Jose zeigte mir, was möglich ist. Er gab mir eine neue Orientierung, er durchbrach eine Decke, von deren Existenz ich nicht mal wusste. Dadurch war es mir möglich, eine ganz fremde Welt zu entdecken, und er sagte: Das ist übrigens auch unsere Welt. Durch diese Begegnung mit ihm wurde mir noch einmal bewusst, was sehr simpel klingen mag, aber viele Jahre in meinem Leben anders gewesen war: dass die Welt größer ist als ein Ball. Sie ist größer als ein Fußballplatz. Größer als die Meisterschaft. Mir wurde langsam bewusst, was ich mit der Stiftung, die ich gegründet hatte, wollte; welches Potenzial in mir ist, auch als Fußballer, mit dem Geld, das ich besitze, dem Einfluss, den ich habe; welcher Wille in mir ist, wie hart und diszipliniert ich arbeiten möchte. Mit Jose hatte ich ein wirkliches Vorbild. So wollte ich auch leben.

Ich bin Fan von Jose, und es mag sein, dass ich geblendet bin davon, wie er für mich strahlt: Es mag sein, dass es der beste Job ist, den er jemals bekommen kann, auch finanziell betrachtet, dass dies seine wahre Motivation ist, dass er nur so die Ausbildung seiner Kinder sicherstellen kann. Ich kenne die Hintergründe seines Lebens nicht. Aber selbst wenn es so ist und er wusste, dass er durch seine Abwesenheit mehr für seine Kinder da sein kann, als wenn er die Zeit mit ihnen verbrächte, habe ich bei dem, was er tat, seine Ehrlichkeit und Offenheit und Hingabe wahrgenommen, die Liebe, mit der er jedem einzelnen Menschen begegnete, ganz egal, was dieser besaß und wer er war. Ob König oder Bettler, das machte für ihn keinen Unterschied.

Ich frage mich: Wo ständen wir, wenn viele Menschen wären wie er? Was hätten wir in unserer Gesellschaft, auf der Welt schon alles bewegen können, und was wäre der Menschheit an Gräueltaten erspart geblieben?

Es gibt für schwierige Situationen im Leben diese Formulierung: im selben Boot sitzen. Wenn ich mein Boot wählen dürfte, wäre es mir die größte Ehre, wenn Jose einer der Menschen wäre, der im selben Boot ist wie ich. Neben ihm würde ich mich sehr wohl fühlen. Und Mulu sollte auch da sein.

Mulu begegnete ich ein Jahr später, bei der ersten Reise nach Äthiopien.

Wir – inzwischen hatte ich schon wenige Mitarbeiter – flogen nach Mek'ele, die Hauptstadt von Tigray. Dort hat unsere Partnerorganisation *Rest* ihren Sitz. Obwohl ich die Menschen, mit denen ich bislang nur via Internet geredet hatte, zum ersten Mal sah, war es, als sähen wir uns nach zehn Jahren wieder und fänden uns zu einem Familientreffen ein, auf das alle sehnsüchtig gewartet hatten. Dabei war es eine Geschäftsbeziehung, wenngleich wir ein gemeinsames und gemeinnütziges Ziel hatten. Wir fuhren los, saßen mehrere Stunden im Auto, und je länger wir unterwegs waren, desto rudimentärer wurde der Untergrund. Erst über Asphalt, dann über Straßen, die keine Straßen mehr waren, nur noch Schotterwege, Schritttempo, Feldweg.

Als wir hielten, kamen viele Kinder auf uns zu. Einige hatten Plakate in den Händen, eine bunte Parade, die uns begrüßte. Sie sangen und klatschten und schienen sich über unsere Ankunft zu freuen, mindestens genauso wie wir. Eine ausgelassene Atmosphäre wie an Karneval. Ich wusste mich zunächst nicht zu verhalten. Ich war in meinem eigenen Auftrag gekommen, um die Brunnen, die gebaut worden waren, zu betrachten und zu überprüfen. Aber nun war klar, dass es darum erst einmal nicht ging. Es ging erst einmal um die Menschen, und ich musste nichts steuern, nichts tun, außer es wahrzunehmen und passieren zu lassen. Es wurde wunderschön.

Egal wie viele Gemeinden ich seither bei meinen Besuchen kennengelernt habe, nie wurde an dieser Willkommenszeremonie gespart. Das ist etwas, was ich lernen musste. Manchmal gerate ich in die Versuchung, nur die technische Arbeit zu sehen und erledigen zu wollen, denn meine Zeit dort ist eng getaktet. Die Mitarbeiter von *Rest* erinnern mich dann daran, ruhiger zu sein, sich erst einmal vorzustellen und miteinander zu reden. In den Gemeinden wird viel Wert auf Traditionen gelegt. Dazu gehört auch die Art, wie Gäste begrüßt werden. Oft gibt es jemanden, der trommelt, alle tanzen und singen, und wir Gäste tanzen und singen mit. Manchmal dauert das fünf, manchmal zwanzig Minuten. Es ist ein Fest, an dem oft auch aufgetischt wird, in unseren Vorstellungen: wie an Weihnachten. Es wird eine Ziege geschlachtet, die einen hohen Wert hat, für viele entspricht sie einem Monatseinkommen, und daher ist sie eigentlich Hochzeiten, Trauertagen oder religiösen Feiertagen vorbehalten – und Gästen. Wenn man in Deutschland zu jemandem das erste Mal zu Besuch kommt, wird dann ein Essen im Wert von Tausenden Euro vorbereitet, um einen willkommen zu heißen?

Einmal sagte ich zu den Mitarbeitern unserer Partnerorganisation, ob es sinnvoll wäre, nicht vorab zu kommunizieren, dass wir kommen, damit nicht so ein Aufwand für uns gemacht werde. Das sei doch alles nicht nötig, dachte ich. Die wertvolle Ziege, und dann kamen wir zu einer Zeit, in der viel Arbeit auf den Feldern zu tun war, dazu die Anzahl der Menschen: Wir kommen zu fünft, maximal zu zehnt, und werden von hundert Menschen empfangen. Noch dazu konnten wir nicht einmal lange bleiben und dadurch den Empfang, der uns bereitet wurde, wertschätzen. Sie winkten meinen Vorschlag ab: Nein, das würde nichts bringen, denn dann würden sie auf die Schnelle versuchen, alles zu organisieren. Es gäbe keine Möglichkeit, dies zu umgehen, und sowieso, diesen Respekt sollten wir zeigen, sonst ziehen die Leute aus der Gemeinde nicht mit, dann entsteht keine Bindung. Es war, als wäre ich mit meinem funktionalen westlichen Blick vor eine Wand gelaufen, ohne das Bild in seiner Gänze zu erfassen. Ja, Bindung. Ähnlich wie der junge Fußballer in Mosambik nicht einfach kommen und Fußbälle verschenken konnte, konnte auch ich nicht einfach hereinfliegen und auf meiner To-do-List die Brunnen abhaken. Die Momente des Zusammenkommens mit den Menschen in einer Gemeinde waren kurz, und trotzdem waren sie wichtig, um zu verstehen, um eine Gemeinschaft zu haben – selbst wenn das Verständnis, was diese Gemeinschaft für die Menschen wirklich in ihrem Alltag bedeutet, mir verborgen bleiben würde.

Momente der Annäherung aus meinen ersten Tagen in Äthiopien: Ich trug mal – klassische Erfahrung eines Ausländers – den mit Wasser gefüllten Kanister, was die Frauen dort täglich machen. Ich besuchte einige Menschen in ihrem Zuhause. Vor dem Haus, umrandet von einer Mauer, bleiben über Nacht die Tiere, damit sie nicht weglaufen oder geklaut werden. Im Haus schläft und isst die Familie. In einer Gruppe fuhren wir zu einer Hochzeit, tranken Honigschnaps und unterhielten uns darüber, wie alt wohl die Braut war, weil wir kaum mit jemandem sprechen konnten. Ich war fasziniert von dem, was sich in den Gemeinden an Formen der sozialen Sicherung etabliert hat: dass Leute gemeinsam auf eine Art Konto einzahlen und die Gemeinschaft so dem Menschen, der es braucht, beispielsweise der Frau, die verwitwet ist, beistehen kann. Alles, was ich hörte und sah, erschien mir schön und beeindruckend. Ich sah nichts Schlechtes, selbst wenn mir sicher bewusst war, dass Menschen dort auch stehlen, untreu sind, Auseinandersetzungen haben um Land und Vieh. Ungefilterte Eindrücke eines Touristen, eines Reisenden, der in einer für ihn fremden Gegend ist, ohne wirklichen Zugang zu den Menschen.

Ein Stopp auf meiner ersten Reise war eine Schule, Sifra Jeganu, die sich an einer Straße befand: zwei Klassenzimmer im Rohbau, ohne Fenster und Türen, und ein Raum, in dem der Rektor lebte, mit seiner Frau, einer Lehrerin, und ihren zwei Kindern. Als wir an der Schule ankamen, wurden wir wieder singend und tanzend begrüßt. Wir redeten, schauten uns den Brunnen an, der sich noch im Bau befand, und dann tranken wir einen frisch gerösteten und gemahlenen Kaffee mit Mulu, dem Rektor. Mulu, Anfang 30, versteht und spricht ein bisschen Englisch, für ein wirkliches Gespräch brauchten wir aber einen Dolmetscher. Er erzählte von dieser Schule, die er einige Jahre zuvor übernommen hatte und seither immer weiter aufbaute. Zuerst hatte es nur drei Klassen gegeben. In den Jahren, die ich ihn begleitete, sind es acht geworden. Einmal in dieser Zeit ließ ein Spender aus Addis Abeba neue Räume errichten, doch auf einmal stockte der Bau. Es gab anscheinend kein Geld mehr, und so steht da nun ein Rohbau, ohne Türen und Fenster, dessen unverputzte Wände als Tafel genutzt werden. Und weil der Platz nicht ausreichte, haben sie einen Anbau improvisiert, bei dem die Wand des Rohbaus als eine Wand des neuen Raumes dient; die anderen Wände und die Decke bauten sie aus Holz und Stroh, damit es genug Schatten gibt.

Ohne Mulus Engagement hätten nicht so viele Kinder die Möglichkeit, zur Schule zu gehen. Ich erfuhr, dass er der Erste aus seiner Familie gewesen war, der zur Schule und zur Universität gehen konnte. Er war auf dem Land aufgewachsen, hatte während seines Studiums aber in der Stadt gelebt. Gewiss, dachte ich, würde er dort mit seiner Familie ein besseres Leben führen können, er hätte sauberes Wasser, Strom, Internet, er hätte seiner Familie mehr ermöglichen können. Stattdessen schien er sich für dieses karge Land entschieden zu haben, diese rudimentären Bedingungen, um das, was er schaffen konnte, einer Gemeinde und den Kindern dort zu widmen. Er hatte sich einem höheren Ziel untergeordnet. Das war seine Hingabe. Und das sind meine Gedanken, die ich mir über ihn mache. Er selbst würde sicher nicht so über sich reden. Ähnlich wie Jose machte er aus sich und dem, was er tat, keine große Sache.

Ich denke daran, wie ich mit dem wenigen, das ich in Deutschland für andere getan hatte, immer viel Lob bekommen habe. Ich hatte nur den kleinen Finger gehoben, und schon wurde mir von rechts und links applaudiert. Neben Mulus Selbstlosigkeit wirkte dies noch lächerlicher: Was hatte ich im Vergleich zu ihm aufgegeben? Welche schwere Entscheidung hatte ich getroffen? Worauf hatte ich verzichtet? Was verloren?

Mulu gab, ohne zu behalten. Er änderte sein Leben, damit sich die Leben anderer auch ändern können.

Mir fehlen die Worte, um ihm gegenüber auszudrücken, wie sehr mich dies beeindruckt. Ich glaube, ich habe es ihm nie gesagt, und vielleicht würde er die Aussage dieses Satzes nicht verstehen, wenn ich es versuchen würde. Aus meiner Vorsicht und meinem Unvermögen heraus war alles, was ich vor ihm herausbrachte: *I appreciate what you are doing*.

Eigentlich hätte ich sagen müssen: So wie du möchte ich sein. Aber ich weiß, dass ich weit davon entfernt bin.

Der dritte in meinem Wunschboot: Whib. Er ist Geologe, hat erst bei unserer Partnerorganisation *Rest* gearbeitet und dort das Team geleitet, das für die Bohrungen verantwortlich ist. Er wechselte seinen Job, dann haben wir ihn akquiriert, nun arbeitet er für uns.

Bei meinen Reisen begleitet er mich zu den Gemeinden, und während dieser stundenlangen Fahrten erfahre ich viel von ihm, vor allem Fachliches, Technisches über die Brunnen und die Geologie, aber auch einiges über seinen familiären Hintergrund. Als Kind erlebte er die Hungersnöte. Er hatte es geschafft, von dem Dorf, in dem er aufwuchs, in die Stadt zu ziehen. Dort lebte er mit mehreren Männern in einem Zimmer, fand einen Job, mit dem er sein Studium finanzieren konnte. Während seiner Studienjahre fuhr er vielleicht zweimal im Jahr zu seiner Familie und brachte ihr Geld, das er verdient hatte. Er machte dann natürlich keinen Urlaub, ein Konzept, das dort nicht gebräuchlich ist, er arbeitete auf dem Feld. Wenn ich bei ihm bin, staune ich, was er und seine Generation in Äthiopien alles geschafft haben – sie waren es, die in den Neunzigern die Demokratisierung vorangetrieben haben. Und ich staune, welchen Einfluss Whibs Arbeit nimmt: Wie viele Brunnen wurden unter seiner Aufsicht gebaut? Für wie viele Menschen hat sich durch seine Arbeit das Leben geändert?

Meine vorsichtige Schätzung ist, dass er im Jahr 500 Bohrungen betreut. Mit seiner Ausbildung, seinem Wissen und seinen Erfahrungen könnte er sicher auch in die Wirtschaft gehen und mehr verdienen. Aber er hat sich für das Land entschieden, für die Gemeinden, damit sie an Wasser kommen. Das ist seine Hingabe. Und wie Jose und Mulu macht auch Whib kein Aufsehen um das, was er leistet.

Woher kam bei ihm der Impuls, sein Leben den Menschen auf dem Land zu widmen? Er hat mir darauf keine

Antwort gegeben, ich habe ihm die Frage aber auch nie gestellt.

Manchmal versuche ich die Menschen, die ich in Äthiopien treffe – die, die sehr viel geschafft haben und etwas Angenehmeres machen könnten –, zu verstehen; die Menschen, von denen ich Fan wurde. Ich versuche ihr Leben zu verstehen, als gäbe es eine durchdachte Dramaturgie, als wäre dies eine Hollywood-Story. Dann bemerke ich aber, dass es weder ein Happy End gibt noch einen bewusst gesetzten Wendepunkt, also eine Entscheidung, etwas nicht zu tun, und dafür etwas anderes. Sie hinterfragen nicht, ob es schwer oder leicht ist. Sie machen einfach.

Es mag sein, dass ich durch die eher kurzen Begegnungen, die ich mir auf meinen Reisen gönne, manchmal sehr romantische, vielleicht auch surreale Vorstellungen von den Menschen habe. Dass es auf mich wirkt, als wäre ihnen, radikal gesagt, Geld egal, als gehe es ihnen allein darum, einen Beitrag zu leisten. Ich weiß, dass ein Mitarbeiter einer NGO wie Whib einen guten Job hat, Verantwortung trägt und nicht schlecht bezahlt wird. Ich bin natürlich bei allem, was ich sehe, geprägt von meiner westlichen Sicht. Mit ihr schaue ich mich um und bin beeindruckt. Mit all diesen Gedanken kann ich versuchen, mein Schwärmen zu relativieren. Aber sie schmälern nicht das, was in mir durch diese Menschen entsteht: Ihre Energie, ihre Einstellung sind mir ein Vorbild. Sie geben mir Kraft und feuern mich an.

Noch jemand gehört ins Boot: Gebrehaweria. Er hat in der Presseabteilung von *Rest* gearbeitet. Vor einigen Jahren war er einmal von einer anderen Organisation in die Niederlande eingeladen, zur Fortbildung. Ich schlug ihm vor, das Wochenende in Dortmund zu verbringen, und holte ihn ab. Nein, das stimmt nicht ganz. Zunächst sagte ich zu ihm, er könne den Zug nehmen. Dann rief ich mich selbst zurück: Wie kann ich so zu ihm sein? Er muss aus der niederländischen Provinz mit dem Zug kommen, während er mit uns in Äthiopien überall hinfuhr und uns in alles, was uns fremd war, einführte? Ich setzte mich ins Auto. Unter Mitarbeitern und Unterstützern der Stiftung hatte ich kommuniziert: Gebrehaweria kommt, wir sollten ihn willkommen heißen. Ich stelle mir vor, dass in den Köpfen aller die Bilder kamen von tanzenden, singenden, klatschenden Paraden, von der Freude, der Euphorie, der Ausgelassenheit, von dem Festmahl, das wir bei unseren Besuchen bekamen. Und wir: Was sollten wir ihm bieten? Wir hatten keine Norm, keinen Standard, keine Anleitung für ein Programm. Für uns war schon besonders, dass wir anlässlich seines Besuchs alle in großer Runde zusammenkamen, das taten wir sonst nie. Aber wie sollten wir ihn willkommen heißen, ihm diesen Respekt zeigen, den wir von ihm erhalten haben? Wir zeigten ihm die Stadt, gingen spazieren und entschlossen uns, am Marktplatz in Dortmund gut bürgerlich essen zu gehen.

Er zeigte im Restaurant an die Wand, auf die Ziegel, und fragte uns: Wie macht ihr das? Er wollte sich mit uns über Techniken austauschen, wir aber schauten uns an und wussten keine Details zu erzählen. Wir wussten nicht, wie der Boden gemacht wird, auf dem wir uns bewegten, wie die Stühle oder das Essen, das wir aßen. Wir konnten ihm nichts erzählen – ihm, der uns in Äthiopien jede Frage beantworten konnte, über eine dreitausend Jahre alte Geschichte, über die Kultur, über den Alltag: Wie viel kostet ein Huhn, wie viel eine Ziege? Wie finden Esel, die einfach in der Landschaft herumstehen, den Weg zurück zur Gemeinde? Wie wird im Dorf ein Rechtsstreit gelöst?

Nun liefen wir mit ihm durch Dortmund und fragten uns, was wir ihm erzählen sollten, über uns, über die Stadt, das Land. Wir waren alle froh, dass wir zusammen waren und nicht einer allein diese Aufgabe hatte.

Am Samstagabend dieses Wochenendes war Pokalfinale. Ich spielte nicht, da ich in dieser Saison nach Köln ausgeliehen war. Wir gingen mit ihm zum Public Viewing vor das Rathaus und schauten die letzten Minuten. Dortmund gewann, und dieser Sieg war die Fügung, die wir gebraucht hatten. Endlich bekamen wir, wonach wir gesucht hatten: Wir konnten ihm etwas bieten, eine Ausgelassenheit, eine Freude. Ganz Dortmund schien draußen zu sein und tanzte auf den Plätzen. Wir freuten uns vor allem, weil wir nun erleichtert waren, weil wir ihm diesen Moment schenken konnten, eine Feier mit 20 000 Menschen. Wir tanzten. Und wie? Weil wir keinen Tanz hatten, machten wir den, den wir aus Äthiopien kannten: Bewegungen wie die eines Huhns, immer die Schultern rauf und runter.

So haben der Fußball und die Borussia tatsächlich diesen Besuchstag für uns ahnungslose, schlechte und unerfahrene Gastgeber gerettet.

Ich bin mir nicht sicher, ob ich in ein Boot mit Jose, Mulu, Whib und Gebrehaweria gehöre, ob ich da überhaupt einen Platz habe. Aber wenn ich mir vorstelle, dass ich einmal sterben werde, würde ich mir wünschen, dass diese vier über mich sagen: Der Neven war einer von uns. Denn es waren diese Menschen, die mir verdeutlicht haben, dass der Weg, den ich mit der Gründung der Stiftung eingeschlagen hatte, richtig ist. Sie zeigten mir noch mal die Richtung auf und erinnerten mich an das Tempo, die Disziplin, die Demut und den Fokus, mit dem man ihn gehen kann. Bei Menschen wie diesen vier habe ich häufig das Gefühl: Sie haben etwas hinter sich, was ich noch vor mir habe. Sie sind schon gegangen. Wenngleich sie noch immer unterwegs sind, darum bemüht, das Leben für die folgenden Generationen zu verbessern. Aber wenn ich sie frage, woher sie kommen, und sie zeigen auf die simplen Hütten in den Gemeinden und sagen: Da, aus so einer Hütte, die du hier siehst, komme auch ich, hat es für mich einfach nur etwas Unvorstellbares. Ich versuche dieses Leben, das ich dort sehe, das manuelle Arbeiten auf dem Acker ohne moderne Technologie, in Beziehung zu setzen zu meinen Eltern, die auf dem Land groß wurden, auch unter gänzlich anderen Umständen, als ich sie begreifen kann. Ich stelle mir vor, wie weit mein Vater gelaufen ist, um zum Fußballtraining zu kommen. Wie weit meine Mutter, um zur Schule zu kommen. Wenn ich in Äthiopien bin, und es sind 40 Grad und alle sind am Schuften in der prallen Sonne, bekomme ich ein Gefühl des Übermenschlichen: Wie schaffen sie das?

Wenn ich mich in Äthiopien umschaue, sehe ich das, was man in die Kategorie extreme Armut einordnen würde: zerrissene Klamotten an den Menschen, wenn überhaupt kaputte Sandalen bei den Jungs, die kicken, schlichte Hütten ohne Wasser, ohne Strom. Wenn ich das sehe, dann weiß ich, dass ich auch in zwanzig Jahren kein Verständnis davon haben werde, was es wirklich bedeutet, in diesen Verhältnissen zu leben; kein Verständnis, was es bedeutet, eine Hungersnot zu erleben und sie nicht nur auf einem Coverbild des *Spiegel* zu sehen, den Bericht zu lesen, ihn wieder zuzuklappen und zu denken: Ja, ist schlimm.

Die Definition der Weltbank für extreme Armut ist die: Arm ist der, der am Tag weniger als den Kaufwert von 1,90 US Dollar zur Verfügung hat. Das bedeutet, dass die Menschen, die darunter fallen, nicht alle 1,89 haben, und schon gar nicht haben sie es bar auf der Hand. Viele Menschen verdienen ihr Geld mit der Ernte, und sobald sie es haben, investieren sie es direkt in das, was ihnen fehlt. Wenn ich mit Getreide mein Geld verdiene, kaufe ich vielleicht eine Kuh, die mir Milch bringt. Mit Getreide sein Geld zu verdienen, bedeutet, dass die Einnahmen nicht zu kalkulieren sind: Es hängt immer vom Wetter ab. Und wenn es mit dem Wetter mal nicht so läuft, gibt es nicht mehrere Möglichkeiten, etwas auszugleichen, indem man etwas anderes macht. Es gibt keine Option, mal eine Weiterbildung einzuschieben, bis es wieder läuft, oder einen Nebenjob, um sich über Wasser zu halten, oder irgendeine Notlösung zu ergreifen, die der Staat bereithält.

Ich erinnere mich, wie ich einmal mit einem Jungen sprach. Ich fragte ihn, wie er heißt, wie alt er ist, wo er wohnt, in welche Klasse er geht, wer sein Lehrer ist, und dann sagte ich: Was ist dein Lieblingsessen? Und er sagte: Injera. Das ist ein dünnes Brot, ein Fladen, ähnlich wie ein Crêpe, der mit Teff zubereitet wird, der üblichen Getreideart in Äthiopien. Ich schämte mich für diese Frage. Was hatte ich erwartet? Dass er an ein riesiges Angebot denkt und sagt: Chicken Nuggets? Dass ich, ohne es vorherzusehen, einfach zu dieser Frage gestolpert bin, verdeutlicht mir, wie weit ich von seinem Leben entfernt bin. Es zeigt mir meine Naivität zu denken, dass es eben immer viele Optionen gibt. Wer arm ist, hat sie nicht.

In einem wissenschaftlichen Vortrag habe ich einmal den Vergleich gehört, dass Armut sich anfühlt wie eine schwere Krankheit. So können wir es uns vorstellen: Krankheit ist ein Moment, in dem wir an kaum etwas anderes denken können. Wir fühlen uns hilflos und es gibt nichts, das uns erlösen, niemanden, der sie sofort wegmachen kann. Arm sein ist: Sich richtig übel fühlen. Alles, was man macht, wird einem zu viel. Das ist der Dauerzustand. Nur Scheißtage gibt es, nie einen Moment der Erleichterung. Und in diesem Zustand ist man nicht allein, sondern mit Kindern, die man ernähren muss, man muss zur Arbeit gehen und mit Druck durch den Tag, und jede Entscheidung, die man trifft, bedeutet entweder, dass man krank ist oder schwer krank. Es ist klar, dass man nie ganz gesund wird.

Ich empfinde dies als eine hilfreiche Metapher. Aber egal wie sehr ich sie mir vorstelle, wie viel ich lese: Weiß ich, was Armut ist?

Ich denke an meine Phasen, die ich krank verbrachte: Ich hatte schmerzvolle Operationen, eine schwere Verletzung am Knie, an der Rippe, und alles stand ich durch mit dem Ziel und dem Wissen, dass es einen Endpunkt für dieses Leiden gibt. Es wird ein, zwei Wochen oder auch sechs Monate dauern, aber danach, wusste ich, bin ich wieder fit.

Wer weiß, wann die Krankheit Armut vorbei ist?

Ich akzeptiere, dass Armut eine Sache ist, die ich nicht verstehen kann, und für meine Stiftungsarbeit würde es mir auch nichts nutzen, ein Experte für Armut zu sein.

Das Tückische an dieser Sache ist ja: Obwohl die Umstände unvorstellbar sind, existenziell und menschenunwürdig, wirkten die Menschen, die ich in den vergangenen Jahren in Äthiopien traf, auf mich nie, als fühlten sie sich richtig übel, als könne man nichts machen, als hätten sie nur Scheißtage. Sie lachten und waren freundlich. So wurde ich auch abgelenkt von der Armut, die vielleicht zu sehen gewesen wäre, mit der sie sich aber nicht präsentierten. Sie trugen sie nicht vor sich her: Schau, wie arm ich bin. Im Gegenteil. Sie strahlten mich an und gaben mir die Hand.

Jemandem die Hand geben: ein bedeutsamer Moment auf meinen Reisen. Er dauert nur kurz, nur eine Sekunde, und doch ist es für mich in Äthiopien manchmal so gewesen, als würde ich einen Menschen durch diesen einen Moment des Handschlags kennenlernen. Es ist genau das, worum es geht: ein Moment des Bands, eine Geschichte ohne Worte. Ich lade diese Augenblicke natürlich auf, weil ich vor Ort nicht so viele Möglichkeiten habe, den Menschen nahezukommen. Das Handgeben ist daher eine Art des In-Beziehung-Gehens, der Intimität, wie ich sie sonst selten habe. Hände erzählen Geschichten.

Ich denke an die Hand meines Vaters, wie sie war, als er in Deutschland auf den Baustellen malochte; die Muskeln, die Risse, die die Härte der Arbeit belegten.

Ich denke an die Hand meines Opas, eine Hornhaut, bei der es mir vorkam, als könne man ein Messer werfen und sie blockte es ab.

Ich denke an die Hand eines älteren Mannes in Äthiopien, der mich mit der sanften Aura, die er hatte, anzog; weißer als sein Haar kann kein weißes Haar sein, ein vom Leben gezeichnetes, wunderschönes Gesicht, leuchtende Augen. Wir begegneten uns inmitten von viel Weite an einem abgestorbenen Baum, und als ich ihm die Hand gab, dachte ich: Sein ganzes Leben steckt in dieser Hand. Sein ganzes Schaffen. Ich kann nur erahnen, was dies bedeutet.

Er muss die Hungersnöte erlebt haben, ja, offensichtlich überlebt, aber wie? Er muss Menschen gesehen haben, die neben ihm verhungert sind, weil sie wochenlang nichts zu essen hatten. Mein Leben muss verglichen mit seinem ein Spaziergang gewesen sein, aber auch hier: Ich akzeptiere, dass dies eine Sache ist, die ich nicht verstehen kann und die zu verstehen mir auch nichts nutzen würde. Ich kann ihn nur anschauen mit dem tiefsten Respekt, den ich für einen Menschen empfinden kann, und bin froh, dass er meine Hand nimmt, dass ich seine fühlen darf, rau wie die Rinde des Baums. Und dann sehe ich in das Gesicht und kann mir nicht vorstellen, dass es ein wärmeres Lächeln gibt als dieses. So nah liegen die Extreme beieinander: Härte und Herzlichkeit.

Was also sind Probleme? Ich habe erlebt, dass es sich wie das Schlimmste auf der Welt anfühlen kann, beim Fußball einen Fehler zu machen. Wenn du das Spiel verlierst, denkst du, du bist tot. Doch die Probleme, die ich habe, und die, die ich bei den meisten anderen Menschen im westlichen Kontext sehe, bedeuten nicht, dass ihr Leben oder das Leben ihrer Angehörigen permanent in Gefahr ist. Das Bewertungssystem für Probleme, das ich und viele andere in sich tragen, reicht nicht aus, um das Leid der ganzen Welt darin einzuordnen. Viele von uns haben eine Skala von Millimetern oder Zentimetern, global betrachtet müssten wir dann aber in Kilometern messen. Wenn ich höre: Natürlich haben *die in Afrika* ganz andere Probleme, *dort* leben sie ja unter ganz anderen Umständen, frage ich mich, was das bedeuten soll. Sprechen wir ihnen nicht die Menschlichkeit ab, wenn wir dies einfach so hinnehmen, so ist es eben? Ist dies ein gegebener, unverrückbarer Zustand, an dem wir nichts ändern sollten?

9 Wer ist hier zivilisiert?

Stellen wir uns vor: An einem großen Konferenztisch in Addis Abeba versammeln sich mehrere Menschen unterschiedlicher afrikanischer Staaten. Vor ihnen ausgebreitet liegt eine Karte von Europa, einer sagt: Jetzt hol doch mal ein Lineal und einen Stift. Die anderen nicken zustimmend und erwartungsfroh, auch ein bisschen Gier ist in ihren Blicken zu erkennen. Dann beginnen sie, Landstriche abzumessen, in denen noch niemand von ihnen jemals war. Sie kennen weder Kultur noch Geschichte, sie wissen nichts über die Menschen, die dort leben, und ob sie sich ähnlich sind oder unterschiedliche Bräuche und Traditionen haben. Aber aus der Ferne haben die Gebiete ihre Reize, sie versprechen Schätze, man will sie einfach haben – und zum Herrscher werden über Geschichte, Kultur, Politik und Wirtschaft. Sie ziehen Linien und teilen jedem am Tisch etwas zu. Äthiopien geht nicht schlecht aus der Verhandlung raus: Es ist jetzt Besitzer von Nordfrankreich und Westdeutschland, und nach langem Zetern hat es auch Belgien hinzubekommen. Uganda erhielt den Zuschlag für Südfrankreich, einen Kanton der Schweiz und – kein schlechter Deal – Rom gab es auch noch obendrauf.

Ich sehe ein, dass dieses Gedankenspiel eine Simplifizierung und Polemik in sich trägt, aber wir alle müssen doch zugeben, dass letztlich nichts anderes herausgekommen ist, nachdem im November 1884 auf Einladung des deutschen Reichskanzlers Otto von Bismarck Vertreter der USA, des Osmanischen Reiches und der europäischen Mächte im Reichskanzlerpalais in der Wilhelmstraße in Berlin zusammengekommen waren. Im Februar 1885 unterzeichneten sie auf dieser sogenannten Berliner Konferenz die Kongoakte, eine Urkunde, die als Basis dafür diente, wie sie Afrika in den folgenden Jahren unter sich aufteilen würden. Dabei nahmen sie keine Rücksicht darauf, welche Gebiete durch Kulturen, Religionen oder Stämme zusammenhingen. Den größten Coup landete bei dieser Verhandlung der belgische König Leopold II., der sich den Kongo als »Privatbesitz« sicherte, ein Land im Zentrum, reich an Rohstoffen. Ihm gehörten nun mehr als zwei Millionen Quadratkilometer Land, 76-mal so viel wie Belgien. Mehrere Jahre hatte Leopold II. auf diesen Moment hintaktiert. Neun Jahre zuvor, 1876, hatte er bei der geografischen Konferenz in Brüssel eine Rede gehalten, mit der er viele mitgerissen haben soll: Er hatte sich als derjenige verkauft, der Fortschritt in die Region bringen wollte, und den Menschen die *Zivilisation*. Tatsächlich war dies der Beginn eines der schlimmsten Kapitel der Kolonialzeit. Unter seiner Herrschaft wurde im Kongo vor allem Kautschuk geplündert, das wegen der vermehrten Reifenproduktion in Europa zum begehrten Rohstoff geworden war. Bis zu zehn Millionen Menschen starben, die Hälfte der Bevölkerung. Viele wurden auf brutalste Weise ermordet. Gekommen war Leopold II. im selbst ernannten Auftrag, Gutes zu tun;

ein scheinbarer Wohltäter, der tatsächlich ein Schreckens-
herrscher war.

Als ich das erste Mal von Leopold II. hörte, kam mir seine
Geschichte wie ein übertrieben inszenierter Blockbuster
vor: ein Bösewicht, dem egal ist, wie viele Menschen durch
sein Handeln draufgehen, der sich weder um 100 000 noch
um eine Million Leben schert, solange er sein Geld verdient
und seine Macht erweitert. Ich schaue mir dies noch immer an, als wäre es Fiktion, denn es erscheint so weit weg
von einer Realität, die sich begreifen lässt. Doch was wissen
wir alles nicht von dem, was damals geschah? Von der Ungerechtigkeit, die an Konferenztischen beschlossen wurde,
bis zu den Verbrechen, die sich dann auf weit entferntem
Boden ereigneten? Wie kann wahr sein, was an Ungeheu-
erlichkeiten passierte? Und wieso ist das kaum Teil unserer
Erinnerungskultur?

Durch meine Stiftungsarbeit begann ich, mich intensiv
damit auseinanderzusetzen, wie unsere Welt zusammenhängt, wie Arm und Reich sich bedingen, wie wir alle durch
unser Tun miteinander verbunden sind, und das hieß vor
allem, mich mit der Kolonialzeit zu beschäftigen. Ich hatte
das alles vorher nicht gewusst. Ich hatte es nicht gelernt. In
den amerikanischen Schulen, die ich besucht hatte, hatte es
immer nur geheißen: America is great.

Ein Buch, das mich sehr aufrüttelte, ist ein Klassiker aus
den Siebzigern von Walter Rodney: How Europe under-
developed Africa. Wie Europa Afrika unterentwickelte. Es
zeigte mir die Heuchelei von scheinbar wohltätigen Institutionen auf. Beispielsweise wie sich die Kirche am Skla-
venhandel beteiligte, weil das unglaublich rentabel war. Die
Kirche gab den Händlern die moralische Legitimation und

hielt Sklaven dazu an, sich der Situation in Demut zu fügen. Im Auftrag von Queen Elizabeth I. stach ein Schiff in See, um Menschen zu transportieren, das den Namen »Jesus« trug. Schilderungen wie diese sind pervers. Wir können aber nicht nur den Kopf schütteln über das, was damals geschah, es von uns weisen, als wären es extreme Gegebenheiten. Wir können es nicht rechtfertigen mit: Es ist doch lange her. Das, was damals geschah, hat nicht einfach gestoppt. Die Ungerechtigkeiten, die damals verbrochen wurden, bestehen weiter fort und sind Teil unserer Lebensrealität. Sie prägen unsere Art zu denken, zu reden und zu handeln. Deshalb gibt es immer noch Rassismus, deshalb müssen wir immer noch über die Ausbeutung von Menschen und Ressourcen reden.

Nachdem ich viel über die Kolonialgeschichte gelesen hatte, machte ich einen wissenschaftlichen Online-Test der Universität Harvard zu der Frage, wie unbewusst rassistisch ich bin. Bei diesem Test bekommst du Gesichter unterschiedlicher Herkunft gezeigt, woraufhin deine Reaktion verzeichnet wird, dein Instinkt. Der Test soll dein Inneres entlarven, Dinge, die selbst dir nicht bewusst sind. Vielen Menschen, die denken, sie seien nicht rassistisch, bringt er das Ergebnis, dass sie doch rassistische Denkweisen haben, weil sie durch die Gesellschaft und ihre Projektionen geprägt sind: das, was wir gewohnt sind zu sehen. Es gibt noch nicht lange Filme, in denen ein Schwarzer Mensch ein Held ist. Viel häufiger ist er Täter, Krimineller, Wilder, Zurückgebliebener – oder in einer unbedeutenden Nebenrolle. Ein Schwarzer Mann mit Hoodie löst daher mehr Unbehagen aus als ein weißer. Als ich den Test machte, muss in mir eine große Wut gewesen sein auf die Geschichte, die von den weißen Männern auf brutale Weise geschrieben worden war. Mein Ergebnis besagte, dass ich die Weißen verurteilte. Auch ich behandelte also in gewisser Hinsicht nicht alle Menschen gleich.

Was mich so aufgebracht hat, ist der Fakt, dass wir weit entfernt sind von einer globalen Gemeinschaft, die sich wahrhaftig mit ihrer Geschichte und deren Folgen in der Gegenwart auseinandersetzt. In plakativen Worten: Viele denken mit ihrer westlichen Sicht, dass wir den »armen Afrikanern« Geld geben, damit sie auch etwas haben. Die, die das denken, haben aber nicht verstanden, was diese armen Afrikaner uns ermöglichen, damit wir hier dieses reiche Leben leben können, das wir leben. Wir tragen alle wie selbstverständlich ein Smartphone mit uns herum, dessen Rohstoffe aus Afrika kommen, wo Menschen einen Hungerlohn verdienen für eine schwere und gefährliche Arbeit, für die wir am Ende keinen fairen Preis bezahlen – man kann sagen: Sie sind es, die für unsere Entwicklung arbeiten. Wie würden wir ohne Afrika unsere Autos, unsere elektronischen Geräte produzieren? Oder Kaffee. Er wird in einigen afrikanischen Ländern angebaut und geerntet, vor allem in Äthiopien, wo sein Ursprung liegen soll. Geröstet wird der Kaffee aufgrund ungeöffneter Märkte, hoher Zölle und logistischer Gründe aber in Europa. Wir entnehmen also nur die Ressource und machen selbst etwas aus ihr, anstatt denen, die diese Ressource haben, diese Arbeit zu überlassen. Die, die am meisten am Kaffee verdienen, sind die, die nah am Kunden sind, nicht die weit entfernten, die auf den Feldern ackern und ganz am Anfang der Produktionskette stehen. Sie bekommen für unsere Luxusprodukte kaum etwas. Von drei Euro, die wir für eine Tasse Kaffee bezahlen, erhält der Bauer einen Cent.

Mit den wirtschaftlichen Strukturen, die wir haben, mit der Ausbeutung der Rohstoffe in ärmeren Ländern und der industriellen Verarbeitung in den reicheren Ländern verstärken wir das existierende Ungleichgewicht. Was wir erkennen müssen, ist, dass wir eine neue, moderne, menschengerechte Wirtschafts- und Handelspolitik brauchen, denn die ökonomischen Bedingungen erhalten die postkolonialen Strukturen aufrecht. Die Länder im globalen Westen haben in den vergangenen Jahrhunderten enorm viel profitiert, und zwar auf Kosten des Südens, und sie tun es noch immer. Wir können uns nicht damit rausreden, dass wir nichts damit zu tun haben, denn alles hängt mit allem zusammen: Das Früher wirkt ins Heute. Die Geschichte verteilte Rollen. Sie wies den einen zu, Profiteure zu sein, und den anderen, Benachteiligte. Nur weil die arm sind, sind wir so reich. Würden wir wirklich faire Preise für die ganzen Rohstoffe bezahlen, dann würde uns ein Kaffee 20 Euro kosten und unser Handy so viel wie ein Auto. Was wir also machen müssen: fundamental umdenken.

Manchmal sagen Menschen zu mir Sätze wie: Gut, dass du das machst; gut, dass ihr dort seid und den Menschen helft, Bildung ist ja wichtig. Hinter Sätzen wie diesen höre ich: Ihr wisst ja, wie es geht, und die Afrikaner müssen auch mal endlich Lesen und Schreiben lernen.

Auch das ist koloniales Denken, denn es impliziert: Die sind anders als wir; wir sind die Starken, die die Schwachen; wir Starken helfen den Schwachen. Dabei sind wir nur ökonomisch stark, nicht moralisch. Gegen das koloniale Denken, das in uns ist, gibt es noch viel zu wenig Gegenwehr. Wir brauchen sie aber, denn was wir für eine wirklich globale Gemeinschaft korrigieren müssen, ist genau dieses Narrativ: Wir helfen Menschen, die es selbst nicht können, als seien die Menschen keine Subjekte, sondern arme, passive Objekte, die nichts haben, nichts können, nichts wissen. Diese Haltung schafft Distanz zu Menschen, die ohne uns nicht vorankämen und in ihrer Einfachheit verharren würden. Würde dieses Narrativ stimmen, wäre alles, was wir machen, super. Dann müssten wir gar nicht darüber nachdenken, wie wir etwas machen. Allein die Tatsache, dass wir irgendetwas machen, würde uns als die Guten darstellen, sonst würde ja nichts passieren, also ist alles besser als nichts.

Als ebendiese Art von Humanisten haben sich die Kolonialisten dargestellt: Wir wissen um die Wahrheit, wir bringen die Zivilisation, sagten sie. Und meinten damit: ihre Kleidung, ihre Sprache, ihre Religion, ihre Politik, ihre Bildung. Sie kamen gar nicht auf die Idee, dass es außerhalb ihres Systems ein anderes geben könnte, das auf anderen Kategorien basiert und andere Bewertungen vornimmt. Die Kolonialzeit ist auf einem westlich gängigen Bewertungssystem aufgebaut, in dem alles eingeordnet werden konnte, und allein anhand dieses Systems wurde bewertet, dass die anderen nicht zivilisiert sind: Nur weil sie nicht die gleiche Art von Kleidung trugen, an andere Götter glaubten und Schwarz waren, schienen sie weniger gute Menschen zu sein. Wie zivilisiert verhielten sich die Westler, die wie die Wilden zahllose Völkermorde begingen und Generationen von Menschen eines ganzen Kontinents versklavten?

Wenn allein die Welt, in der wir leben, unser Weltbild

schafft, tun wir so, als hätten die anderen keine Geschichte. Dann werten wir Menschen als unterentwickelt ab, pauschal, für immer. Wenn wir nur aus unserer Perspektive denken, wenn wir deren Probleme, die wir nicht kennen, zwar als schwer bewerten, sie aber auch hinnehmen, weil die, die anders sind, nun mal auch andere Probleme haben, erkennen wir den Menschen ihre Menschlichkeit ab.

Was wissen wir über Afrika?

Diese Frage kann sich jeder selbst beantworten. Doch ich nehme an, viele Bilder, die entstehen, sind geprägt von Natur und Tieren. Die afrikanischen Landschaften erscheinen pur, abseits vom normalen Leben, wie wir es kennen. Das Klischee ist: Nach Afrika geht man, um Safari zu machen. Die zugespitzte Vorstellung des Afrikaners: ist Schwarz, wohnt in einer Hütte, ist arm, hat wenig Klamotten, hat in seiner Umgebung einen Konflikt. Ein gesamter Kontinent wird durch Pauschalannahmen wie diese entmenschlicht. Die, die dort leben, werden nicht im Kontext gesehen von einem Gestern, das ins Heute wirkt. Stattdessen platzieren wir diese Menschen in einen Kontext, den wir gewohnt sind und in dem wir allein bestehen, weil es ja unser Kontext ist und er den ihren nicht berücksichtigt. Was für ein Wissen gibt es über die vielen Revolutionen, die es allein seit dem Zweiten Weltkrieg in afrikanischen Ländern gab? Wie schauen wir auf diesen Kontinent, der so dynamisch ist wie kein anderer?

Um das koloniale Mindset, das wir in uns tragen, zu ändern, müssen wir viel mehr über Geschichten diskutieren, die sich außerhalb von dem Ort, an dem wir leben, abgespielt haben; müssen wir unseren Blick nicht immer nur auf unser Land, unseren Kontinent, unsere Partner lenken; müssen wir ein realitätsnahes Bild von einer Welt entwickeln, in der nicht die Europäer die einzigen Akteure sind, die Einzigen, die alles zu lösen imstande sind; müssen Geschichten erzählt werden von einzelnen Menschen.

Wäre es nicht ratsam, die Systeme, in denen wir leben, gegenüberzustellen, um von den anderen zu lernen? In unseren Augen ist es sonderbar, dass in Äthiopien ein Kind mit zehn Jahren den Haushalt führt, auf dem Feld ackert und sich um die Tiere kümmert. In den Augen der Äthiopier muss es sonderbar sein, dass Menschen, die alt sind, in ein Heim abgeschoben werden, wo sie einmal im Monat Besuch bekommen. In Äthiopien habe ich erlebt, mit wie viel Respekt die Alten behandelt werden, und auch wie sich die Gemeinschaft um Leute kümmert, die Partner oder Partnerin verloren haben; wie sie jemanden in Not auffängt, ohne das als eine sozialstaatliche Maßnahme oder ein soziales Ehrenamt zu deklarieren. Wenn wir dies ernsthaft in unser Narrativ einbauen, kommen wir um eine dringliche Frage nicht herum: Sind Menschen anderswo auf der Welt womöglich zivilisierter als wir?

Ich selbst komme aus der westlichen Welt, ich sehe mit westlichen Augen, und ich weiß aus meiner eigenen Geschichte, dass es schwer ist, den Blick zu ändern, dass allein aber schon die Auseinandersetzung ein Weg sein kann, die Perspektive zu erweitern: sich bewusst Zeit zu nehmen, um zu verstehen, was passiert ist. Und selbst wenn es sich am Ende nicht gänzlich verstehen lässt, diese Dinge als gegeben anzunehmen, um zu signalisieren: Ich sehe, dass es passiert ist, und es ist mir nicht egal.

Ich habe keine eindeutigen Lösungen, wie wir alle Ungerechtigkeiten dieser Welt lösen sollten. Und natürlich ist mir bewusst, dass es leichter ist zu sagen, was für mich noch nicht passt, als aufzuzeigen: So sollten wir es machen, so kommen wir dahin. Ich selbst bin auch auf der Suche, seit ich begonnen habe, die Welt im Ganzen zu betrachten, und mache immer wieder Fehler. Womit ich dabei hadere, ist die Rolle, die man mir zuschreiben kann: Ich gebe Geld für Menschen, weil sie arm sind. Das tue ich nicht. Ich gebe mein Geld, weil es ein Schritt zu einer Welt ist, in der ich leben möchte; in der es nicht die Gewinner und die Verlierer gibt, nur weil Menschen in bestimmten Erdteilen geboren wurden und sie die Umstände zu denen machen, die sie sind. Wofür ich mein Geld geben möchte, ist, dass wir dahin kommen, einander alle als Menschen zu sehen; dass wir nicht, sobald es um Orte außerhalb des eigenen Landes, des eigenen Kontinents geht, denken, dort leben Untergeordnete. Wofür ich mein Geld gebe, ist, dass wir an Lösungen arbeiten, die ein Mindestmaß an Menschlichkeit schaffen. Wofür ich mein Geld gebe, ist: weniger globale Ungerechtigkeit.

Dass wir weit davon entfernt sind, wird mir immer wieder deutlich, in unserer Haltung und in unserer Sprache, auch bei mir selbst. Es gibt Denkmuster und Redewendungen, die wir durchbrechen müssen, um uns in einer globalen Gemeinschaft ebenbürtig zu begegnen. Ich beispielsweise habe schon Schwierigkeiten, in Worte zu fassen, was ich mit meiner Stiftung tue, ohne dass es keine Reibung in mir auslöst.

Weil ich derjenige bin, der das Geld hat und sich dadurch

in einer Machtposition befindet, bringt die Zusammenarbeit mit einem Partner vor Ort die Verpflichtung mit sich, dafür Sorge zu tragen, dass Spenden aus dem Spenderland ordentlich eingesetzt werden. Ich muss also die Arbeit der Menschen vor Ort prüfen. Das bereitet mir manchmal ein unstimmiges Gefühl: als könnte es schlecht sein, was sie tun. Dabei ist mir bewusst, dass ich nicht überprüfe, weil meine Motivation Misstrauen ist, sondern der Anspruch an Professionalität. Es ist mein Job, den ich in jedem anderen Land auch ausführen müsste.

Andere fassen oft in Worte, dass ich *Gutes tue,* dass ich *helfe.* Ich vermeide diese Formulierungen. Wenn ich sage, ich tue Gutes, scheint mir das schlichte Tun als Sinn zu reichen, ohne mir genau anzuschauen, ob etwas Gutes herauskommt. Helfen kann ich jemandem, der die gleichen Ausgangsvoraussetzungen wie ich hat. Ich kann dem helfen, mit dem ich in einem Zimmer bin und der einen schweren Tisch von rechts nach links schieben möchte. Aber ich kann nicht dem helfen, der zum Benachteiligten gemacht wurde, während ich in der Rolle des Profiteurs bin; nicht dem, dessen Armut auf meinem Reichtum basiert.

Was tue ich also? Was tun wir als Stiftung? Für uns ist es nicht einfach, dies zu formulieren, und wir sind immer auf der Suche nach der passenden Sprache. Folgende Formulierungen haben wir benutzt:

Wir dienen. Dies ist eine Bezeichnung, die sich unserem Tun zumindest annähert: Wir stellen uns nicht wie beim *Helfen* über, sondern unter die Menschen und tun etwas, das in ihrem Interesse ist, damit ihr Menschenrecht nicht nur auf dem Papier existiert, sondern Realität wird.

Wir setzen uns ein. Auch dies kommt dem nahe, aber einen Einsatz gibt auch der, der auf etwas wettet, der sich nicht sicher ist: Ist das richtig, springt dabei was für mich raus?

Was wir sagen, wirkt in unser Denken, daher ist es so wichtig, es zu kontrollieren und uns zu korrigieren. Es ist die einfachste Art, unserem postkolonialen Mindset entgegenzuwirken.

Manchmal höre ich: Ey, Neven, du bohrst ja Brunnen in Afrika. Nein, sage ich dann. Denn ich habe nicht Geologie studiert, ich weiß nur wenig Praktisches über Brunnenbau, ich bin kein Experte. Wenn ich die Anweisung bekommen würde, einen Brunnen zu bauen, müsste ich sagen: Puh, ich hol mir einen Spaten – und jetzt? Ich habe nie in meinem Leben mit Beton gearbeitet. Ich bin definitiv nicht der, der einen Brunnen in Afrika bohrt. Höre ich so einen Satz, erzähle ich gerne von unserem Partner in Äthiopien, und am liebsten von einem Techniker, der so und so viele Kinder hat und in dem und dem Dorf wohnt, damit eine Geschichte ein Gesicht bekommt: einen wirklichen Protagonisten.

Wir sind nicht die, die die Arbeit machen; nicht die, die geben, während die anderen nehmen; wir setzen auf Partnerschaften. Daher haben wir bewusst einen lokalen Partner mit Mitarbeitern ausgewählt, die in Äthiopien geboren und ausgebildet sind. Sie sind nicht nur technisch bei den Bohrungen sehr fähig, sondern auch kulturell: Sie verstehen die Menschen und sie bleiben vor Ort, während wir einige Wochen im Jahr da sind, um gezielt unsere Arbeit auszuführen.

So wie es um die Sprache, die wir sprechen, geht, geht es auch um die Bilder, die wir aussenden. Wenn wir als Stiftung in Äthiopien sind, werden von unserem Medienteam viele Bilder und Videos gemacht, damit wir unsere Arbeit verdeutlichen und ein Bewusstsein schaffen können. Worauf wir dabei achten: Menschen nicht in einer großen Gruppe zu zeigen, als wären sie nur eine Masse. Wir wollen vor allem einzelne Menschen auf den Bildern haben, um zu verdeutlichen, dass da immer ein Mensch mit Geschichte ist. Daher verwenden wir, das Einverständnis vorausgesetzt, gerne auch seinen oder ihren Namen. Wir wollen die, die wir zeigen, nicht als arme Figuren darstellen, nicht als die Ausgehungerten, deren magere Körper am besten noch von Fliegen umkreist werden. Das würde sie sehr entmenschlichen. Wir versuchen die Menschen so zu zeigen, wie sie sind, nicht besser und nicht schlechter; so wie wir sie erleben: mit ihrer Herzlichkeit und mit der eingeschriebenen Härte ihres Lebens.

Dieses Zusammenspiel von Herzlichkeit und Härte bleibt für mich unvorstellbar, ja übermenschlich – der Alltag, der auf dem Land von den Feldern bestimmt wird, von der Arbeit mit den Tieren und von dem Grundbedürfnis, an Wasser zu kommen. Die Ungerechtigkeit, die ich empfinde, wenn ich dort bin, ist so groß, dass ich sie nicht in Worte fassen kann; und auch nicht in einen Ton, denn ich kann nicht so laut schreien, wie es angemessen wäre. Und dann sehe ich diese Menschen und ihr Lachen und sehe, wie viel wir im Westen, die wir denken, wir hätten es schwer, wir hätten die Zivilisation erschaffen, zu lernen haben: über das, was das Leben bedeutet. Was wirkliche existenzielle Probleme sind. Dass Herzschmerz nicht der tiefste globale Schmerz ist. Was es bedeutet, mitmenschlich zueinander zu sein. Und mit welcher Hingabe man sich in diesem Leben bewegen kann, wenn es um das wirklich Lebenswichtige geht.

10   Ein Menschenrecht

Eine der traurigsten Geschichten, die ich je in Äthiopien gehört habe: Die 13-jährige Letikiros lebt mit ihrer Familie in einer Hütte auf einem Berg. Jeden Tag muss sie diesen heruntergehen, was einige Stunden dauert, und später wieder hoch, wobei ich die genaue Anzahl der Stunden nicht kenne. Sie trägt dabei einen Krug aus Ton, der in der Regel zwanzig Liter fasst. Als sie an dem Brunnen ankommt, an dem sich viele Frauen aus der Umgebung treffen, muss sie lange in der Schlange stehen, bis sie an der Reihe ist. Inzwischen prallt die Sonne, und weil sie eine der Letzten ist, die drankommen, ist es schon spät, als sie zurückgeht, durch brutale Hitze, den Krug gefüllt mit Wasser auf dem Rücken, der für den Tag und die gesamte Familie reichen soll. Sie steigt den Berg hoch und kippt, bevor sie zu Hause ankommt, um. Der Krug zerbricht dabei, das Wasser läuft aus. Was soll sie machen? Sie kann nicht noch mal zurück zum Brunnen, viel zu weit. Und ohnehin, den Krug kann sie nicht mehr benutzen, sie hat für diesen Tag für ihre Familie kein Wasser. Sie nimmt das Seil, das sie um den Krug gebunden hat, um ihn zu tragen, und erhängt sich.

Eigentlich bin ich ein Mensch, der in Zahlen denkt, nicht in Geschichten. Ich brauche Fakten, lese Studien und Statistiken, um ein Maß zu haben, um ein Urteil fällen zu können. So habe ich das Thema und das Land für meine Stiftung ausgewählt. Nur 39 Prozent der äthiopischen Bevölkerung haben laut einem Bericht von UNICEF und der WHO aus dem Jahr 2017 uneingeschränkten Zugang zu sauberem Trinkwasser. Das ist schon eine große Verbesserung im Vergleich zum Beginn des Jahrtausends: Da waren es nur 17 Prozent. In den ländlichen Regionen des Landes, in denen 80 Prozent der Gesamtbevölkerung leben, ist die Zahl geringer: Dort sind es 30 Prozent. Den Menschen bleibt nichts anderes übrig, als sich ihr Wasser aus Tümpeln, Bächen und Pfützen zu holen; aus ungeschützten Quellen, die auch von Tieren genutzt werden und daher stark gesundheitsgefährdend und lebensbedrohlich sein können. Bei der Sanitärversorgung ist es noch gravierender: Über 90 Prozent fehlt ein Zugang zu Sanitäranlagen oder Hygieneeinrichtungen, in ländlichen Regionen sind es 96 Prozent. Menschen richten ihre Notdurft daher im Freien aus, so können sich Krankheiten leichter ausbreiten.

Bei meinen Recherchen verstand ich, dass sich durch sauberes Wasser, Sanitäranlagen und Hygiene – die drei Grundlagen der humanitären Hilfe, die man laut WHO-Standard kurz als WASH bezeichnet – viele Tode vermeiden lassen. Jeden Tag sterben weltweit 3600 Kinder unter fünf Jahren an Durchfallerkrankungen. In Äthiopien lag die Sterblichkeitsrate für diese Altersgruppe 2011 bei 88 Todesfällen pro tausend Menschen. Die Hälfte dieser Durchfallerkrankungen ließe sich laut Experten vermeiden, wenn sich die Kinder regelmäßig ihre Hände mit Seife waschen könnten. Das sind Zahlen, die erschreckend sind, unaushaltbar, die mich motivieren zu tun, was ich tue. Aber es sind Zahlen. Die Geschichten bekomme ich oft nicht mit. Ich höre eher die positiven: was ein Brunnen mit einer Gemeinde macht, wie viel mehr Schülerinnen und Schüler wegen eines Brunnens nun die Schule besuchen. Der Weg zum Tod, der durch verunreinigtes Wasser verursacht wird, ist in der Regel ein langsamer. Er ist nicht wie ein Schuss ins Genick, du trinkst nicht und fällst sofort um. Er ist in gewissem Sinne unspektakulär, still und schleichend, denn der Körper baut nach und nach ab.

Die Geschichte der 13-Jährigen hat mich in ihrer Verzweiflung und Ausweglosigkeit tief berührt. Für mich ist es ein gängiges Bild, das ich in Äthiopien hundertfach gesehen habe: Frauen laufen mit schwerer Last umher und besteigen mit ihr die Berge. Ich erinnere mich, dass wir einmal innerhalb von vierzig Minuten tausend Höhenmeter machten – mit dem Auto. Und dann sah ich eine Frau zu Fuß laufen, die einen Kanister auf dem Rücken trug. Woher kommt sie, fragte ich mich und fand nur eine schlüssige Antwort: wahrscheinlich wie wir aus dem Tal. Dort hatte ich einen Brunnen gesehen, und wenn es stimmte, dass sie dorther kam, dann muss sie Stunden unterwegs gewesen sein. Die Statistik besagt, dass in ländlichen Gebieten, insbesondere südlich der Sahara, Menschen im Schnitt sechs Kilometer zurücklegen, um an Wasser zu kommen – und das mit Kanistern, die zwanzig Kilo wiegen.

Wie es für die junge Frau, die ihrem Leben ein Ende bereitete, gewesen sein muss, darüber kann ich nur spekulieren. Ich denke an die Erschöpfung, die sich über die Zeit in ihr summiert haben muss; die Verantwortung, die sie für die Familie trug; die Scham möglicherweise, dass sie das nicht verkraften konnte; und ich frage mich: Kann man sich wirklich an so eine Last gewöhnen, die sie täglich getragen hat?

Ohne Wasser kein Leben. Diese Gleichung ist einfach. Es ist daher auch eine längst überfällige Logik gewesen, dass der Zugang zu Wasser von der Generalversammlung der Vereinten Nationen am 28. Juni 2010 offiziell als ein Menschenrecht deklariert wurde. Ohne Wasser kein Leben. Wahrscheinlich ist dies eine der Gewissheiten, bei der es schwer sein wird, jemanden zu finden, der dem nicht zustimmt. Wir brauchen Wasser zum Trinken, zum Kochen, zum Putzen, für jede Art von Hygiene. Für mich und uns im Westen liegt die wirkliche Bedeutung dieses Satzes dennoch außerhalb unserer Vorstellung. Wir wissen nicht, was es wirklich bedeutet, wenn es durch Wasser kein Leben gibt, wenn durch Wasser täglich Leben bedroht sind. Wir wissen nicht, wie der Zugang zu Wasser den Alltag bestimmen kann.

Aktuell sind es laut WHO 785 Millionen Menschen, die weltweit keinen Zugang zu einer einfachen Wasserversorgung haben. Eine einfache Wasserversorgung zu haben bedeutet, dass man innerhalb von dreißig Minuten an eine saubere Quelle gelangen kann, um daraus zu schöpfen. Vielleicht wäre es für uns interessant, uns einmal vor eine dreckige, verschmutzte Quelle zu stellen, in die auch Tiere reinmachen? Wer würde von uns davon trinken? Dann bekämen wir den Ansatz eines Gefühls davon.

Auf meinen ersten Reisen nach Äthiopien begegnete ich in den Gemeinden Menschen und fragte sie nach ihrer

Wassersituation. Die ersten Fragen, die ich stellte, waren meist: Wie weit ist es zu eurer Quelle, wo holt ihr Wasser, wie viel Kraft und wie viel Zeit müsst ihr aufwenden? Als Antwort hörte ich oft: dahinten. Und es wurde in eine Richtung gezeigt. Langsam versuchte ich mich mit dem Dolmetscher anzunähern, wie ich *dahinten* verstehen konnte. Da Minuten oder Kilometer in Äthiopien keine Größe sind, wird manchmal auf alltägliche Einheiten zurückgegriffen: so lange wie ich einen Kaffee mache. Das bedeutet eine halbe Stunde. Oft lagen die Entfernungen, die mir gesagt wurden, bei einer Stunde oder bei zwei Stunden. Anfangs zweifelte ich an den Angaben: Konnte es wirklich so weit weg sein? Wir stiegen ins Auto und fuhren die Strecke ab, und ich war erstaunt, wie viele Kilometer wir unterwegs waren. Natürlich passte es nicht immer zu dem, was sie gesagt hatten, manchmal war es mehr, manchmal weniger. Keiner dieser Menschen war ja jemals mit einer Stoppuhr unterwegs.

Als Zweites fragte ich: Was für eine Quelle ist es? Wie sieht sie aus, ist sie sauber oder dreckig? Wird sie gereinigt? Urinieren dort Kühe rein?

Eines meiner gängigen Bilder aus den vergangenen Jahren ist, wie Menschen aus dreckigen Pfützen schöpfen. Wenn ich fünf Stunden über das Land fahre, sehe ich es hundertmal. An einem kleinen Bach entlang einer Hauptstraße waschen Lastwagenfahrer ihr Fahrzeug, ein paar hundert Meter weiter baden einige, zwanzig Meter weiter stehen Kühe. Das Erschreckendste an Szenen wie dieser ist vielleicht, dass es wenig erschreckend für mich ist. Am Anfang mag es noch den Moment gegeben haben, an dem ich es mir anschaute wie in einem Film, den ich kurz anhalten musste, das Bild gefror, und ich dachte: Krass. Aber ich will in Momenten wie diesen nicht verharren, nicht starr bleiben. Was bringt es mir, dies zu beobachten, berührt zu sein? Das Einzige, was ich inzwischen daraus ziehe, ist: Es ist noch so viel zu tun.

Bislang sind an Gemeinden und Schulen in Äthiopien durch meine Stiftung 363 Projekte entstanden, dadurch haben 120 000 Menschen Zugang zu WASH. All diese Projekte haben sich in denselben Schritten entwickelt und wurden von unserem Partner *Rest* durchgeführt.

Ein Team aus Hydrologen und Geologen führt eine Machbarkeitsanalyse durch und wählt nach Absprachen mit der Gemeinde den passenden Standort aus. Dabei ist wichtig, dass eine Wasserstelle 25 Liter Wasser pro Gemeindemitglied am Tag zur Verfügung stellt und sie von den Nutzern nicht weiter als einen Kilometer entfernt ist. Die Kosten werden analysiert und die Spenden dem Projekt zugeteilt. Materialien werden bestellt, Bohrteams und Techniker organisiert, die Gemeinden informiert. Das Bohrteam beginnt, vierzig bis sechzig Meter tief durch Erde, Sand und Stein zum sauberen Grundwasser vorzudringen, dann wird eine Handpumpe installiert. Bei diesem Moment sind die Menschen aus der Gemeinde dabei, denn sie sollen für den Umgang geschult werden. In jeder Gemeinde werden sogenannte WASH-Committees etabliert: Drei Frauen und drei Männer sind dafür verantwortlich, alle anderen aufzuklären und dafür zu sorgen, dass der Brunnen im Alltag nachhaltig genutzt wird. Sie kümmern sich darum, dass die Umgebung sauber bleibt und dass die Hygiene am Brunnen nicht gefährdet ist. Sie schließen ihn beispielsweise über Nacht ab, damit er vor Tieren geschützt wird, und es werden Nutzungszeiten festgelegt, sodass der Brunnen nicht übergenutzt wird und sich das Grundwasservorkommen regenerieren kann. Das WASH-Committee ist auch für die Wartung des Brunnens zuständig und erledigt kleinere Reparaturen. Dabei wird es, wenn nötig, von lokalen Technikern unterstützt.

An den Schulen werden neben einem Brunnen auch Sanitäranlagen installiert, sodass Jungen und Mädchen getrennt auf die Toilette gehen und sich anschließend die Hände waschen können. Hier formieren sich einige Schülerinnen und Schüler zu WASH-Clubs. Ähnlich wie in den Gemeinden erhalten sie eine besondere Schulung zur Nutzung von Wasser und über die Bedeutung von Hygiene, um ihr Wissen anschließend an alle anderen weiterzugeben. Sie bringen dann ihren Mitschülern bei, wie man den Brunnen hygienisch hält. Sie organisieren, wer die Sanitäranlagen putzt, und klären auf, wie man mit Wasser umgeht, damit es nicht kontaminiert wird, wenn es mit dreckigen Fingern oder dreckigen Behältern in Berührung kommt. Was ein WASH-Club konkret macht, liegt im Ermessen der jeweiligen Mitglieder. Einige stellen Regeln auf, dass die Kinder in der Pause nicht mit dem Wasser spielen dürfen und es eine Schlange gibt, in der einer pumpt und ein anderer einen Becher auffüllt. Mit diesem Wissen, das sich die Kinder aneignen, gehen sie auch in ihre Familie, zu den Eltern, Großeltern, Onkeln, Tanten, Nachbarn – im funktionalen NGO-Sprech sagen wir: Sie mobilisieren die Gemeinde.

Tesfaye ist ein Junge, den ich 2015 kennenlernte. Vielleicht war er zwölf damals, Schüler an der Lihama-Schule und

Mitglied des WASH-Clubs. Er hat mich sofort beeindruckt, denn er kann etwas, das ich sehr bewundere: durch Humor und seine Art des Lächelns und der Ausstrahlung Menschen zusammenbringen, und das auf eine zurückhaltend und zugleich einnehmende Weise. An ihm kann man wirklich sehen, was es bedeutet, im besten Sinne ein Multiplikator zu sein. Gäbe es Menschen wie ihn nicht, die sich in den WASH-Clubs ausdenken, wie sie die anderen mitnehmen – an dieser Schule haben sie Theaterstücke aufgeführt und Gedichte vorgetragen, um die Bedeutung des Wassers darzustellen –, hätte das, was wir tun, wenig Wirkung. Wir als Stiftung stellen nur die Technik, die Infrastruktur zur Verfügung. Das wäre nichts ohne das Handeln der Menschen vor Ort.

Tesfaye zeigte uns seine Hütte, in der er wohnte und die weit von der Schule entfernt lag. Wir lernten die Eltern und Großeltern kennen und erfuhren, dass die Familie Tesfaye von der Arbeit auf dem Feld und mit den Tieren entlastet, damit er die Möglichkeit hat, zur Schule zu gehen. Sie sparten Geld, um für ihn ein Solarlicht zu besorgen, damit er lesen kann, selbst wenn es dunkel wird. Tesfaye erzählte mir von seinem Traum: Seit er im Himmel Flugzeuge gesehen hat, will er Pilot werden. Tesfaye – sein Name bedeutet Hoffnung.

Seit einigen Jahren schon sind meine hauptsächliche Aufgabe die technische Inspektion, die Kontrolle und Überprüfung unserer Projekte. Mit Carolin, einer Mitarbeiterin, überprüfe ich die von *Rest* an uns übersandten Berichte. Wir fahren zu ausgewählten Orten, an denen Brunnen stehen. Dort checken wir, ob alles so funktioniert, wie es funktionieren soll: Geht die Pumpe? Wie sieht das Wasser aus? Wir kontrollieren die Sanitäranlagen: Lassen sich die Türen schließen? Wir sprechen mit Mitgliedern der WASH-Clubs und der WASH-Committees: Hast du am Training teilgenommen? Wie ist das Wasser, trüb oder sauber? Gibt oder gab es Probleme? Und wenn ja, wie wurden diese gelöst?

Durch diese Qualitätskontrolle, die zu meinen Aufgaben gehört, bin ich in den vergangenen Jahren seltener den Menschen in den Gemeinden begegnet. Aus den ersten Jahren in Äthiopien gibt es aber ein Video, auf dem ich in Gaba, im Nordosten von Tigray, inmitten einer Menschenmenge tanze. Einige sind aus der Gemeinde, andere sind aus dem Bohrteam, sie tragen gelbe Schutzhelme, wir alle haben Stöcke in den Händen, die wir rauf und runter bewegen, wir klatschen und singen. Auch wenn ich nicht mehr weiß, was die Silben bedeuten, erinnere ich dies als einen wunderschönen Moment, der mir das Gefühl gab: Wir haben etwas Gemeinsames geschafft. Es war ein Fest, das die Menschen anlässlich der Bohrung ausgerichtet haben. Kurz bevor die Fontäne zu sprudeln begann, feierten sie diesen Moment, der für sie eine Änderung in ihrem Alltag bewirken würde. Auf Festen wie diesen spricht oft ein Gemeindevertreter über die alte, weit entfernte Wasserquelle und darüber, was dieser neue Brunnen nun für ihre Kinder bedeutet.

Aus den vergangenen Jahren gibt es auch einen anderen Moment, der mich sehr überraschend berührt hat. Wir waren bei einer Gemeinde angemeldet. Auf dem Weg dorthin wurde jedoch klar, dass unser Projekt nicht fertiggestellt war, und ich sagte unserem Partner: Wegen uns müssen wir nicht hinfahren. Was nicht fertig war, konnte ich nicht überprüfen. Es gab genug zu tun und unsere Zeit war limitiert. Wir fuhren dennoch, weil auf uns gewartet wurde. Vor Ort waren dann dreihundert Menschen. Vor ihnen stand ein Pfarrer, der zu reden begonnen hatte. Mir gefiel das im ersten Moment nicht, ich betrachtete die Szenerie mit Skepsis. Ich bin kein religiöser Mensch, daher wollte ich nichts davon hören, dass Jesus Christus mit diesem Wasser in Verbindung gebracht wird. Der Pfarrer aber sagte: Das Wasser bedeutet für uns Zukunft, denn unsere Kinder sind unsere Zukunft. Sie sind wie Pflanzen, wir müssen sie jeden Tag gießen, damit sie blühen und ihr Potenzial entfalten. Es ist ein Satz, den ich nie vergessen werde. Es ist für mich Poesie in ihrer dringlichsten Form.

Arm an Wasser zu sein bedeutet: jeden Tag mit dem Risiko zu leben, aus verdreckten Quellen zu trinken, sich mit einer lebensbedrohlichen Krankheit anzustecken.

Arm an Wasser zu sein bedeutet: mehrere Stunden am Tag damit beschäftigt zu sein, an Wasser zu kommen. Diese Zeit fehlt woanders: im Haushalt, in der Familie, bei der Bildung.

Mit Wasserarmut gehen neben einer gesundheitlichen Gefährdung immer auch soziale Einschränkungen einher.

Dadurch, dass an den Schulen Sanitäranlagen gebaut werden, wollen wir vermeiden, dass sich Fäkalien in der Wildnis anhäufen, die dann über die Luft oder durch Fliegen auf das Essen transportiert werden. Zugleich erreichen wir mit den Sanitäranlagen, dass Jungen und Mädchen getrennt auf die Toilette gehen können und dadurch viel mehr Mädchen zur Schule kommen. Vorher war dies für sie mit Scham behaftet. Vor allem wenn sie ihre Periode hatten, blieben sie zu Hause und sammelten viele Fehltage an, verpassten Stoff, den sie nicht aufholen konnten. Die Klassen sind so groß, dass die Lehrer keine Möglichkeit haben, sich um den Einzelnen oder die Einzelne zu kümmern. Auch Mulu, der Rektor der Sifra-Jeganu-Schule, hat uns von diesem Effekt berichtet, den der Brunnen und die Toiletten haben: Die Anzahl der Schülerinnen und Schüler sei gestiegen.

Mulu wuchs wie die meisten anderen mit der Selbstverständlichkeit auf, Wasser aus demselben Fluss zu trinken, aus dem auch die Tiere trinken. An seiner Schule gibt es nun einen Putzplan, nach dem jeder Lehrer jede Woche mit seiner Klasse für die Reinigung des Brunnens und der Sanitäranlagen verantwortlich ist. Viele Kinder dort wussten bislang nicht, was Toiletten sind und wie man sie benutzt.

Von Sahar, einem Schüler, wissen wir, dass in der Nähe seines Zuhauses bereits vor einigen Jahren ein Brunnen gebaut worden war. Bis es an der Schule einen Brunnen gab, nahm er also immer eine Flasche sauberes Wasser von dort mit, und wenn er keins mehr hatte, trank er das verunreinigte an der Schule. Seine Mutter erzählte uns, dass sie 160 Liter am Tag für Waschen, Kochen und Trinken benötigt und es zu Sahars Aufgaben gehört, jeden Tag mit dem Esel zu dem ein Kilometer weit entfernten Brunnen zu laufen. Das macht er vor und nach der Schule. Durch einen Brunnen ist der ganze Aufwand, an Wasser zu kommen, also nicht weg, aber der Brunnen erleichtert den Alltag der Menschen – und vor allem befähigt er sie, ermächtigt er sie.

Wasser bedeutet Autonomie.

Schöne Geschichten sind für mich, wenn ich mitbekomme, wie durch das Wasser bei den Menschen in den Gemeinden mehr entsteht, als Wasser allein bewirken kann.

Wenn das Wasser, das beim Pumpen danebengeht, in einen Kanal fließt und dadurch ein Feld bewässert wird, auf dem etwas angebaut werden kann.

Wenn eine WASH-Crew alle Menschen über die Risiken von Fäkalien im Freien aufklärt und eine Gemeinde mitzieht, indem sie in ihren Familien einen Ort errichtet, vielleicht ein Loch in der Erde, an dem alle auf die Toilette gehen, damit es sich nicht draußen ansammelt und dort langfristig die Umgebung und das Grundwasser kontaminiert werden. Ein Loch in der Erde ist nicht die beste Form einer sanitären Versorgung, aber es ist ein Anfang, der ein Verständnis schafft, und weiterentwickelt werden kann.

Wenn das Wasser für Wissen sorgt und zu einer größeren Verantwortung für sich selbst führt, berührt es mich.

Wasser bedeutet Empowerment.

Mich bewegen Menschen, die mitziehen, und Menschen, die vorangehen. Auf meinen Reisen traf ich Askale. Askale macht seit einem Jahrzehnt eine ähnliche Arbeit wie die Menschen, die zu den WASH-Committees gehören, aber sie macht sie jeden Tag, als ihren Hauptberuf. Sie gehört zu den sogenannten Health Extension Workers, einem Gesundheitsprogramm, das vom Staat etabliert wurde. Sie lebt in Gaba, einer Gemeinde, in der die meisten keine Schulbildung erfahren haben und allein nach ihren Traditionen leben, und sie ist so etwas wie eine gesundheitliche Aufklärerin. Askale informiert über den Zugang zu sanitären Anlagen und redet mit Schwangeren, rät ihnen, sich medizinische Hilfe zu holen. Nach und nach überzeugte sie immer mehr Frauen, in der Klinik zu gebären. Sie selbst hat früher oft gesehen, wie Frauen ihre Kinder auf dreckigem Grund und zwischen Tieren zur Welt brachten, weshalb viele krank geworden sind. Askale kommt aus einem kleinen Dorf, ist die Tochter eines Bauers und ging als Kind einen langen Weg, um zur Schule zu gelangen. Alles, was sie sich vorher nicht vorstellen konnte, hat sie in einer Ausbildung gelernt: Toilettennutzung, Körperpflege, hygienische Essenszubereitung. Sie sprach mit großer Dankbarkeit davon, wie das Wasser ihr Leben und auch das Zusammenleben verändert hat; wie sich Menschen in Gruppen zusammenschließen, gegenseitig helfen und im richtigen Umgang schulen.

Wasser bedeutet Veränderung.

Wenn ich in Äthiopien unterwegs war und von den Menschen wissen wollte, welche Bedeutung Wasser für sie hat, empfand ich es als eine schwierige Frage. Obwohl mich das sehr interessierte, war ich mir nicht sicher, ob es eine Frage ist, die ich mit ausreichend Respekt stellen kann. Ich erinnere mich, wie ich in einer Gemeinde mal unter den Dorfältesten stand, die es gewohnt waren, dieselbe Quelle wie die Tiere zu benutzen, und nun einen Brunnen hatten. Es waren Männer, die eine große Weisheit und eine warme Autorität ausstrahlten. Als ich ihnen gegenüberstand, fühlte ich mich klein und ein bisschen falsch: Ich stand dort mit dem Bewusstsein, dass ich wohl nie so einen Schmerz empfinden würde, wie sie ihn in ihrem Leben empfunden haben müssen, durch die Kriege, die Nöte, den Alltag. Was hatte ich ihnen zu sagen?

Auf meine Frage nach der Bedeutung von Wasser hob einer der Männer die Stimme, dies ist ein Moment, von dem ich ohnehin oft berührt bin. Wegen der Energie, der Wärme, der Harmonie, mit der Menschen sprechen und die ich wahrnehme, selbst wenn ich nichts verstehe. Der Dolmetscher übersetzte mir, was er gesagt hatte: Das Wasser hat uns unsere Menschenwürde zurückgegeben.

Bei dem Wort Würde bekam ich eine Gänsehaut. Das Wort ist für mich wie aus einem Gedicht entsprungen und zugleich ist es ein Schlag in die Fresse. Denn eigentlich steht dem Mann dieses von der *UN* ratifizierte Recht auf Wasser wie jedem anderen Menschen zu; ein Recht, das aber lange noch nicht jedem zuteilwird.

Was wäre passiert, wenn seine Gemeinde nicht ausgewählt worden wäre? Was ist mit den Gemeinden, denen noch der Zugang zu sauberem Wasser fehlt? Mit den Menschen, die keine andere Möglichkeit haben, als das dreckige zu trinken, und die davon krank werden? Was ist mit der Frau, an die ich denken muss, die wir mal zu Hause besucht haben: Ihre Mutter lag im Nebenzimmer und entschuldigte sich. Sie hatte eine schwere Durchfallerkrankung und sah sehr schwach aus. In diesen Momenten überkommt mich Wut, denn so sollte es nicht sein. So sollten Menschen nicht leben, die schon so viel Härte in ihrem Leben erfahren haben und allem zum Trotz ihre Herzlichkeit immer wieder zeigen.

Wasser bedeutet Würde.

Ich hielt einmal einen Vortrag in einem Business-Club in Bochum, bei dem auch einige sehr wohlhabende Menschen im Publikum saßen. Am Eingang hatte jeder ein Bändchen bekommen, auf jedes dritte waren Seifenblasen gedruckt. Als ich zu sprechen begann, erläuterte ich, was es damit auf sich hatte: Jeder Dritte auf der Welt hat keinen Zugang zu einfacher Sanitärversorgung, und diese Ungerechtigkeit sei willkürlich verteilt, so wie die Bändchen, sagte ich. Um ein Gefühl dafür zu bekommen, was dies bedeutet, bat ich alle, die ein Bändchen trugen, in der Pause nicht die normalen Toiletten zu benutzen, sondern mit dem Aufzug herunterzufahren, vor das Gebäude zu gehen, dort stünden Dixie-Klos. Ich hatte das Gefühl, dass ich in den Saal schaute und alle – die meisten erschienen mir dreimal so alt wie ich – brüskiert waren. Aber ich versuchte mich nicht davon einschüchtern zu lassen und redete weiter. Tatsächlich wollte ich am Ende des Vortrags sagen, dass es ein Scherz gewesen sei, denn unten standen gar keine Dixie-Klos. Ich hatte nur gewollt, dass sich ein Drittel der Menschen so fühlt, als müssten sie diesen Aufwand betreiben, als müssten sie mehr Zeit aufwenden und hätten trotzdem schlechteren Komfort. Ich vergaß aber, es aufzulösen, und so kamen nachher viele zu mir und fragten: Wo sind denn diese Dixie-Klos? Sie hätten sie nicht gefunden. Ihre Reaktion überraschte mich positiv: Ich dachte, sie wären richtig sauer auf mich, stattdessen schien ihnen bewusst geworden zu sein, wie wichtig Toiletten sind und dass selbst Dixie-Klos einen Luxus darstellen können.

Ein anderes Mal nahm ich mir zu Beginn eines Vortrags viel Zeit, führte ein Glas mit Wasser an meinen Mund, trank einen Schluck. Das ist sauberes Wasser, für jeden zehnten Menschen auf der Welt ist dies nicht erreichbar, sagte ich bedeutungsschwer. Was für uns Alltag ist, eine Nebensächlichkeit, um die wir uns kaum bemühen müssen, eine Tätigkeit, die beinahe einfach so geschieht, fast wie Atmen, ist für andere ein Luxus.

Egal was wir tun, egal wohin wir reisen: Am Ende kommen wir nicht dahin, wirklich zu verstehen, was ein Leben ohne Wasser bedeutet und in welcher Luxusposition wir sind.

Ich war auf einer Feier in einer äthiopischen Gemeinde, in der gerade ein Brunnen gebohrt wurde. Es gab Essen, und aus Respekt aß ich von dem Ziegenfleisch, das mir angeboten wurde; wissend, dass mein Körper die Bakterien nicht gewohnt ist. Da der Brunnen noch nicht fertig war, konnte das Fleisch nur mit verseuchtem Wasser gewaschen werden. Ich schlief daraufhin die ganze Nacht nicht und lag auch nicht im Bett, denn mein gesamter Körper tat mir weh und ich schied und brach alles aus. Ich war in einem Hotel, hatte ein Waschbecken und eine Toilette, in der ich alles runterspülen konnte. Ich verlor so viel Wasser, aber ich konnte nicht mal was trinken, auch das vertrug ich nicht. Ich fragte mich: Werde ich so sterben? Am nächsten Tag fuhr mein Team ohne mich raus und ich blieb in meinem Zimmer. Es war nichts zu machen, ich harrte aus. Erst hoffte ich nur auf Besserung, dann ließ ich mich in ein Krankenhaus bringen, wo ich ein Medikament bekam. Am nächsten Tag ging es mir schon besser.

Es war lächerlich gewesen zu glauben, dass ich sterbe. Umso bedeutsamer war dieser Moment für mich, weil ich spürte, wie es den anderen geht; denen, die nicht einfach ins nächste Krankenhaus fahren können, das mit dem Auto zweieinhalb Stunden entfernt ist; die nicht das Geld haben, einen Arzt zu bezahlen und die Medikamente; denen, die wirklich aufgrund von Durchfallerkrankungen sterben.

Wasser bedeutet Leben.

11 Dies ist kein Horrorfilm

Als Jugendlicher habe ich unzählige Male einen Film gesehen: *Schöne Dörfer brennen schön*. Er spielt im Jugoslawienkrieg und erzählt die Geschichte einer Freundschaft zwischen Milan, einem christlich-serbischen Jungen, und Halil, einem bosnisch-muslimischen Jungen. Sie wachsen zusammen auf, stromern durch die Felder, beobachten Mann und Frau bei unterschiedlichen Sexstellungen, saufen zusammen, und nie spielt es eine Rolle, was der eine ist und was der andere. Doch als der Krieg aufkommt, werden sie getrennt und auf unterschiedliche Seiten gedrängt. Milan sucht mit anderen serbischen Soldaten Schutz in einem Tunnel, unwissend, dass bosnische Soldaten sich auf dem Dach versteckt halten, die ihre Gegner unter sich ohne Essen und Flüssigkeit krepieren lassen wollen. Wer versucht, aus dem Tunnel zu kommen, wird erschossen. Halil ist einer der bosnischen Soldaten. Zum Ende des Films stehen sich die beiden vor dem Eingang des Tunnels gegenüber, in dem sie vor Jahren, als sie noch Freunde waren, zusammen spielten: Nun sind sie Feinde, verbittert darüber, was der eine dem anderen angetan hat.

Dieser Film zeigt, was der Krieg mit Menschen macht und welche mörderische Kraft er entfacht. Wie er sich auf diejenigen auswirkt, die nichts mit Kämpfen zu tun haben wollen, die sich raushalten, abgrenzen wollen: Als könnten sie nichts dagegen tun, geraten sie in einen absurden Automatismus und werden aufgrund ihrer Zugehörigkeit zu einer Gruppe zum Gegner der anderen. Sie werden Täter und Opfer.

Während meiner Kindheit im Schwarzwald war ich, Sohn einer serbischen Familie, am besten befreundet mit Sajo, dem Jungen einer muslimisch-bosnischen Familie. Wir hatten Glück, dass unsere Eltern, selbst wenn sie nicht miteinander sprachen und den Kontakt zueinander mieden, sich nicht unserer Beziehung entgegenstellten und uns nicht zu Feinden machten. Wir Kinder konnten, anders als die Erwachsenen, ohne hochgezogene Mauern leben, und selbst unsere Eltern hatten Glück, denn im Schwarzwald lebten sie zwar mit Mauern, aber ohne Gewalt, ohne Schüsse, ohne Verbrechen, die sie aneinander begingen. Was wäre aus uns geworden, wenn wir nicht in einem Dorf im Schwarzwald gelebt hätten? Hätten wir, Sajo und ich, um Teil unserer Familie bleiben zu können, unsere Freundschaft opfern müssen? An wem hätten wir uns schuldig gemacht? Mit wem hätten wir gebrochen?

Meine Eltern waren aus Jugoslawien nach Deutschland gekommen, weil meinem Vater die Spannungen zwischen den Ethnien Angst gemacht hatten, weil er es auf eine Weise kommen gesehen haben muss, dass sich die unterschiedlichen Gruppen Jugoslawiens bald als unerbittliche Feinde gegenüberstehen würden. Die Bedrohung des

Krieges und das darauffolgende Auseinanderfallen eines Landes haben mein Leben zu dem gemacht, was es ist. So seltsam es klingen mag: Gewiss ist, dass mein Leben ein anderes wäre, würde es diesen Konflikt zwischen den Ethnien nicht geben.

Ähnliche ethnische Konflikte wie die, die ich als Kind in Jugoslawien noch nicht wirklich verstand, verfolge ich seit Jahren in Äthiopien, einem Land, in dem noch viel mehr Volksgruppen zusammenkommen als im ehemaligen Jugoslawien. Unter den über 110 Millionen Menschen gibt es mehr als 80 ethnische Gruppen, die meisten mit eigenen Sprachen. Im November 2020 begann dort ein Bürgerkrieg, der dazu führte, dass das Land eine seiner blutigsten Zeiten erlebt. Laut *Amnesty International* werden Massen von Menschen vergewaltigt und massakriert. Was die Sache noch grausamer macht: Viele reden so, als sei das Leiden des anderen gar nicht existent oder sogar erwünscht. Die Gegenseite wird pauschal als böse dargestellt. Und selbst bei Äthiopiern, die im Ausland leben, in Deutschland, in Europa, ist die extreme Spaltung überdeutlich zu spüren. Alles, was jemals verband, scheint zerrissen, es scheint keinen Raum zu geben für eine Verhandlung, für einen Dialog, einen Kompromiss. Mir kommt es vor, als ob alle, die zu Wort kommen, eine Seite wählen müssen, und immer ist sie radikal gegenüber der anderen – jemand, der nicht pauschal den Behauptungen seiner Gruppe beipflichtet, gilt als Verräter. Ich habe von Familien gehört, durch die sich aufgrund dessen Risse ziehen: Ein Vater brach den Kontakt zu seiner im Ausland lebenden Tochter, einer Journalistin, ab, weil sie von Kriegsverbrechen sprach, die er nicht wahrhaben wollte.

Über das, was in den vergangenen Monaten in Äthiopien geschah, gibt es Untersuchungen der *UN*, detaillierte Recherchen internationaler Verbände und Zeugenberichte und zwischen alldem den langen Schatten von Kriegspropaganda. Dazu gehören offizielle Erklärungen der Regierung, die deren Sicht der Dinge darlegen und dem widersprechen, was viele Beobachter berichten. Sie lassen darauf schließen, wie die Machthaber das Denken der Menschen zu manipulieren versuchen. Bis wir ein umfassendes Wissen über das Ausmaß dieser humanitären Katastrophe haben, wird es sicher noch Jahre dauern.

Äthiopien, ganz im Osten des Kontinents, am Horn von Afrika gelegen, ist zwischen Eritrea, dem Sudan, Südsudan, Kenia, Somalia und Dschibuti in eine fragile Region eingebettet. In der galt es vor allem nach außen lange als ein Stabilitätsanker. Aus benachbarten Ländern wie dem Südsudan, Somalia und Eritrea flohen in den vergangenen Jahren viele Menschen dorthin. Und für die westliche Entwicklungszusammenarbeit war Äthiopien aufgrund seiner relativen Sicherheit einer der verlässlichsten Partner. Die Stabilität war auch für mich ein wichtiger Faktor, als ich mich entscheiden musste, in welchem afrikanischen Land ich mit meiner Stiftung aktiv werden wollte. Für Regionen, in denen Krieg herrscht, wo das, was aufgebaut wird, schon nach kurzer Zeit zerstört sein kann, hätten uns die Kapazitäten gefehlt. Dafür braucht es Organisationen, die genau auf diese Notsituationen spezialisiert sind. Mir ging es nie um akute, am Notfall orientierte Hilfe, sondern um langfristige Arbeit, den Aufbau und den Ausbau von Strukturen.

Äthiopien ist das einzige Land in Afrika, das nie kolonisiert wurde. Unter seinen vielen Bevölkerungsgruppen hat es aber über Jahrhunderte immer wieder Konflikte gegeben. Nach einem Putsch des Militärs 1974 wurde der letzte Kaiser abgesetzt, darauf folgten die Sozialisten und eine sechzehn Jahre andauernde brutale Diktatur, begleitet von schweren Hungersnöten und Dürren. Dieses Regime wurde 1991 gestürzt, maßgeblich daran beteiligt war die Volksbefreiungsfront von Tigray (TPLF), die ein entscheidender Teil einer Allianz von Revolutionären war. Seit 1994 gilt Äthiopien als eine demokratische Bundesrepublik mit einer eigenen Verfassung und föderalen Regionalstaaten, in denen sich Volksgruppen wie die Oromo, die Amharen und die Tigrayer in einem hohen Maße selbst verwalten.

Der Staat versuchte sich in Demokratie, wenngleich Meinungen unterdrückt wurden, Journalisten in Gefängnissen saßen, Menschen überwacht, gefoltert und ermordet wurden. Der Wohlstand nahm zu, wenngleich er ungleich verteilt war. Die Ordnung und die Sicherheit wuchsen, wenngleich sie zwischen den Ethnien immer wieder ins Wanken gerieten. Konflikte, die politisch waren, wurden ins Ethnische gedreht und dienten als Bühne für Machtspiele. Dazu kam es in einigen Regionen zu lokalen Kriegen um Grenzgebiete innerhalb des Landes, durch die schwelende Konflikte wieder größer und schwerer zu überwinden wurden.

Dies lag daran, dass die Macht im Land – in der Politik, im Militär und in der Wirtschaft – bei verschiedenen Eliten lag, die nie zueinanderfanden und ständig miteinander rivalisierten. Der Regierungskoalition aus Parteien verschiedener zentraler Regionen stand die TPLF vor, die besonders wichtige Posten kontrollierte und die bedeutenden Ministerien innehatte. Ihre teils korrupte Politik führte zu wirtschaftlichen Ungerechtigkeiten und von 2015 an zu Massenprotesten der jungen Generationen, die so vehement waren, dass sich die TPLF 2018 entschloss, sich von nun an in ihre Region, den Norden des Landes, zurückzuziehen. Abiy Ahmed Ali, ein Oromo aus einer teilweise amharisch geprägten Familie, der auch Tigriyana spricht und Chef des Geheimdienstes war, wurde Premierminister von Äthiopien. Weltweit besondere Aufmerksamkeit bekam er, weil ihm ein Jahr später, 2019, der Friedensnobelpreis überreicht wurde. Er bekam diese Auszeichnung, weil er eine Versöhnung mit Eritrea, einem einstigen Teil Äthiopiens, vorangetrieben hatte und auf dessen Diktator Isaias Afewerki zugegangen war. Zwischen beiden Ländern hatte es nach dem Grenzkrieg von 1998 bis 2000 zwar einen Waffenstillstand gegeben, aber auch immer wieder Spannungen, die Menschenleben forderten.

Während Abiy bei seiner Dankesrede in Oslo davon sprach, eine Weltkultur des Friedens begründen zu wollen, wunderte ich mich über die Begründung für den Preis, so wie viele andere auch, die sich in der Region auskennen. Denn Abiy hatte noch nicht viel getan – das, was er in seiner Anfangszeit geschafft hatte, war, mit ein paar Entscheidungen die internationale Gemeinschaft zu beeindrucken: Politische Gefangene wurden vorübergehend freigelassen, die Presse wurde eine Zeit lang freier und das Kabinett wurde zur Hälfte mit Frauen besetzt. Was er ausgesandt hatte, war ein Versprechen, als hätte er gesagt: Nun ist Frieden. Aber dieser Frieden wurde nicht wirklich vorbereitet, nicht institutionalisiert, es gab kein Abkommen, keine Abrüstung. Es schien ein Preis auf Pump zu sein, verbunden mit der Hoffnung auf weitere Reformen, die aber schon bald enttäuscht wurde. Grenzen und Wege, die zum Transport und für Familien, die sich nach dreißig Jahren endlich sehen konnten, geöffnet waren, wurden innerhalb weniger Wochen wieder geschlossen. Die Stimmen für den Frieden wurden leiser und unglaubwürdiger und die Stimmen der Ethno-Nationalisten lauter und gefährlicher. Abiy hatte eine nationale Einheit als Ziel ausgerufen, *Make Ethiopia great again*, was einigen Gruppen und Regionen, die sich ihre Autonomie mühsam erkämpft hatten, bedrohlich erschien: Sie fürchteten, dass alte Eliten wieder die Macht übernehmen und sie an den Rand gedrängt würden. In unterschiedlichen Gebieten kam es mehr denn je zu ethnischen Unruhen.

Wenn ich Menschen in unserer Projektregion Tigray fragte, was sie über die Entwicklungen in ihrem Land dachten, war die Spannung in ihnen zu spüren. Eine Antwort, die ich oft hörte, war: Ich kann Ja sagen zu Äthiopien, aber Äthiopien sagt nicht Ja zu mir als Tigrayer. Es ist ein Satz, der mich an Serbien erinnert, an einen Satz, den ich oft dort hörte: Wir haben nicht begonnen, die anderen haben begonnen. Er zeigt, wie Propaganda dazu führt, dass es keine gemeinsame Realität mehr gibt.

Es war Anfang November 2020, als die ersten Nachrichten durchdrangen, dass der Konflikt zwischen Abiys Zentralregierung und der Regionalregierung in Tigray, geführt von der regionalen Partei TPLF, eskalierte und zu Gewalt führte. Am Anfang glaubte ich wenig von dem, was ich hörte, in dem Wissen um das Nichtwissen, wie in dem bekannten Spruch: *Das erste Opfer eines jeden Krieges ist die*

Wahrheit. Wenig war klar, denn von einem Tag auf den anderen konnten wir unsere Partner in Tigray nicht mehr erreichen. Kein Anruf ging durch, es gab dort keine Internetverbindung, keinen Strom, der komplette Blackout. Später erfuhr ich, dass auch mehrere Mitarbeiter unserer Partnerorganisation gestorben waren.

Über internationale Medien und den Austausch mit Menschen, die sich seit vielen Jahren mit dem Land auseinandersetzen, begann ich, an Informationen zu kommen und sie zu prüfen. Alles, was ich seither erfahren habe, hätte kein Drehbuchschreiber eines Horrorfilms zusammengebracht, so grausam ist es. Es sind enorme Menschenrechtsverletzungen, die laut internationalen Organisationen von den Kriegsbeteiligten begangen wurden – vor allem von der äthiopischen Armee und ihren Verbündeten, formellen und informellen Milizen der Amharen und eritreischen Streitkräften. Unzählige Zivilisten wurden zum Ziel – und zum Opfer der Kriegsführung. Mehrfach überprüfte Berichte aus Tigray besagen, dass Familienmitglieder gezwungen wurden, ihre eigenen Frauen zu vergewaltigen; dass Menschen über mehrere Tage an einen Baum festgebunden wurden, während sie Folterungen ansehen mussten. Für vieles, was ich gelesen habe, fehlt mir die Sprache: Wie soll man es nennen, wenn in einen menschlichen Körper Nägel und Scherben hineingeschoben werden?

Neben den Menschen, die an dieser unmenschlichen Gewalt sterben, sterben weitere an Hunger. In Tigray gibt es eine extreme Not, weil vielfach Lieferungen von Hilfsorganisationen blockiert wurden und die Infrastruktur systematisch zerstört wurde. Als der Krieg begann, war gerade Erntesaison. Das also, was es gegeben hätte, wurde nicht geerntet, Vorräte wurden gestohlen, Saatgut verbrannt, selbst Ochsen wurden geklaut oder getötet. Auch der Hunger ist in diesem Land wieder einmal zu einer Waffe geworden.

Ich möchte und kann hier nicht ausführlicher über einen Krieg sprechen, der sich 7000 Kilometer entfernt ereignet und noch immer sehr undurchsichtig ist. Denn ich möchte ihn weder bewerten noch analysieren, ich möchte weder Menschen in Gefahr bringen, die mit mir Informationen teilen, noch meine Gefühle äußern. Denn so schrecklich diese Schilderungen sind: Es ist nicht wichtig, was ich dabei fühle. Das sollte niemanden interessieren, es interessiert nicht einmal mich. Es ist nicht wichtig, was diese Schilderungen mit uns machen, solang wir die Möglichkeit haben, zur Zerstreuung einen Spaziergang zu machen, etwas zu lesen oder etwas anzuschauen, solang wir uns wieder entspannen können. Denn dieses Leid ist kein Horrorfilm. Es passiert in all seiner Schrecklichkeit wirklich, und diese Tatsache können wir erst verstehen lernen, sobald wir den Blick von uns abwenden, von unseren Problemen, die uns als die größten der Welt erscheinen mögen. Solange wir nur sie anschauen und nicht den Blick heben für das, was in der Welt noch passiert. Mit mir machen diese grausamen Schilderungen vor allem eins. Ich frage mich: Was kann ich tun?

Als Stiftung haben wir den Auftrag, durch WASH-Projekte, die wir installieren, zur Gesundheitssicherung beizutragen. Da können wir tätig werden. Unmittelbar nachdem der Krieg begonnen hatte, mussten wir alle Gelder stoppen, die noch geflossen wären. Seitdem entscheiden wir immer neu und kurzfristig, welches Projekt wir weiterbringen können. Dabei helfen uns unsere Partner vor Ort, denn sie sind es, die am besten wissen, wo die Sicherheit gewährleistet ist; wo es Sinn hat, eine Bohrung zu beginnen, und wo nicht. Im Krieg kann das, was an einem Tag als richtig erscheint, sich am nächsten schon als falsch erweisen. Wir haben keine andere Möglichkeit, als flexibel damit umzugehen, denn letztlich geht es uns ja nicht darum, ein paar schöne, intakte Brunnen in die Gegend zu stellen. Wir wollen sie dahin stellen, wo sie Menschen mit einer existenziellen Ressource wirklich versorgen.

Die Mitarbeiter unseres Partners Rest haben nach den ersten Kämpfen den Zustand der Brunnen überprüft und uns eine Übersicht darüber erstellt, wo welche Reparaturen nötig sind. Durch sie wissen wir auch, dass in einigen Gemeinden selbst Kanister geklaut wurden, mit denen die Menschen das Wasser transportieren.

Wenn man so will, ist es etwas Positives, dass der Großteil eines Brunnens und das, was bei seinem Bau die größten Kosten verursacht, unter der Erde liegen und nicht mit Waffen zu beschädigen sind. All das, was oberhalb der Erde zerstört werden kann, ist nicht teuer. Diese Schäden sind zu ersetzen. Das, was nicht zu ersetzen ist, ist das Irreversible; das, was den Menschen angetan wird. Sie sind es, die das Leid erfahren. Sie sind es, die auf schmerzvollste Art sterben.

Es ist nicht vorauszusehen, was aus Äthiopien wird, diesem Land, das von seiner vergleichsweise großen Stabilität in eine Instabilität gerutscht ist. Einige fürchten, es zerfalle wie einst Jugoslawien. Für uns als Stiftung war seit Kriegsbeginn schnell klar, dass wir bei unserem Partner bleiben, denn der Charakter zeigt sich doch vor allem dann, wenn es schwierig wird. Solange wir das Versprechen, das wir unseren Spendern geben, halten können, werden wir das auch in Äthiopien fortführen. Es ist ein *Jetzt erst recht*, das uns antreibt: Gerade in diesen unmenschlich harten Zeiten wollen wir alles dafür geben, um unseren Beitrag für eine Versorgung mit dem Existenziellsten zu leisten.

Weil wir aufgrund des Krieges nicht alle Gelder und Spenden so einsetzen konnten, wie es geplant war, haben wir begonnen, neben Äthiopien in zwei anderen Ländern aktiv zu werden. Das ist ein Schritt, den wir ohnehin geplant hatten, der so nur beschleunigt wurde. Wir wollten zwei Länder finden, die nicht weit entfernt von Äthiopien sind, die politisch relativ stabil sind. Zugleich sollten sie von NGOs nicht überschwemmt sein und einen hohen Bedarf an Wasser haben. Diesen Kategorien folgend haben wir uns für Kenia und Tansania entschieden und in beiden Ländern 2021 zwei neue lokale Partner gefunden, mit denen wir begonnen haben zusammenzuarbeiten: Die ersten Brunnen werden gebohrt.

Epilog Alles geben?

Ich lebe mit meiner Freundin auf neunzig Quadratmetern, was ich für zwei Menschen viel zu viel finde und so gekommen ist, weil sie diese Eigentumswohnung geerbt hat. Sie hat ein Auto, das sie auch geerbt hat und das auch von mir benutzt wird, ich selbst besitze keins. Mein Tag beginnt um halb sieben, sieben Uhr mit Frühstück. Wenn ich auf die letzten Monate zurückschaue, nahm ich mir allerdings selten Zeit dafür. Hätte man eine Kamera installiert und mich dabei beobachtet, hätte man gedacht: Wo eilt der hin, Alter? Gewöhnlich arbeite ich, mit wenigen kurzen Pausen, den ganzen Tag durch. Manchmal renne ich stundenlang dem hinterher, was ich erreichen will, und kann am Abend erst aufhören, wenn es geschafft ist, wenn ein Haken dran ist. Alles, was mir möglich ist, will ich geben, und das bedeutet – diese Prämisse meines Vaters habe ich übernommen –, doppelt so viel zu arbeiten wie die anderen und immer zu bedenken: Es gibt jemanden, der mehr arbeitet als du, also gib mehr. Es ist Druck, den ich empfinde, immer noch mehr zu schaffen; es ist meine Motivation, denn es ist immer noch mehr möglich. So bin ich, als Sportler und als Mensch. Denn mir ist bewusst, dass weltweit jeden Tag schätzungsweise knapp 300 Menschen sterben, weil sie keinen Zugang zu sauberem Wasser haben. Deswegen wird in Europa nicht täglich die Alarmglocke geläutet, das passiert ja nicht einmal, obwohl in Äthiopien Krieg ist, aber ich spüre eine Dringlichkeit in mir.

In den vergangenen Jahren war es oft so, dass ich nach freien Fußballtagen zum Training kam und einige Kollegen erzählten, was sie gemacht hatten. Sie berichteten von Ausflügen mit der Familie, und ich hoffte immer, dass keiner von mir wissen wollte, wie ich mir die Zeit vertrieben hatte. Ich hätte nur antworten können: Ich habe gearbeitet.

Meine Freundin sagt manchmal zu mir: Du arbeitest zu viel, du kannst chillen. Ich bin niemand, der sich ausgedehnt ausruhen muss. Ich denke nie, das reicht jetzt, entspann dich. Ich denke eher: jetzt erst recht. Noch das, noch das, noch das. Alles, wofür ich mich entscheide, möchte ich in Gänze machen, so effizient wie möglich. Immer wieder prüfe ich mich, um zu erfahren, wo ich etwas optimieren kann. Wir als Stiftung haben uns daher auch bemüht, im letzten Jahr, als eine von wenigen in Deutschland, unser Qualitätsmanagement nach der internationalen Norm ISO 9001 zertifizieren zu lassen. Damit haben wir nun eine offizielle Bestätigung, dass wir in Dortmund und in den afrikanischen Ländern unsere Prozesse systematisch und professionell managen, dass wir verantwortungsvoll und effizient mit den Spendengeldern umgehen.

Wenn ich über den Tag verteilt ein paar Minuten Pause mache, schaue ich mir auch mal auf dem Handy etwas Trashiges an, lese einen Artikel oder beantworte berufliche Nachrichten. Wenn ich mal eine Folge *South Park* gucke, ist es schon ungewöhnlich, eine Art Zeremonie. Wenn ich koche, höre ich oft Nachrichten über Äthiopien oder ich sehe mir eine Doku an. An Fußballspielen habe ich ohnehin kein Interesse, schon seit Jahren nicht mehr. Das, was ich schaue, sehe ich nebenbei, und meist handelt es von Themen, die sehr stiftungsnah sind. Es geht um Wirtschaft, Ökologie, Digitalisierung oder das global politische Geschehen. Ich spiele keine Playstation mehr. Ich mache täglich Sport, ein Workout zu Hause, und ich gehe laufen. Wenn ich am Abend nicht arbeite, beschäftige ich mich mit Dingen, die mir Spaß machen, ich programmiere oder bilde mich anderweitig weiter. Wenn ich schlafen gehe, fallen mir tausend Sachen ein, die besser hätten laufen können, die noch zu tun sind.

Einmal im Monat gehe ich mit meiner Freundin bei einem Italiener essen. Es hat eine besondere Bedeutung für uns: Denn hier waren wir zusammen mit ihrem Vater zum letzten Mal, bevor er starb. Das Essen inklusive Wein und Dessert kostet für uns sechzig Euro, manchmal laden wir andere ein, dann ist es vielleicht das Doppelte. Die Klamotten, die ich trage, habe ich teils seit zehn, fünfzehn Jahren, einige wurden schon geflickt. Wenn ich gerade an mir herunterschaue, fällt mir auf, dass ich die Boots seit 2008 oder 2009 trage, die Hose seit 2012, Hemd und Pulli habe ich von einem Sponsor des BVB geschenkt bekommen. Meinen Laptop benutze ich seit sieben Jahren. Zuletzt bestellt habe ich einen neuen Bildschirm, der nicht ganz günstig war, englischsprachige Bücher und Tupperdosen.

Wenn ich mein Leben, wie ich es jetzt führe, mit dem vergleiche, wie es während meiner besten Zeit bei Borussia Dortmund war, wenn ich an die Autos denke und das große Haus, wenn ich die Figur sehe, die wie in einer Reality-TV-Show genau das liefert, was von ihr erwartet wird, empfinde ich Scham, dass ich diese Figur war, und ich spüre, dass es nie wieder passieren darf. Nie wieder will ich so abdriften. Nie wieder auf diese Weise mein Geld, meine Zeit und meine Gedanken verschwenden.

Aber: Gebe ich jetzt alles? Nein.

Ich gebe nicht alles für meine Freundin. Es würde mich zum Beispiel Überwindung kosten, mit ihr eine Woche in den Urlaub zu fahren, nur um mich in der Sonne zu entspannen. Ich hätte keine Ruhe dazu, am Strand oder auf einer Luftmatratze zu liegen. Ein großer Genießer war ich noch nie. Wenn ich mit ihr am Tisch sitze, wir essen und ich bereits fertig bin, sie aber noch nicht, sagt sie schon mal: Du kannst arbeiten gehen. Und ich stehe erleichtert auf. Einmal fragte sie mich, ob wir mal Kinder haben wollen, und ich gab ihr zur Antwort, dass ich das nicht wüsste; dass ich lieber für alle Kinder der Welt da sei als für ein einziges.

Ich gebe nicht alles für meinen besten Freund Bobo, mit dem ich einmal im Monat telefoniere und den ich viel zu selten sehe. Und ich habe Schwierigkeiten, mit Menschen Bindungen einzugehen, einfach so, weil ich sie schätze, nicht weil wir zusammen wegen einer Sache unterwegs sind.

Ich gebe nicht alles für meine Familie, mit der ich einmal in der Woche telefoniere und die ich mit Glück einmal im Jahr sehe. Ich weiß, dass ich immer da sein werde, wenn sie mich brauchen, aber ich weiß nicht, ob ich jemals in meinem Leben in ihrer Nähe leben werde. Ich weiß nicht, was ich tue, wenn meine Eltern alt sind und Hilfe brauchen: Soll ich dann vor allem in der Rolle ihres Sohnes sein? Würde ich damit die Aufgabe vernachlässigen, die ich habe, durch meine Stiftung Einfluss auf das Leben von Söhnen und Töchtern woanders auf der Welt zu nehmen? Wie soll ich dies einmal entscheiden?

Ich gebe nicht alles, um ein verantwortungsvoller, nachhaltig lebender Mensch zu sein. Das meiste, was ich kaufe – viel ist es nicht –, bestelle ich bei Amazon. Vor einiger Zeit bin ich nur für ein geschäftliches Abendessen aus der Türkei nach Hamburg geflogen. Ich muss jedes Mal einen Langstreckenflug buchen, um meine Familie zu besuchen, und oft, um der Stiftungsarbeit nachzugehen.

Ich gebe nicht alles, um dazu beizutragen, demokratische Entwicklungsprozesse mit zu entwickeln, die Jahrzehnte oder Generationen benötigen. Bei dem, was ich mit meiner Stiftung mache, verfolge ich Projekte, die so angelegt sind, dass nach einigen Monaten ein Output erkennbar sein muss.

Ich habe noch viel Geld auf der Bank und daher nicht alles gegeben, was ich besitze. Ich selbst weiß nicht, wie viel es ist, aber es ist ausreichend, um die nächsten Jahre davon zu leben und um die Stiftung zu finanzieren, in die ich aus meinem Privatvermögen jedes Jahr mehrere Hunderttausend Euro an Verwaltungskosten reingebe.

Ich bin kein Heiliger.

Ich denke an Mulu, den Schulleiter, der gewiss mehr gibt als ich, weil er auf ein besseres, komfortableres Leben in der

Stadt verzichtet, um mit den Menschen in den ländlichen Regionen etwas zu schaffen, um ihnen eine bessere Zukunft zu ermöglichen. Wenn ich an die Wohnung denke, in der ich lebe, meinen Lebensstil, das Materielle, das ich besitze, frage ich mich: Gebe ich genug, um ein *guter Mensch* zu sein? Brauche ich all das, was ich habe? Habe ich mein Maximum erreicht?

Es wäre gewiss möglich, meinen komfortablen Lebensstil aufzugeben und nach Äthiopien zu gehen, in einer Gemeinde zu leben, mich dort einzubringen. Aber ich weiß, dass ich kein Schulleiter werden kann, und was könnte ich wirklich beitragen, würde ich dort leben? Ist meine Wirkung, die ich aus Deutschland habe, nicht größer? Kann ich hier das meiste erreichen, um in Äthiopien eine Infrastruktur mit aufzubauen und hierzulande mehr Menschen zu sensibilisieren?

Gebe ich genug?, ist für mich eine Frage, die ich nie aufhören werde mir zu stellen, weil ich nie dahin kommen werde zu sagen: Das ist, was ich erreichen wollte, mehr geht nicht. Es wird nie möglich sein, alles zu geben, und doch ist es das, wonach es sich lohnt zu streben. Im Wissen, dass es niemals ein Ziel geben wird, an dem man die Füße hochlegen kann und sagen: Jetzt reicht's. Es ist ein endloses Rennen, das man antritt, ähnlich wie die Suche nach Glück. Auch da ziehen wir los und ahnen, dass wir nie gänzlich fündig werden, dass es nie ein absolut ausschließlich glückliches Leben gibt. Es gibt glückliche Momente, vielleicht glückliche Tage, aber kein Glück-Dauerabo.

Alles geben ist eine Illusion, ein unerreichbarer Zustand, ist die Gewissheit einer Demut, der Wille, mehr aus mir herauszuholen, mich dauernd zu verbessern, ist das Ideal, das mich jeden Tag aufstehen lässt und antreibt. Der Wunsch, alles zu geben, ist eine Garantie auf Unvollkommenheit. Selbst Michael Jordan wirft nicht jeden Ball in den Korb und Messi trifft nicht jedes Tor. Alles zu geben bedeutet immer: nicht ganz abgeschlossen, nicht fertig zu sein. Die Welt wird nie so gerecht werden, dass wir aufhören können, für Gerechtigkeit zu kämpfen. Es wird keine Tablette geben, um alle Ursachen und Symptome zu beheben. Was es für mich wertvoll macht, mit dieser ernüchternden Gewissheit von etwas Unvollendetem, Unerreichbarem zu leben, ist, dass ich mein Handeln einer größeren Sache unterordne; einer Sache, von der ich glaube, dass sie in einer globalen Gesellschaft eine Wirkung entfaltet.

Die Stiftung, die ich gegründet habe, wird mich überdauern, und wer weiß, womit sie sich einmal beschäftigen wird, wenn ich nicht mehr lebe. Mit welcher Ungerechtigkeit auf der Erde? Oder werden es hier dann 500 Grad sein, und alle Reichen haben sich in Kolonien ins All abgesetzt? Ich versuche, mich mit diesen Vorstellungen nicht zu befassen, weil es für mich kein Weiterkommen bedeutet, mich zu fragen, was in hundert Jahren sein wird.

Wenn ich niemals dahin komme, alles zu geben, kann ich am Ende des Lebens mit dem, was ich gegeben habe, zufrieden sein? Das Schlimmste für mich wäre zu erfahren, dass das, wofür ich mich in der limitierten Zeit, die mein Leben war, eingesetzt habe, keine Wirkung hatte: Statt einer Veränderung gibt es Stillstand oder gar Rückschritt. Dass alles vergeblich war und nicht mehr als Schein: dass ich mit niemandem im Boot war und alle anderen, die ich für das, was sie tun, bewundere, sagen: Der Neven ist keiner von uns, der hat doch gar nichts gemacht; das, woran er glaubte, hat uns null gebracht.

Zufrieden wäre ich, wenn ich in einigen Jahrzehnten durch Äthiopien spaziere, einem jungen Menschen begegne und er oder sie mir erzählt, dass es für sein oder ihr Dorf eine wichtige Sache war, an reines Wasser zu kommen. Dass die Leute nicht mehr fünf Stunden, sondern nur fünf Minuten laufen mussten. Dass dadurch für viele Kinder ein Schulbesuch möglich wurde und durch die Schule eine Ausbildung. Dass das Wasser das erfüllte, was wir in ihm sehen: mehr Bildung, mehr Leben, mehr Zukunft.

Das Wichtigste, was wir uns als Menschen geben können, ist ein Gefühl von Wir. Wenn das jemand in uns einpflanzt, dann können wir es auch in andere aussäen.

Ich denke an Frau Stumpf, die Frau, die meine Familie in ihre eigene Wohnung aufnahm und selbst auf dem Sofa schlief, als wir nach Deutschland kamen, in den Schwarzwald. Ich denke an Familie Egle, bei der wir jede Woche zum Kaffeetrinken eingeladen waren und die uns Begleiter wurde, Unterstützer und einfach Freunde. Es sind Menschen, die mir das Leben ermöglicht haben, das ich lebe; die vorgemacht haben, wie es geht, im Wir zu denken und zu handeln.

Mein Leben, wie es jetzt ist, würde ich niemals tauschen wollen. Das liegt an den Menschen um mich herum. Menschen, die mich mitziehen, Menschen, die ich mitziehe; die nicht darum bemüht sind, wie ihr Tun ankommt, sondern wie sich durch ihr Tun etwas ändert.

Ich bin zufrieden, wenn ich es schaffe, dass andere Menschen aufgrund von dem, was ich tue, in einem Wir denken. Dann werde ich am Ende denken: Ich habe meine Stunden auf diesem Planeten richtig eingesetzt.

Manchmal begegnen mir Menschen, die mir spiegeln: So wie du würde ich auch gern sein. Sie selbst scheinen aber nicht den Glauben an sich zu haben, dass sie das könnten. Gewiss ist: Nicht jeder wird eine Stiftung gründen und in Äthiopien Brunnen bohren, aber es bringt uns am Ende auch nicht weiter, wenn alle das Gleiche machen. In einer Gemeinschaft brauchen wir unterschiedliche Akteure, und jeder hat die Möglichkeit, das, was in ihm steckt, zu nutzen, sich auf seine Weise einzubringen. Nichts anderes tue ich. Nichts anderes tat Familie Egle. Nichts anderes tat Frau Stumpf.

Wir müssen, um etwas zu bewirken, nicht unseren ganzen Wohlstand aufgeben, nicht alle unser Haus oder unser Auto verkaufen. Wir können uns aber darüber bewusst werden, in welchem Wohlstand wir leben.

Ich denke an Markus, er ist IT-Unternehmer und ein Botschafter der Stiftung. Als wir uns kennenlernten, wusste er nichts über den weltweiten Zugang zu Wasser. Er war einfach Borussia-Fan und hatte gespendet. Wir trafen uns einmal nach einem Spiel im Stadion, als ich noch in Dortmund war, ich hatte ihn eingeladen. Nun, einige Jahre später, ist er tief drin im Thema Wasser und macht sich Gedanken darüber, wie er es nutzt: Er schätzt es selbst wert, wenn er duschen geht. Ich will nicht sagen, dass er nicht mehr duschen soll, natürlich soll er das, auch ich dusche gern, und wenn ich friere, was oft passiert, auch länger als zwei Minuten. Was ich sagen will, ist, dass wir uns über unsere Selbstverständlichkeiten bewusst werden sollten, die für andere Luxus sind.

In Markus hat sich durch sein Engagement bei uns ein tieferes Bewusstsein entwickelt. Er war mit uns in Äthiopien, und indem er in seinem Umfeld darüber redet, was er dort erfahren hat, wie die Menschen dort seine Sicht auf die Welt verändert haben, wirkt er wiederum auf andere. Seine Welt, die zuvor aus Beruf, Fußball, Familie und Freunden bestand, wurde global. Ähnlich wie ich entwickelte er ein Verständnis für die Zusammenhänge auf der Welt, für die Ungerechtigkeit, für die Ressource Wasser und wie viel man mit ihr bewirken kann. Das können wir alle. Wir alle können etwas tun, ganz egal, was wir mitbringen. Der eine hat Geld, der andere hat Zeit und Gedanken.

Ich weiß nicht, was man in meiner Geschichte alles lesen kann. Vielleicht ist sie für einige so was wie ein Geständnis: So war ich. Vielleicht ist sie für andere eine Kritik am kapitalistischen Fußballsystem, während ich den Fußball weiter sehr liebe. Vor allem sollte sie sein: ein Aufruf, ein Appell.

Alles geben bedeutet für mich, nicht nur berührt sein von etwas, von dem Zustand der Ungerechtigkeit. Es bedeutet für mich, aufzustehen und sich zu fragen: Wie kann ich durch das, was ich *tue*, meine gesellschaftliche Wirkung erhöhen? Wie kann ich andere mitziehen?

Alles geben bedeutet für mich, nicht von dem eigenen Minimum auszugehen, sondern vom Maximum. Ich gönne es jedem, der es schafft, sich etwas zu gönnen: ob es nun bedeutet, ein Buch zu lesen oder in den Urlaub zu fahren.

Aber ist es wirklich das Maximum, im Biomarkt oder beim Bauern einzukaufen, das iPhone drei Jahre lange zu benutzen, Dokus zu schauen, einmal im Jahr wählen zu gehen, einmal im Jahr eine Petition zu unterschreiben, einmal im Jahr eine Spende zu tätigen? Wie kann alles geben ein Teil des Alltags werden, des eigenen Seins? Wie ist es möglich, nicht nur einmal im Jahr, sondern jeden Tag alles zu geben?

Alles geben bedeutet für mich, nicht im Alten zu verharren und etwas zu machen, nur weil es immer schon und von anderen so gemacht wurde, sondern – wenn man andere Ideen hat – den Mut zu haben, etwas anderes zu wagen. Ich bin mir sicher, dass es – so schwer der Ausbruch ist – neue Dimensionen eröffnet, in denen man andere Menschen trifft, die genauso wenig der Norm entsprechen wie man selbst, die auch gewagt haben, auszubrechen und etwas anders zu machen. So zumindest habe ich es erlebt, als ich der sogenannte andere Fußballer wurde.

Alles geben bedeutet für mich, nicht nur vor der eigenen Haustür zu handeln, sondern im Globalen, denn wir sind eine Gemeinschaft auf dieser Welt und alles beeinflusst alle.

Die Herausforderung, alles zu geben, bedeutet zunächst, in einem weißen leeren Raum zu stehen, in dem jeder und jede selbst entscheiden muss, wie er angemalt und wie er gestaltet werden soll.

Die Herausforderung, alles zu geben, bedeutet, das Schiff, das jeden Tag am Ufer anlegt, einfach mal zu entern und mit ihm unterwegs zu sein, selbst wenn es Wochen und

Monate dauert und lange nicht klar ist, welches Ziel am Horizont wartet. Das Ziel kann niemand anderes kennen, nur man selbst.

Wenn ich mir etwas wünschen darf, dann ist es: dass Sie und ich, lieber Leser, liebe Leserin, dass wir die Ungerechtigkeit dieser Welt als Aufgabe annehmen, als unsere Herausforderung; dass wir, um die Welt gerechter zu machen, zusammen alles geben.

Danke

Ich danke meinen Eltern Zeljko und Svjetlana und meiner Schwester Natalija, den ersten und bedeutsamsten Vorbildern in meiner Jugend.

Ich danke meinem besten Freund Bobo für seinen Rückhalt, seine Unterstützung und dafür, dass er mir die Welt der Technik eröffnet hat.

Ich danke meiner Freundin und meinem Lieblingsmenschen Shari für ihre Treue, ihre tägliche Hilfe bei allem und dafür, dass sie mir immer einen kritischen Spiegel vorhält.

Ich danke Kloppo, meinem Trainer im Leben und im Fußball, für die gemeinsamen Erfolge, den Umgang mit Misserfolgen und das stetige Vertrauen in Menschen.

Ich danke meinem besten Berater Dr. Alexander Milicevic für sein Vertrauen, seine Ehrlichkeit und seinen Anstoß zur Stiftungsgründung.

Ich danke unserer Familienfreundin Anneliese Stumpf dafür, dass sie uns ermöglichte, in einer richtigen Wohnung in Deutschland anzukommen.

Ich danke unseren Familienfreunden, der Familie Egle, für die gelebte und respektvolle Willkommenskultur, die maßgeblich dazu beigetragen hat, dass wir in Deutschland sozial Fuß fassen konnten.

Thanks to Keith Fulk, John Ellinger and John Hackworth for giving me a chance to develop as a footballer and guiding my first steps.

Ich danke Marc und Christian von Kinderlachen für den Anfang, den sie mir ermöglichten, die Ermutigung und ihre Freundschaft.

Ich danke dem gesamten BVB, vor allem der Fangemeinschaft, die meinem Sportlerleben einen unvergesslichen Wert gegeben hat. Und ich danke allen anderen Vereinen, bei denen ich spielte: dem 1. FC Köln, AS Saint-Étienne, Union Berlin, Denizlispor und SCR Altach.

Ich danke Despina und Annette für ihre Wärme.

Ich danke der weltbesten Autorin Sonja dafür, dass ihre Perspektive, ihre Einstellung und ihre Kreativität dieses Buch geschaffen haben. Und ich danke Michael Obert und Uwe H. Martin, ohne die Sonja und ich nicht zusammengekommen wären.

Ich danke Alfio Furnari von der Agentur Landwehr & Cie, David Rupp und allen vom KiWi-Verlag für ihre Unterstützung und ihren Enthusiasmus.

Und ich danke dir, lieber Leser, liebe Leserin, denn dieses Buch ist für dich gedacht.